三农政策知多少

胡冬鸣　编著

中国财经出版传媒集团
中国财政经济出版社

图书在版编目（CIP）数据

三农政策知多少／胡冬鸣编著．—北京：中国财政经济出版社，2018.9

ISBN 978－7－5095－8515－3

Ⅰ．①三…　Ⅱ．①胡…　Ⅲ．①三农问题－农业政策－中国　Ⅳ．①F320

中国版本图书馆 CIP 数据核字（2018）第 208648 号

责任编辑：李　冰　马立祥　　　责任校对：杨瑞琦

封面设计：孙俪铭

中国财政经济出版社 出版

URL：http：//www. cfeph. cn

E－mail：cfeph @ cfeph. cn

社址：北京市海淀区阜成路甲 28 号　邮政编码：100142

营销中心电话：010－88191537　北京财经书店电话：64033436　84041336

北京富生印刷厂印刷　各地新华书店经销

880×1230 毫米　32 开　10.375 印张　225 000 字

2018 年 10 月第 1 版　2020 年 5 月北京第 2 次印刷

定价：40.00 元

ISBN 978－7－5095－8515－3

（图书出现印装问题，本社负责调换）

本社质量投诉电话：010－88190744

打击盗版举报热线：010－88191661　QQ：2242791300

前 言

“三农”中的“农业”是国民经济中的一个重要产业部门，属于我国三大产业中的第一产业。其中，利用土地资源进行种植生产的部门是种植业；利用土地上水域空间进行水产养殖的是水产业，又叫渔业；利用土地资源培育采伐林木的部门，是林业；利用土地资源培育或者直接利用草地发展畜牧的是畜牧业；对这些产品进行小规模加工或者制作的是副业。不管是种植业、渔业、林业、畜牧业，还是副业，它们都是农业的有机组成部分。而对这些景观或者所在地域资源进行开发并展示的是观光农业，又称休闲农业，这是新时期随着人们的业余时间富余而产生的新型农业形式。“三农”中的“农村”也称作乡村，是指从事农业生产为主的劳动者聚居的地方，是有别于城市、城镇而专门从事农业的农民聚居区域。跟人口集中的城镇比较，农村地区的大部分人口呈散落居住状态。“三农”中的“农民”指长时期从事农业生产的人，如今更多赋予了新型职业农民的概念。

“三农”问题是指农村、农业、农民这三大问题。“三农”问题早期是指在广大乡村区域，以种植业或者养殖业为主，身份为农民的生存状态的改善、产业发展以及社会进步问题。进入21世纪后，“三农”问题是指在历史形成的二元社会中，城市不断现代化，二、三产业不断发展，城市居民不断殷实，而农村的进步、农业的发展、农民的小康相对滞后的问题。“三农”问题实际上是一个从事行业、居住地域和主体身份三位一体的问题。“三农”问题是农业文明向工业文明过渡的必然产物。它不是中国所特有的，无论是发达国家还是发展中国家都有过类似的经历，只不过发达国家较早解决了“三农”问题。2017年的中央一号文件继续锁定“三农”工作，把深入推进农业供给侧结构性改革作为新的历史阶段农业农村工作的主线。党的十八大以来，习近平总书记在多个场合就“三农”问题发表一系列重要讲话，深刻阐述了推进农村改革发展若干具有方向性和战略性的重大问题。习近平在2013年中央农村工作会议上强调：“中国要强，农业必须强；中国要美，农村必须美；中国要富，农民必须富。农业基础稳固，农村和谐稳定，农民安居乐业，整个大局就有保障，各项工作都会比较主动。”2015年7月16日至18日，习近平在吉林调研时强调：“任何时候都不能忽视农业、忘记农民、淡漠农村。必须始终坚持强农惠农富农政策不减弱、推进农村全面小康不松劲，在认识的高度、重视的程度、投入的力度上保持好势头。”2016年4月25日，习近平在安徽凤阳县小岗村召开农村改革座谈会强调：“要坚持把解决好三农问题作为全党工作重中之重，坚定不移深化农村改革，坚定不移加快农村发展，坚定不移维护农村和谐稳定。”

为了深入贯彻落实党中央和国务院关于“三农”工作的各项决策部署，进一步做好“十三五”时期的农村经济发展工作，2016年11月17日，国家发展改革委在《全国农村经济发展“十三五”规划》中强调了“要牢固树立并贯彻落实创新、协调、绿色、开放、共享发展理念，紧紧围绕做强农业、富裕农民、繁荣农村，以农业供给侧结构性改革为主线，持续夯实现代农业基础，转变农业发展方式，推进农村产业融合，构建现代农业产业体系、生产体系和经营体系，推动城乡协调发展，建设美丽宜居乡村，加强山水林田湖保护和修复，提高生态安全保障能力，实现农业农村现代化与工业化、信息化、城镇化同步推进，为全面建成小康社会奠定坚实基础”的规划理念。作为“三农”发展规划强有力支撑的优惠政策的不断出台，既有来自于党中央与国务院的农业发展“十三五”规划及年度工作部署，也有来自于财政、信贷、税收等多个方面的配套文件支持。从受益对象来看，既有可能是整个农业，也有可能是农村集体，甚至是农民个人。三农问题是各级政府工作中的重点，三农政策文件也是多如云海。本着科学与实用的原则，作者对这些政策文件进行了认真的筛选与整理，把惠农面广、惠农强度大、惠农持效期长的三农优惠政策从众多的三农优惠政策中脱颖出来，特别是对2018年开始推出的强农惠农政策进行了比较系统的介绍，以帮助广大农民朋友更加全面细致地理解与把握国家已发布的支农强农政策内容，让广大的农民朋友从事农业生产心理更有底。

作者写于融科香雪兰溪

2018年7月15日

目　录

一、中共中央和国务院关于深入推进农业供给侧结构性改革加快培育农业农村发展新动能的若干意见

为了深入推进农业供给侧结构性改革，加快培育农业农村发展新动能，2016 年 12 月 31 日，中共中央、国务院通过了《中共中央、国务院关于深入推进农业供给侧结构性改革加快培育农业农村发展新动能的若干意见》。该《意见》对深入推进农业供给侧结构性改革加快培育农业农村发展新动能提出了具体要求如下：

1. 优化产品产业结构，着力推进农业提质增效

（1）统筹调整粮经饲种植结构。按照稳粮、优经、扩饲的要求，加快构建粮经饲协调发展的三元种植结构。粮食作物要稳定水稻、小麦生产，确保口粮绝对安全，重点发展优质稻米和强筋弱筋小麦，继续调减非优势区籽粒玉米，增加优质食用大豆、薯类、杂粮杂豆等。经济作物要优化品种品质和区域布局，巩固主产区棉花、油料、糖料生产，促进园艺作物增值增效。饲料作物要扩大种植面积，发展青贮玉米、苜蓿等优质牧草，大力培育现代饲草料产业体系。加快北方农牧交错带结

构调整，形成以养带种、牧林农复合、草果菜结合的种植结构。继续开展粮改饲、粮改豆补贴试点。

(2) 发展规模高效养殖业。稳定生猪生产，优化南方水网地区生猪养殖区域布局，引导产能向环境容量大的地区和玉米主产区转移。加快品种改良，大力发展牛羊等草食畜牧业。全面振兴奶业，重点支持适度规模的家庭牧场，引导扩大生鲜乳消费，严格执行复原乳标识制度，培育国产优质品牌。合理确定湖泊水库等内陆水域养殖规模，推动水产养殖减量增效。推进稻田综合种养和低洼盐碱地养殖。完善江河湖海限捕、禁捕时限和区域，率先在长江流域水生生物保护区实现全面禁捕。科学有序开发滩涂资源。支持集约化海水健康养殖，发展现代化海洋牧场，加强区域协同保护，合理控制近海捕捞。积极发展远洋渔业。建立海洋渔业资源总量管理制度，规范各类渔业用海活动，支持渔民减船转产。

(3) 做大做强优势特色产业。实施优势特色农业提质增效行动计划，促进杂粮杂豆、蔬菜瓜果、茶叶蚕桑、花卉苗木、食用菌、中药材和特色养殖等产业提档升级，把地方土特产和小品种做成带动农民增收的大产业。大力发展木本粮油等特色经济林、珍贵树种用材林、花卉竹藤、森林食品等绿色产业。实施森林生态标志产品建设工程。开展特色农产品标准化生产示范，建设一批地理标志农产品和原产地保护基地。推进区域农产品公用品牌建设，支持地方以优势企业和行业协会为依托打造区域特色品牌，引入现代要素改造提升传统名优品牌。

(4) 进一步优化农业区域布局。以主体功能区规划和优势农产品布局规划为依托，科学合理划定稻谷、小麦、玉米粮食生产功能区和大豆、棉花、油菜籽、糖料蔗、天然橡胶等重要农产品生产保护区。功能区和保护区内地块全部建档立册、上图入库，实现信息化、精准化管理。抓紧研究制定功能区和保护区建设标准，完善激励机制和支持政策，层层落实建设管护主体责任。制定特色农产品优势区建设规划，建立评价标准和技术支撑体系，鼓励各地争创园艺产品、畜产品、水产品、林特产品等特色农产品优势区。

（5）全面提升农产品质量和食品安全水平。坚持质量兴农，实施农业标准化战略，突出优质、安全、绿色导向，健全农产品质量和食品安全标准体系。支持新型农业经营主体申请“三品一标”认证，推进农产品商标注册便利化，强化品牌保护。引导企业争取国际有机农产品认证，加快提升国内绿色、有机农产品认证的权威性和影响力。切实加强产地环境保护和源头治理，推行农业良好生产规范，推广生产记录台账制度，严格执行农业投入品生产销售使用有关规定。深入开展农兽药残留超标特别是养殖业滥用抗生素治理，严厉打击违禁超限量使用农兽药、非法添加和超范围超限量使用食品添加剂等行为。健全农产品质量和食品安全监管体制，强化风险分级管理和属地责任，加大抽检监测力度。建立全程可追溯、互联共享的追溯监管综合服务平台。鼓励生产经营主体投保食品安全责任险。抓紧修订农产品质量安全法。

（6）积极发展适度规模经营。大力培育新型农业经营主体和服务主体，通过经营权流转、股份合作、代耕代种、土地托管等多种方式，加快发展土地流转型、服务带动型等多种形式规模经营。积极引导农民在自愿基础上，通过村组内互换并地等方式，实现按户连片耕种。完善家庭农场认定办法，扶持规模适度的家庭农场。加强农民合作社规范化建设，积极发展生产、供销、信用“三位一体”综合合作。总结推广农业生产全程社会化服务试点经验，扶持培育农机作业、农田灌排、统防统治、烘干仓储等经营性服务组织。支持供销、邮政、农机等系统发挥为农服务的综合平台作用，促进传统农资流通网点向现代农资综合服务商转型。鼓励地方探索土地流转履约保证保险。研究建立农业适度规模经营评价指标体系，引导规模经营健康发展。

（7）建设现代农业产业园。以规模化种养基地为基础，依托农业产业化龙头企业带动，聚集现代生产要素，建设“生产＋加工＋科技”的现代农业产业园，发挥技术集成、产业融合、创业平台、核心辐射等功能作用。科学制定产业园规划，统筹布局生产、加工、物流、研发、示范、服务等功能板块。鼓励地方统筹使用高标准农田建设、农业综合开发、现代农业生产发展等相关项目资金，集中建设产业园基础设施和配套服务体系。吸引龙头企业和科研机构建设运营产业园，发展设施农业、精准农业、精深加工、现代营销，带动新型农业经营主体和农户专业化、标准化、集约化生产，推动农业全环节升级、全链条增值。鼓励农户和返乡下乡人员通过订单农业、股份合作、入园创业就业等多种方式，参与建设，分享收益。

（8）创造良好农产品国际贸易环境。统筹利用国际市场，优化国内农产品供给结构，健全公平竞争的农产品进口市场环境。健全农产品贸易反补贴、反倾销和保障措施法律法规，依法对进口农产品开展贸易救济调查。鼓励扩大优势农产品出口，加大海外推介力度。加强农业对外合作，推动农业走出去。以“一带一路”沿线及周边国家和地区为重点，支持农业企业开展跨国经营，建立境外生产基地和加工、仓储物流设施，培育具有国际竞争力的大企业、大集团。积极参与国际贸易规则和国际标准的制定修订，推进农产品认证结果互认工作。深入开展农产品反走私综合治理，实施专项打击行动。

2. 推行绿色生产方式，增强农业可持续发展能力

（1）推进农业清洁生产。深入推进化肥农药零增长行动，开展有机肥替代化肥试点，促进农业节本增效。建立健全化肥农药行业生产监管及产品追溯系统，严格行业准入管理。大力推行高效生态循环的种养模式，加快畜禽粪便集中处理，推动规模化大型沼气健康发展。以县为单位推进农业废弃物资源化利用试点，探索建立可持续运营管理机制。鼓励各地加大农作物秸秆综合利用支持力度，健全秸秆多元化利用补贴机制。继续开展地膜清洁生产试点示范。推进国家农业可持续发展试验示范区创建。

（2）大规模实施农业节水工程。把农业节水作为方向性、战略性大事来抓，加快完善国家支持的农业节水政策体系。加大大中型灌排骨干工程节水改造与建设力度，同步完善田间节水设施，建设现代化灌区。大力实施区域规模化高效节水灌溉行动，集中建成一批高效节水灌溉工程。稳步推进牧区高效节水灌溉饲草料地建设，严格限制生态脆弱地区抽取地下水灌溉人工草场。建立健全农业节水技术产品标准体系。加快开发种类齐全、系列配套、性能可靠的节水灌溉技术和产品，大力普及喷灌、滴灌等节水灌溉技术，加大水肥一体化等农艺节水推广力度。全面推进农业水价综合改革，落实地方政府主体责任，加快建立合理水价形成机制和节水激励机制。全面推行用水定额管理，开展县域节水型社会建设达标考核。实施第三次全国水资源调查评价。

（3）集中治理农业环境突出问题。实施耕地、草原、河湖休养生息规划。开展土壤污染状况详查，深入实施土壤污染防治行动计划，继续开展重金属污染耕地修复及种植结构调整试点。扩大农业面源污染综合治理试点范围。加大东北黑土地保护支持力度。推进耕地轮作休耕制度试点，合理设定补助标准。支持地方重点开展设施农业土壤改良，增加土壤有机质。扩大华北地下水超采区综合治理范围。加快新一轮退耕还林还草工程实施进度。上一轮退耕还林补助政策期满后，将符合条件的退耕还生态林分别纳入中央和地方森林生态效益补偿范围。继续实施退牧还草工程。推进北方农牧交错带已垦草原治理。实施湿地保护修复工程。

（4）加强重大生态工程建设。推进山水林田湖整体保护、系统修复、综合治理，加快构建国家生态安全屏障。全面推进大规模国土绿化行动。启动长江经济带重大生态修复工程，把共抓大保护、不搞大开发的要求落到实处。继续实施林业重点生态工程，推动森林质量精准提升工程建设。完善全面停止天然林商业性采伐补助政策。加快推进国家公园建设。加强国家储备林基地建设。推进沙化土地封禁与修复治理。加大野生动植物和珍稀种质资源保护力度，推进濒危野生动植物抢救性保护及自然保护区建设。加强重点区域水土流失综合治理和水生态修复治理，继续开展江河湖库水系连通工程建设。

3. 壮大新产业新业态，拓展农业产业链价值链

（1）大力发展乡村休闲旅游产业。充分发挥乡村各类物质与非物质资源富集的独特优势，利用“旅游+”“生态+”等模式，推进农业、林业与旅游、教育、文化、康养等产业深度融合。丰富乡村旅游业态和产品，打造各类主题乡村旅游目的地和精品线路，发展富有乡村特色的民宿和养生养老基地。鼓励农村集体经济组织创办乡村旅游合作社，或与社会资本联办乡村旅游企业。多渠道筹集建设资金，大力改善休闲农业、乡村旅游、森林康养公共服务设施条件，在重点村优先实现宽带全覆盖。完善休闲农业、乡村旅游行业标准，建立健全食品安全、消防安全、环境保护等监管规范。支持传统村落保护，维护少数民族特色村寨整体风貌，有条件的地区实行连片保护和适度开发。

（2）推进农村电商发展。促进新型农业经营主体、加工流通企业与电商企业全面对接融合，推动线上线下互动发展。加快建立健全适应农产品电商发展的标准体系。支持农产品电商平台和乡村电商服务站点建设。推动商贸、供销、邮政、电商互联互通，加强从村到乡镇的物流体系建设，实施快递下乡工程。深入实施电子商务进农村综合示范。鼓励地方规范发展电商产业园，聚集品牌推广、物流集散、人才培养、技术支持、质量安全等功能服务。全面实施信息进村入户工程，开展整省推进示范。完善全国农产品流通骨干网络，加快构建公益性农产品市场体系，加强农产品产地预冷等冷链物流基础设施网络建设，完善鲜活农产品直供直销体系。推进“互联网+”现代农业行动。

（3）加快发展现代食品产业。引导加工企业向主产区、优势产区、产业园区集中，在优势农产品产地打造食品加工产业集群。加大食品加工业技术改造支持力度，开发拥有自主知识产权的生产加工设备。鼓励食品企业设立研发机构，围绕“原字号”开发市场适销对路的新产品。实施主食加工业提升行动，积极推进传统主食工业化、规模化生产，大力发展方便食品、休闲食品、速冻食品、马铃薯主食产品。加强新食品原料、药食同源食品开发和应用。大力推广“生产基地 + 中央厨房 + 餐饮门店”“生产基地 + 加工企业 + 商超销售”等产销模式。加强现代生物和营养强化技术研究，挖掘开发具有保健功能的食品。健全保健食品、特殊医学用途食品、婴幼儿配方乳粉注册备案制度。完善农产品产地初加工补助政策。

(4) 培育宜居宜业特色村镇。围绕有基础、有特色、有潜力的产业，建设一批农业文化旅游“三位一体”、生产生活生态同步改善、一产二产三产深度融合的特色村镇。支持各地加强特色村镇产业支撑、基础设施、公共服务、环境风貌等建设。打造“一村一品”升级版，发展各具特色的专业村。支持有条件的乡村建设以农民合作社为主要载体、让农民充分参与和受益，集循环农业、创意农业、农事体验于一体的田园综合体，通过农业综合开发、农村综合改革转移支付等渠道开展试点示范。深入实施农村产业融合发展试点示范工程，支持建设一批农村产业融合发展示范园。

4. 强化科技创新驱动，引领现代农业加快发展

(1) 加强农业科技研发。适应农业转方式调结构新要求，调整农业科技创新方向和重点。整合科技创新资源，完善国家农业科技创新体系和现代农业产业技术体系，建立一批现代农业产业科技创新中心和农业科技创新联盟，推进资源开放共享与服务平台基地建设。加强农业科技基础前沿研究，提升原始创新能力。建设国家农业高新技术产业开发区。加大实施种业自主创新重大工程和主要农作物良种联合攻关力度，加快适宜机械化生产、优质高产多抗广适新品种选育。加强中低产田改良、经济作物、草食畜牧业、海洋牧场、智慧农业、农林产品精深加工、仓储物流等科技研发。加快研发适宜丘陵山区、设施农业、畜禽水产养殖的农机装备，提升农机核心零部件自主研发能力。支持地方开展特色优势产业技术研发。

（2）强化农业科技推广。创新公益性农技推广服务方式，引入项目管理机制，推行政府购买服务，支持各类社会力量广泛参与农业科技推广。鼓励地方建立农科教产学研一体化农业技术推广联盟，支持农技推广人员与家庭农场、农民合作社、龙头企业开展技术合作。深入推进绿色高产高效创建，重点推广优质专用品种和节本降耗、循环利用技术模式。实施智慧农业工程，推进农业物联网试验示范和农业装备智能化。发展智慧气象，提高气象灾害监测预报预警水平。深入推行科技特派员制度，打造一批“星创天地”。加强农村科普公共服务建设。

（3）完善农业科技创新激励机制。加快落实科技成果转化收益、科技人员兼职取酬等制度规定。通过“后补助”等方式支持农业科技创新。实施农业科研杰出人才培养计划，深入推进科研成果权益改革试点。发展面向市场的新型农业技术研发、成果转化和产业孵化机构。完善符合农业科技创新规律的基础研究支持方式，建立差别化农业科技评价制度。加强农业知识产权保护和运用。

（4）提升农业科技园区建设水平。科学制定园区规划，突出科技创新、研发应用、试验示范、科技服务与培训等功能，建设农业科技成果转化中心、科技人员创业平台、高新技术产业孵化基地，打造现代农业创新高地。支持园区产学研合作建立各类研发机构、测试检测中心、院士专家工作站、技术交易机构等科研和服务平台。支持园区企业和科研机构结合区域实际，开展特色优势产业关键共性技术研发和推广。完善国家农业科技园区管理办法和监测评价机制。

（5）开发农村人力资源。重点围绕新型职业农民培育、农民工职业技能提升，整合各渠道培训资金资源，建立政府主导、部门协作、统筹安排、产业带动的培训机制。探索政府购买服务等办法，发挥企业培训主体作用，提高农民工技能培训针对性和实效性。优化农业从业者结构，深入推进现代青年农场主、林场主培养计划和新型农业经营主体带头人轮训计划，探索培育农业职业经理人，培养适应现代农业发展需要的新农民。鼓励高等学校、职业院校开设乡村规划建设、乡村住宅设计等相关专业和课程，培养一批专业人才，扶持一批乡村工匠。

5. 补齐农业农村短板，夯实农村共享发展基础

（1）持续加强农田基本建设。深入实施藏粮于地、藏粮于技战略，严守耕地红线，保护优化粮食产能。全面落实永久基本农田特殊保护政策措施，实施耕地质量保护和提升行动，持续推进中低产田改造。加快高标准农田建设，提高建设质量。有条件的地区可以将晒场、烘干、机具库棚、有机肥积造等配套设施纳入高标准农田建设范围。引导金融机构对高标准农田建设提供信贷支持。允许通过土地整治增加的耕地作为占补平衡补充耕地的指标在省域内调剂，按规定或合同约定取得

指标调剂收益。推进重大水利工程建设，抓紧修复水毁灾损农业设施和水利工程，加强水利薄弱环节和“五小水利”工程建设。因地制宜推进平原地区农村机井油改电。

（2）深入开展农村人居环境治理和美丽宜居乡村建设。推进农村生活垃圾治理专项行动，促进垃圾分类和资源化利用，选择适宜模式开展农村生活污水治理，加大力度支持农村环境集中连片综合治理和改厕。开展城乡垃圾乱排乱放集中排查整治行动。实施农村新能源行动，推进光伏发电，逐步扩大农村电力、燃气和清洁型煤供给。加快修订村庄和集镇规划建设管理条例，大力推进县域乡村建设规划编制工作。推动建筑设计下乡，开展田园建筑示范。深入开展建好、管好、护好、运营好农村公路工作，深化农村公路管养体制改革，积极推进城乡交通运输一体化。实施农村饮水安全巩固提升工程和新一轮农村电网改造升级工程。完善农村危房改造政策，提高补助标准，集中支持建档立卡贫困户、低保户、分散供养特困人员和贫困残疾人家庭等重点对象。开展农村地区枯井、河塘、饮用水、自建房、客运和校车等方面安全隐患排查治理工作。推进光纤到村建设，加快实现4G网络农村全覆盖。推进建制村直接通邮。开展农村人居环境和美丽宜居乡村示范创建。加强农村公共文化服务体系建设，统筹实施重点文化惠民项目，完善基层综合性文化服务设施，在农村地区深入开展送地方戏活动。支持重要农业文化遗产保护。

（3）提升农村基本公共服务水平。全面落实城乡统一、重在农村的义务教育经费保障机制，加强乡村教师队伍建设。继续提高城乡居民基本医疗保险筹资水平，加快推进城乡居民医保制度整合，推进基本医保全国联网和异地就医结算。加强农村基层卫生人才培养。完善农村低保对象认定办法，科学合理确定农村低保标准。扎实推进农村低保制度与扶贫开发政策有效衔接，做好农村低保兜底工作。完善城乡居民养老保险筹资和保障机制。健全农村留守儿童和妇女、老人、残疾人关爱服务体系。

（4）扎实推进脱贫攻坚。进一步推进精准扶贫各项政策措施落地生根。深入推进重大扶贫工程，强化脱贫攻坚支撑保障体系，统筹安排使用扶贫资源，注重提高脱贫质量，激发贫困人口脱贫致富积极性主动性，建立健全稳定脱贫长效机制。加强扶贫资金监督管理，在所有贫困县开展涉农资金整合。严格执行脱贫攻坚考核监督和督查巡查等制度，全面落实责任。坚决制止扶贫工作中的形式主义做法，不搞层层加码，严禁弄虚作假，务求脱贫攻坚取得实效。

6. 加大农村改革力度，激活农业农村内生发展动力

（1）深化粮食等重要农产品价格形成机制和收储制度改革。坚持并完善稻谷、小麦最低收购价政策，合理调整最低收购价水平，形成合理比价关系。坚定推进玉米市场定价、价补分离改革，健全生产者补贴制度，鼓励多元市场主体入市收购，防止出现卖粮难。采取综合措施促进过腹转化、加工转化，多渠道拓展消费需求，加快消化玉米等库存。调整完善新疆棉花目标价格政策，改进补贴方式。调整大豆目标价格政策。科学确定粮食等重要农产品国家储备规模，优化中央储备粮品种结构和区域布局，改革完善中央储备粮管理体制，充分发挥政策性职能作用，严格政策性粮食监督管理，严防跑冒滴漏，确保储存安全。支持家庭农场、农民合作社科学储粮。

(2) 完善农业补贴制度。进一步提高农业补贴政策的指向性和精准性，重点补主产区、适度规模经营、农民收入、绿色生态。深入推进农业“三项补贴”制度改革。完善粮食主产区利益补偿机制，稳定产粮大县奖励政策，调整产粮大省奖励资金使用范围，盘活粮食风险基金。完善农机购置补贴政策，加大对粮棉油糖和饲草料生产全程机械化所需机具的补贴力度。深入实施新一轮草原生态保护补助奖励政策。健全林业补贴政策，扩大湿地生态效益补偿实施范围。

(3) 改革财政支农投入机制。坚持把农业农村作为财政支出的优先保障领域，确保农业农村投入适度增加，着力优化投入结构，创新使用方式，提升支农效能。固定资产投资继续向农业农村倾斜。发挥规划统筹引领作用，多层次多形式推进涉农资金整合。推进专项转移支付预算编制环节源头整合改革，探索实行“大专项 + 任务清单”管理方式。创新财政资金使用方式，推广政府和社会资本合作，实行以奖代补和贴息，支持建立担保机制，鼓励地方建立风险补偿基金，撬动金融和社会资本更多投向农业农村。建立健全全国农业信贷担保体系，推进省级信贷担保机构向市县延伸，支持有条件的市县尽快建立担保机构，实现实质性运营。拓宽农业农村基础设施投融资渠道，支持社会资本以特许经营、参股控股等方式参与农林水利、农垦等项目建设运营。鼓励地方政府和社会资本设立各类农业农村发展投资基金。加大地方政府债券支持农村基础设施建设力度。在符合有关法律和规定的前提下，探索以市场化方式筹集资金，用于农业农村建设。研究制定引导和规范工商资本投资农业农村的具体意见。对各级财政支持的各类小型项目，优先安排农村集体经济组织、农民合作组织等作为建设管护主体，强化农民参与和全程监督。

（4）加快农村金融创新。强化激励约束机制，确保“三农”贷款投放持续增长。支持金融机构增加县域网点，适当下放县域分支机构业务审批权限。对涉农业务较多的金融机构，进一步完善差别化考核办法。落实涉农贷款增量奖励政策。支持农村商业银行、农村合作银行、村镇银行等农村中小金融机构立足县域，加大服务“三农”力度，健全内部控制和风险管理制度。规范发展农村资金互助组织，严格落实监管主体和责任。开展农民合作社内部信用合作试点，鼓励发展农业互助保险。支持国家开发银行创新信贷投放方式。完善农业发展银行风险补偿机制和资本金补充制度，加大对粮食多元市场主体入市收购的信贷支持力度。深化农业银行三农金融事业部改革，对达标县域机构执行优惠的存款准备金率。加快完善邮储银行三农金融事业部运作机制，研究给予相关优惠政策。抓紧研究制定农村信用社省联社改革方案。优化村镇银行设立模式，提高县市覆盖面。鼓励金融机构积极利用互联网技术，为农业经营主体提供小额存贷款、支付结算和保险等金融服务。推进信用户、信用村、信用乡镇创建。支持金融机构开展适合新型农业经营主体的订单融资和应收账款融资业务。深入推进承包土地的经营权和农民住房财产权抵押贷款试点，探索开展大型农机具、农业生产设施抵押贷款业务。加快农村各类资源资产权属认定，推动部门确权信息与银行业金融机构联网共享。持续推进农业保险扩面、增品、提标，开发满足新型农业经营主体需求的保险产品，采取以奖代补方式支持地方开展特色农产品保险。鼓励地方多渠道筹集资金，支持扩大农产品价格指数保险试点。探索建立农产品收入保险制度。支持符合条件的涉农企业上市融资、发行债券、兼并重组。在健全风险阻断机制前提下，完善财政与金融支农协作模式。鼓励金融机构发行“三农”专项金融债。扩大银行与保险公司合作，发展保证保险贷款产品。深入推进农产品期货、期权市场建设，积极引导涉农企业利用期货、期权管理市场风险，稳步扩大“保险+期货”试点。严厉打击农村非法集资和金融诈骗。积极推动农村金融立法。

（5）深化农村集体产权制度改革。落实农村土地集体所有权、农户承包权、土地经营权“三权分置”办法。加快推进农村承包地确权登记颁证，扩大整省试点范围。统筹协调推进农村土地征收、集体经营性建设用地入市、宅基地制度改革试点。全面加快“房地一体”的农村宅基地和集体建设用地确权登记颁证工作。认真总结农村宅基地制度改革试点经验，在充分保障农户宅基地用益物权、防止外部资本侵占控制的前提下，落实宅基地集体所有权，维护农户依法取得的宅基地占有和使用权，探索农村集体组织以出租、合作等方式盘活利用空闲农房及宅基地，增加农民财产性收入。允许地方多渠道筹集资金，按规定用于村集体对进城落户农民自愿退出承包地、宅基地的补偿。抓紧研究制定农村集体经济组织相关法律，赋予农村集体经济组织法人资格。全面开展农村集体资产清产核资。稳妥有序、由点及面推进农村集体经营性资产股份合作制改革，确认成员身份，量化经营性资产，保障农民集体资产权利。从实际出发探索发展集体经济有效途径，鼓励地方开展资源变资产、资金变股金、农民变股东等改革，增强集体经济发展活力和实力。研究制定支持农村集体产权制度改革的税收政策。深化集体林权制度改革。加快水权水市场建设，推进水资源使用权确权和进场交易。加快农村产权交易市场建设。

（6）探索建立农业农村发展用地保障机制。优化城乡建设用地布局，合理安排农业农村各业用地。完善新增建设用地保障机制，将年度新增建设用地计划指标确定一定比例用于支持农村新产业新业态发展。加快编制村级土地利用规划。在控制农村建设用地总量、不占用永久基本农田前提下，加大盘活农村存量建设用地力度。允许通过村庄整治、宅基地整理等节约的建设用地采取入股、联营等方式，重点支持乡村休闲旅游养老等产业和农村三产融合发展，严禁违法违规开发房地产或建私人庄园会所。完善农业用地政策，积极支持农产品冷链、初加工、休闲采摘、仓储等设施建设。改进耕地占补平衡管理办法，严格落实耕地占补平衡责任，探索对资源匮乏省份补充耕地实行国家统筹。

（7）健全农业劳动力转移就业和农村创业创新体制。完善城乡劳动者平等就业制度，健全农业劳动力转移就业服务体系，鼓励多渠道就业，切实保障农民工合法权益，着力解决新生代、身患职业病等农民工群体面临的突出问题。支持进城农民工返乡创业，带动现代农业和农村新产业新业态发展。鼓励高校毕业生、企业主、农业科技人员、留学归国人员等各类人才回乡下乡创业创新，将现代科技、生产方式和经营模式引入农村。整合落实支持农村创业创新的市场准入、财政税收、金融服务、用地用电、创业培训、社会保障等方面优惠政策。鼓励各地建立返乡创业园、创业孵化基地、创客服务平台，开设开放式服务窗口，提供一站式服务。

（8）统筹推进农村各项改革。继续深化供销合作社综合改革，增强为农服务能力。稳步推进国有林区和国有林场改革，加快转型升级。深化农垦改革，培育具有竞争力的现代农业企业集团。深化经济发达镇行政管理体制改革。全面推行河长制，确保2018年年底前全面建立省市县乡四级河长体系。扩大水资源税改革试点。继续加强农村改革试验区和国家现代农业示范区工作。开展农村综合性改革试点试验。尊重农民实践创造，鼓励基层先行先试，完善激励机制和容错机制。加强对农村各类改革试点试验的指导督查，及时总结可复制、可推广的经验，推动相关政策出台和法律法规修改，为推进农业供给侧结构性改革提供法治保障。扎实做好第三次全国农业普查工作。

二、农业部关于深入推进农业供给侧结构性改革的实施意见的具体内容

推进农业供给侧结构性改革，是农业农村经济工作的主线。要围绕这一主线稳定粮食生产、推进结构调整、推进绿色发展、推进创新驱动、推进农村改革。为深入贯彻中央经济工作会议、中央农村工作会议和《中共中央国务院关于深入推进农业供给侧结构性改革 加快培育农业农村发展新动能的若干意见》（中发〔2017〕1号）精神，2017年1月26日，农业部发布了《农业部关于推进农业供给侧结构性改革的实施意见》（农发〔2017〕1号），对推进农业供给侧结构性改革，加快培育农业农村发展新动能提出了具体意见：

1. 稳定粮食生产，巩固提升粮食产能

（1）加快划定粮食生产功能区和重要农产品生产保护区。按照“布局合理、标识清晰、生产稳定、能划尽划”的原则，结合永久基本农田划定，以主体功能区规划和优势农产品布局规划为依托，选择农田基础设施较好、相对集中连片的田块，科学合理划定稻谷、小麦、玉米粮食生产功能区和大豆、棉花、油菜籽、糖料蔗、天然橡胶等重要农产品生产保护区。推

动将“两区”内地块全部建档立册、上图上网、到村到田，实现信息化精准化管理。抓紧研究制定“两区”划定操作规程和管理办法，完善激励机制和支持政策，引导财政、金融、保险、投资等政策措施逐步向“两区”倾斜，推动层层落实建设管护主体责任。

（2）加强耕地保护和质量提升。大规模开展高标准农田建设，加大投入力度，创新建设机制，提高建设质量。推动有条件的地方将晒场、烘干、机具库棚、机耕道路、土壤改良等配套设施纳入高标准农田建设范围。引导金融机构对高标准农田建设提供信贷支持，鼓励社会资本参与建设。推动全面落实永久基本农田特殊保护政策措施，实施耕地质量保护和提升行动，分区开展土壤改良、地力培肥和治理修复，持续推进中低产田改造。扩大东北黑土地保护利用试点范围，制定发布保护规划纲要。开展耕地土壤污染状况详查，深入实施土壤污染防治行动计划，继续开展重金属污染区耕地修复试点。

（3）加快现代种业创新。加大种业自主创新重大工程实施力度，开展稻谷、小麦、玉米、大豆四大作物良种重大科研联合攻关，加快适宜机械化生产、轻简化栽培、优质高产多抗广适新品种选育。积极推动以企业为主体的作物育繁推一体化发展模式，扶持壮大一批种子龙头企业，加快国家级育制种基地和区域性良种繁育基地建设，推动新一轮农作物品种更新换代。加快推进畜禽水产良种繁育体系建设，加强地方畜禽品种资源的保护与开发，推进联合育种和全基因组选择育种，推动主要畜禽品种国产化。推进建设国家海洋渔业种质资源库，加快建设一批水产种质资源场和保护区、育种创新基地。加大野生植物和珍稀种质资源保护力度，推进濒危野生植物抢救性保护及自然保护区建设，深入实施第三次种质资源普查收集。

（4）推进农业生产全程机械化。贯彻落实“中国制造2025”，启动实施农机装备发展行动方案。深入开展主要农作物生产全程机械化推进行动，在条件成熟地区和劳动密集型产业推进“机器换人”，推出一批基本实现全程机械化示范县。强化农机、农艺、信息化技术融合，努力突破主要作物机械化作业瓶颈，推进农机化技术集成应用。大力推进农机深松整地作业，全国深松面积达到1.5亿亩以上。积极开展“镰刀弯”地区玉米青贮、玉米籽粒收获、牧草收获、马铃薯收获机械化示范推广，加强适宜丘陵山区、设施农业、畜禽水产养殖的农机技术装备研发和推广。开展植保无人飞机推广示范。创建100个“平安农机”示范县。

2. 推进结构调整，提高农业供给体系质量和效率

（1）继续推进以减玉米为重点的种植业结构调整。按照稳粮、优经、扩饲的要求，加快构建粮经饲协调发展的种植结构。深入实施藏粮于地、藏粮于技战略，保护优化粮食产能，保持粮食生产总体稳定，确保口粮绝对安全。稳定北方粳稻和南方双季稻生产能力，扩大优质小麦面积，重点发展强筋弱筋小麦、优质稻谷，稻谷小麦种植面积稳定在8亿亩。进一步调减“镰刀弯”等非优势产区玉米面积1000万亩，增加优质食用大豆、薯类、杂粮杂豆等，巩固主产区棉花、油料、糖料生产。大力发展双低油菜等优质品种。稳定发展“菜篮子”产品，加强北方设施蔬菜、南菜北运基地建设。加快北方农牧交错带结构调整，打造生态农牧区。以青贮玉米、苜蓿为重点，推进优质饲草料种植，扩大粮改饲、粮改豆补贴试点。会同有关部门开展粮食安全省长责任制考核工作，落实地方粮食安全主体责任。

（2）全面提升畜牧业发展质量。稳定生猪生产，优化南方水网地区生猪养殖区域布局，推动各地科学划定禁限养殖区域。引导产能向玉米主产区和环境容量大的地区转移，在东北四省区开展生猪种养结合循环发展试点，促进生猪产业转型升级。大力发展草食畜牧业，深入实施南方草地畜牧业推进行动，扩大优质肉牛肉羊生产。加快推进畜禽标准化规模养殖，指导养殖场（小区）进行升级改造。加快现代饲草料产业体系建设，逐步推进苜蓿等优质饲草国产化替代。推动饲料散装散运，鼓励饲料厂和养殖场实行“厂场对接”。全面推进奶业振兴，重点支持适度规模和种养结合家庭牧场，推动优质奶源基地建设，加强生产过程管控，引导扩大生鲜乳消费，培育国产优质品牌。持续推进畜牧业绿色发展示范县创建。加快新一轮退耕还林还草工程实施进度，继续实施退牧还草工程，推进北方农牧交错带已垦草原治理。

（3）加快推进渔业转型升级。科学编制养殖水域滩涂规划，合理划定养殖区、限养区、禁养区，确定湖泊、水库和近海海域等公共自然水域养殖规模，科学调整养殖品种结构和养殖模式，推动水产养殖减量增效。创建水产健康养殖示范场500个，渔业健康养殖示范县10个，推进稻田综合种养和低洼盐碱地养殖。完善江河湖海限捕、禁捕时限和区域，推进内陆重点水域全面禁渔和转产转业试点，率先在长江流域水生生物保护区实现全面禁捕，实施中华鲟、江豚拯救行动计划。实施绿色水产养殖推进行动，支持集约化海水健康养殖，拓展深远海养殖，组织召开全国海洋牧场建设工作现场会，加快推进现代化海洋牧场建设。落实海洋渔业资源总量管理制度和渔船“双控”制度，启动限额捕捞试点，加强区域协同保护，合理控制近海捕捞。持续清理整治“绝户网”和涉渔“三无”船舶，加快实施渔民减船转产。加强水生生物资源养护，强化幼鱼保护，积极发展增殖渔业，完善伏季休渔制度，探索休禁渔补贴政策创设。规范有序发展远洋渔业和休闲渔业。

（4）大力发展农产品加工业。贯彻国办关于进一步促进农产品加工业发展的意见，落实扶持农产品加工业的政策措施，强化农产品产后商品化处理设施建设。深入实施质量品牌提升行动，促进农产品加工业转型升级。大力发展优质原料基地和加工专用品种生产，支持粮食主产区发展粮食特别是玉米深加工，开发传统面米、马铃薯及薯类、杂粮、预制菜肴等多元化主食产品和药食同源的功能食品。加强农产品加工技术集成基地建设，组织开展关键技术装备研发和推广。深入实施农村产业融合发展试点示范工程，开展农业产业化示范基地提质行动，建设一批农村产业融合发展示范园和先导区。

（5）做大做强优势特色产业。实施优势特色农业提质增效行动计划，促进杂粮杂豆、蔬菜瓜果、茶叶、花卉、食用菌、中药材和特色养殖等产业提档升级，把地方特色小品种和土特产做成带动农民增收的大产业。加强优势特色农产品生产、加工、储藏等技术研发，构建具有地方特色的技术体系。加快信息技术、绿色制造等高新技术向农业生产、经营、加工、流通、服务领域渗透和应用，加强特色产品、特色产业开发和营销体系建设。加快推进特色农产品优势区建设，制定特色农产品优势区建设规划，鼓励各地争创园艺产品、畜产品、水产品等特色农产品优势区，推动资金项目向优势区、特色产区倾斜。推动完善“菜篮子”市长负责制考核机制，开展鲜活农产品调控目录试点。加快发展都市现代农业，深挖农业潜力，创造新需求。

(6) 加快推进农业品牌建设。深入实施农业品牌战略，支持地方以优势企业、产业联盟和行业协会为依托，重点在粮油、果茶、瓜菜、畜产品、水产品等大宗作物及特色产业上培养一批市场信誉度高、影响力大的区域公用品牌、企业品牌和产品品牌。强化品牌培育塑造，发布中国农业品牌发展指导文件，探索建立农业品牌目录制度及品牌评价体系，发布 100 个区域公用品牌。组织开展品牌培训，强化经验交流，提升农业品牌建设与管理的能力和水平。搭建品牌农产品营销推介平台，推进系列化、专业化的大品牌建设。

(7) 积极发展休闲农业与乡村旅游。拓展农业多种功能，推进农业与休闲旅游、教育文化、健康养生等深度融合，发展观光农业、体验农业、创意农业等新产业新业态。实施休闲农业和乡村旅游提升工程，加强标准制定和宣传贯彻，继续开展示范县、美丽休闲乡村、特色魅力小镇、精品景点线路、重要农业文化遗产等宣传推介。鼓励农村集体经济组织创办乡村旅游合作社，或与社会资本联办乡村旅游企业。完善休闲农业行业标准。组织召开全国休闲农业与乡村旅游大会。

(8) 启动建设现代农业产业园。以规模化种养基地为基础，依托农业产业化龙头企业带动，聚集现代生产要素，建设“生产 + 加工 + 科技”、一二三产融合的现代农业产业园，发挥技术集成、产业融合、创业平台、核心辐射等功能作用。吸引龙头企业和科研机构建设运营产业园，发展设施农业、精准农业、精深加工、现代营销，发展农业产业化联合体，推动农业全环节升级、全链条增值。支持农户通过订单农业、股份合作、入园创业就业等多种形式参与建设、分享收益。科学制定产业园规划，制定发布国家级现代农业产业园认定标准，遴选发布首批国家级产业园名单。鼓励地方统筹使用项目资金，集中建设产业园基础设施和配套服务体系。

3. 推进绿色发展，增强农业可持续发展能力

（1）全面提升农产品质量安全水平。坚持质量兴农，实施农业标准化战略，突出优质、安全、绿色导向。健全农产品质量安全标准体系，新制定农药残留标准1000项、兽药残留标准100项。大力推进农业标准化生产，加快制定农业标准化生产评价办法，开展特色农产品标准化生产示范，建设一批地理标志农产品和原产地保护基地，新创建一批畜禽水产健康养殖场、热作标准化生产示范园。支持新型农业经营主体开展“三品一标”认证登记，加快提升绿色、有机农产品认证的权威性和公信力。推行农业良好生产规范，推广生产记录台账制度，督促落实农业投入品生产销售使用有关规定。加快农产品质量安全追溯平台建设应用，选择苹果、茶叶、猪肉、生鲜乳、大菱鲆等农产品开展试点。继续开展国家农产品质量安全县（市）创建，再确定200个县（市）开展试点。加强农产品质量安全监管，持续开展农兽药残留超标等突出问题专项整治，严厉打击违禁超限量使用农兽药、非法添加等违法行为。健全农产品质量安全监管体系，强化风险管理和属地责任，加大抽检监测力度。

（2）大力发展节水农业。建立健全农业节水技术产品标准体系。建设一批高标准节水农业示范区，大力普及喷灌、滴灌等节水灌溉技术，加大水肥一体化和涵养水分等农艺节水保墒技术推广力度。筛选推广一批抗旱节水品种，重点在华北、西北地区大面积推广耐旱小麦、薯类、杂粮品种。稳步推进牧区高效节水灌溉饲草料地建设，严格限制生态脆弱地区抽取地下水灌溉人工草场。控制东北地区井灌稻面积。积极推广循环水养殖等节水养殖技术。协同开展河北地下水超采区综合治理试点。

（3）大力推进化肥农药减量增效。深入推进化肥农药使用量零增长行动，促进农业节本增效。以苹果柑橘、设施蔬菜、品牌茶叶等园艺作物为重点，开展有机肥替代化肥试点，建设一批化肥减量增效示范县。深入推进测土配方施肥，集成推广化肥减量增效技术。建设一批病虫害统防统治与绿色防控融合示范基地、稻田综合种养示范基地、蜜蜂授粉与绿色防控技术集成示范基地。大力推进高毒农药定点经营实名购买，探索建立农药产品追溯系统。继续组织开展农民骨干科学用药培训行动，鼓励使用高效低毒低残留农药。

（4）全面推进农业废弃物资源化利用。坚决打好农业面源污染防治攻坚战。以县为单位推进畜禽粪污、农作物秸秆、废旧农膜、病死畜禽等农业废弃物资源化利用无害化处理试点，探索建立可持续运营管理机制。深入推进绿色高产高效创建，重点推广优质专用品种和节本降耗、循环利用技术模式。鼓励各地加大农作物秸秆综合利用支持力度，健全秸秆还田、集运、多元化利用补贴机制，继续开展地膜清洁生产试点示范。开展种养结合整县推进试点。加快畜禽粪污集中处理，支持规模养殖场配套建设节水、清粪、有机肥生产加工等设施设备，推广“果沼畜”“菜沼畜”“茶沼畜”等畜禽粪污综合利用、种养循环的多种技术模式。继续开展洞庭湖区畜禽水产养殖污染治理试点。推动规模化大中型沼气健康发展。扩大重点流域农业面源污染综合治理示范区范围。

（5）扩大耕地轮作休耕制度试点规模。实施耕地、草原休养生息规划。适当扩大东北冷凉区和北方农牧交错区轮作试点规模以及河北地下水漏斗区、湖南重金属污染区、西南西北生态严重退化区休耕试点规模。完善耕地轮作休耕推进协调指导组工作机制，会同有关部门组织开展定期督查。组织专家分区域、分作物制定完善轮作休耕技术方案，开展技术培训和巡回指导。开展遥感动态监测和耕地质量监测，建立健全耕地轮作休耕试点数据库，跟踪试点区域作物种植和耕地质量变化情况。

（6）强化动物疫病防控。落实动物防疫财政支持政策，稳妥推进强制免疫"先打后补"，探索政府购买服务机制。持续推进新型兽医制度建设，扩大和充实官方兽医与执业兽医队伍。持续抓好禽流感等重大动物疫病、常见多发病防控，加大人畜共患病防治力度。大力开展种畜禽场动物疫病净化工作，推进无疫区和生物安全隔离区建设。防范外来动物疫病传入风险。强化动物检疫和畜禽屠宰质量安全管理，完善跨省流通监管信息互联互通机制。加强兽药行业监管，健全完善兽药二维码追溯体系，深入开展抗菌药整治。

4. 推进创新驱动，增强农业科技支撑能力

（1）加快推进重大科研攻关和技术模式创新。适应农业转方式调结构新要求，优化农业科技创新方向和重点，集中突破粮食丰产增效、畜禽水产良种培育、草食畜牧业、海洋牧场

与深远海养殖、智慧农业、农机化、农产品精深加工、化肥农药减施增效、中低产田改良、黑土地保护、农业面源和重金属污染综合防治与修复等重大技术及装备。加强农业科技基础前沿研究，提升原始创新能力。围绕节本增效、生态环境和质量安全等重点领域，做优做强现代农业产业技术体系。加大农业部重点实验室建设力度，新增一批农业资源环境等领域重点实验室，布局建设一批国家农业科学实验站。在200个县实施农业竞争力提升科技行动。深入实施转基因重大专项，严格转基因生物安全管理，加大转基因科学普及与舆论引导力度。

（2）完善农业科技创新激励机制。加快落实科技成果转化收益、科技人员兼职取酬等制度规定。通过“后补助”等方式支持农业科技创新。大力实施农业科研杰出人才培养计划，深入推进科研成果权益改革试点。支持发展面向市场的新型农业技术研发、成果转化和产业孵化机构。开展科研机构和科技人员分类评价试点，针对不同类型科研活动和不同科技岗位，逐步建立以科研成果与产业需求关联度、技术研发创新度和产业发展贡献度为导向的分类评价制度。加强农业知识产权保护和运用。

（3）加强国家农业科技创新联盟和区域技术中心建设。整合科技创新资源，强化协同创新，完善国家农业科技创新体系和现代农业产业技术体系，建立一批现代农业产业科技创新中心和农业科技创新联盟，充分发挥各类联盟在农业科技综合解决方案形成、产业全链条发展、资源开放共享、服务平台基地建设等方面的作用。以关键行业和领域为重点，加快布局一批区域性现代农业产业科技创新中心。集中东北、华北、华东和南方地区优势科技力量，开展东北黑土地保护、玉米秸秆综合利用、华北地区节水农业、南方稻田重金属污染治理、农产品深加工等重大问题联合攻关。创新企业等市场主体投资联盟建设获益机制，探索建立健全联盟多元化支持、市场化运营的长效运行机制。

（4）推进基层农技推广体系改革。强化基层农技推广机构的公共性和公益性，构建以国家农技推广机构为主导、科研教学单位和社会化服务组织广泛参与的“一主多元”农技推广体系。创新公益性农技推广服务方式，引入项目管理机制，推行政府购买服务。鼓励县级农业技术推广机构设立区域站，支持乡镇成立综合性农业服务机构，有条件的地方实行管理在县、服务在乡。完善人员聘用和培训机制，提升农技推广人员素质，增强农技服务能力，鼓励与家庭农场、合作社、龙头企业开展技术合作。支持地方因地制宜设置基层农技推广机构，建立农科教产学研推一体化农业技术推广联盟，鼓励各类社会力量广泛参与农业科技推广。通过承担项目、定向委托、购买服务等方式，加大对各类经营性农业社会化服务组织的支持力度，引导其广泛参与农业产前、产中、产后服务。

（5）加强新型职业农民和新型农业经营主体培育。继续实施新型职业农民培育工程，整合各渠道培训资金资源，建立政府主导、部门协作、统筹安排、产业带动的培训机制。推动出台构建培育新型农业经营主体政策体系的意见，启用新型经营主体生产经营直报平台。完善家庭农场认定办法和名录制度，健全示范家庭农场评定机制，扶持规模适度的家庭农场。推进农民合作社示范社创建，引导合作社健康发展，支持农民合作社组建联合社。完善龙头企业认定标准，壮大国家重点龙头企业队伍，培育农业产业化联合体。优化农业从业者结构，深入开展现代青年农场主培养计划、新型农业经营主体带头人轮训计划和农村实用人才带头人示范培训，把返乡农民工纳入培训计划，培育100万人次，探索培育农业职业经理人。探索建立职业农民扶持制度，继续开展“全国十佳农民”资助项目遴选工作。

（6）积极推进农业信息化。推进“互联网+”现代农业行动，全面实施信息进村入户工程，选择5个省份开展整省推进示范，年内建成8万个益农信息综合服务社。实施智慧农业工程，将农业物联网试验示范范围拓展到10个省，推进农业装备智能化。建设全球农业数据调查分析系统，完善重要农产品平衡表会商与发布制度，定期发布重要农产品供需信息，统筹各类大数据平台资源，建立集数据监测、分析、发布和服务于一体的国家农业数据云平台。在国家现代农业示范区打造一批智慧农业示范基地。加强农业遥感基础设施建设。加快推进农民手机应用技能培训。推进重点农产品市场信息平台建设。健全现代农产品市场体系，大力发展农村电子商务，推进冷链物流、智能物流等设施建设，促进新型农业经营主体与电商企业面对面对接融合，推动线上线下互动发展。

5. 推进农村改革，激发农业农村发展活力

（1）落实农村承包地“三权分置”意见。加快推进农村承包地确权登记颁证工作，再选择北京、天津、重庆、福建、广西、青海等6个省（市、区）推进整省（市、区）试点，推动有条件的地方年底基本完成。健全土地流转规范管理服务制度，加强土地流转价格监测，指导各地加强土地流转交易市场建设。建立健全农村土地承包经营纠纷调解仲裁体系。稳步开展农村土地承包权有偿退出试点，允许地方多渠道筹措资金，按规定用于村集体对进城落户农民自愿退出承包地的补偿。推进土地经营权入股发展农业产业化经营试点。

（2）稳步推进农村集体产权制度改革。全面贯彻落实稳步推进农村集体产权制度改革的意见，抓紧研究制定配套政策措施。全面总结农村集体资产股份权能改革试点经验，扩大改革试点范围，再选择一批改革基础较好的县（市、区）开展农村集体经营性资产股份合作制改革试点，确认成员身份，量化经营性资产，保障农民集体资产权利。鼓励地方开展资源变资产、资产变资本、资金变股金、农民变股民等改革，赋予农民更加充分的财产权、维护农民收益权，增强集体经济发展活力和实力。全面开展农村集体资产清产核资，加快集体资产监督管理平台建设，摸清集体家底，健全管理制度。推动制定完善农村集体产权制度改革相关法律法规。

（3）积极发展农业适度规模经营。完善土地流转和适度规模经营健康发展的政策措施，大力培育新型农业经营主体和服务主体，通过经营权流转、股份合作、代耕代种、联耕联种、土地托管等多种方式，加快发展土地流转型、服务带动型等多种形式规模经营。积极引导农民在自愿基础上，通过村组内互换并地等方式，实现按户连片种植。完善家庭农场认定办法，扶持规模适度的家庭农场。加强农民合作社规范化建设，积极发展生产、供销、信用“三位一体”综合合作。深入推进政府购买农业公益性服务机制创新试点，研究探索农业社会化服务管理规程指引，总结推广农业生产全程社会化服务试点经验，扶持培育农机作业、农田灌排、统防统治、烘干仓储等经营性服务组织，推进农业服务业发展。研究建立农业适度规模经营评价指标体系，引导规模经营健康发展。

（4）深化农垦改革。围绕垦区集团化改革，开展改组、组建农垦国有资本投资和运营公司试点，组建一批区域性、专业性农垦企业集团。全面推进农垦办社会职能改革，按照3年内将国有农场承担的社会管理和公共服务职能纳入地方政府统一管理的目标要求，制定工作方案，明确时间表、路线图。加快推进垦区土地确权发证，尽快出台支持政策，稳步开展农场国有农用地有偿使用试点。逐步建立以劳动合同制为核心的市场化用工制度，鼓励和引导高学历、高层次、高素质人才扎根农场务农。创新垦地合作的方式方法，推进全程农业社会化服务集团化经营。

（5）加强农村改革、现代农业和可持续发展试验示范区建设。拓展农村改革试验区试验内容，继续开展第三方评估，加强改革成果跟踪提炼和试验典型宣传，推动改革成果转化为具体政策措施。扎实推进国家现代农业示范区建设，再补充认定一批示范区，示范区总量达到350个，建立农业现代化评价指标体系。推进国家农业可持续发展试验示范区建设，研究建立重要农业资源台账制度，积极探索农业生产与资源环境保护协调发展的有效途径。

（6）加快农业法律制修订、推进农业综合执法。围绕农业投入、耕地质量保护、农产品质量安全等重大问题，加强立法研究。积极推进《农产品质量安全法》《农民专业合作社法》《农村土地承包法》《草原法》《渔业法》和《农药管理条例》《生猪屠宰管理条例》《农作物病虫害防治条例》《植物新品种保护条例》等制修订进程。积极推进农业综合执法，研究出台推进农业综合执法改革试点意见，建立全国农业综合执法信息平台。加强行政复议应诉工作，强化应诉能力建设，加快建立农业部门法律顾问制度和公职律师制度。落实国务院行政审批制度改革、“放管服”改革要求，加快相关配套规章制修订。

（7）加快推进和提升农业对外合作。落实农业对外合作规划，创新农业对外合作部际联席会议运行机制，统筹外交、外经、外贸措施协同发力，提升对外合作水平。实施“一带一路”农业合作愿景与行动，以“一带一路”沿线及周边国家和地区为重点，支持农业企业开展跨国经营，建立农业合作示范区、农业对外开放合作试验区和境外生产基地、加工仓储物流设施等，支持建设农产品出口跨境电商平台和境外展示中心。加大农产品对外营销促销公共服务，鼓励扩大优势农产品出口。完善农业走出去公共信息服务平台，建立农业走出去企业信用评价体系和信息统计调查制度。健全产业损害风险监测评估体系，促进农产品贸易救济措施的有效使用。积极参与国际贸易规则和国际标准的制修订，推进农产品认证结果互认工作。

6. 完善农业支持政策，千方百计拓宽农民增收渠道

（1）完善农业补贴制度。推动农业三项补贴改革，支持耕地地力保护和粮食适度规模经营。推动完善粮食主产区利益补偿机制，稳定产粮（制种）大县奖励政策。探索建立东北黑土地保护利用奖补机制。优化农机购置补贴，加大对粮棉油糖、畜禽养殖和饲草料生产全程机械化所需机具的补贴力度，扩大农机新产品补贴试点范围，对保护性耕作、深松整地、秸秆还田利用等绿色增产机具敞开补贴。深入实施新一轮草原生

态保护补助奖励政策。

(2) 推动完善粮食等重要农产品价格形成机制。坚持并推动完善稻谷、小麦最低收购价政策，继续推进玉米市场定价、价补分离改革，配合落实好玉米生产者补贴政策，改进新疆棉花目标价格补贴方式，调整大豆目标价格政策。落实专项转移支付预算编制环节源头整合改革要求，探索实行“大专项＋任务清单”管理方式。

(3) 创新农村金融服务。建立健全全国农业信贷担保体系，推进省级信贷担保机构向市县延伸，支持有条件的市县尽快建立担保机构，实现实质性运营，研究制定差异化担保费用、风险代偿补助政策和考核办法。稳步推进农村承包土地经营权和农民住房财产权抵押贷款试点，探索开展大型农机具、农业生产设施抵押贷款试点。持续推进农业保险扩面、增品、提标，开发满足新型经营主体需求的保险产品。推动出台中央财政制种保险保费补贴政策，提高天然橡胶保险保费中央财政补贴比例。

(4) 支持农民工、大中专毕业生、退役士兵、科技人员等返乡下乡创业创新。贯彻国办关于支持返乡下乡人员创业创新促进农村一二三产业融合发展的意见，推动落实支持农村创业创新的市场准入、财政税收、金融服务、用地用电、创业培训、社会保障等优惠政策，鼓励各地创建一批农村创业创新园区（基地)、创业孵化基地、创客服务平台。强化新型农业经营主体联农带农激励机制，推动发展合作制、股份制和订单农业等多种利益联结方式，支持农民更多分享二三产业发展收益。开展多种形式的创业创新大赛，培育一批创业创新带头人。召开“互联网＋”现代农业新技术和新农民创业创新博览会。

（5）扎实推进农业产业扶贫。指导贫困地区落实好产业精准扶贫规划，科学选择产业，发挥新型经营主体带动作用，落实资金整合、金融扶持、保险服务等政策举措。总结推广产业扶贫典型范例，组织开展环京津贫困地区发展特色农业扶贫共同行动。实施贫困村“一村一品”产业推进行动，支持开展示范村镇创建，扶持建设一批贫困人口参与度高的特色农业基地。推进贫困地区区域农产品公共品牌建设，加大农产品市场开拓力度。实施贫困地区“扶智行动”，启动武陵山区、贵州毕节、大兴安岭南麓等定点扶贫联系地区产业发展带头人3年轮训计划。继续加大农业系统干部挂职扶贫力度。

三、农业部2018年畜牧业工作要点的内容

为深入贯彻中央农村工作会议和中央1号文件精神，全面落实全国农业工作会议和农业部1号文件部署，切实做好2018年畜牧业各项工作，农业部制定了《2018年畜牧业工作要点》，具体工作安排如下：

1. 重构新型种养关系

（1）持续推进畜禽养殖废弃物资源化利用。深入落实《国务院办公厅关于加快推进畜禽养殖废弃物资源化利用的意见》，组织开展畜禽粪污资源化利用行动。完善制度设计。推动完善畜禽粪污资源化利用用地政策、畜禽规模养殖场环评制度、碳减排交易制度。印发《畜禽粪污土地承载力测算技术指南》，指导各地合理布局畜禽养殖，推进种养结合、农牧循环发展。落实支持政策。继续实施整县推进粪污资源化利用项目，增加资金投入，扩大覆盖范围，支持200个左右畜牧大县开展集中整治，推动形成畜禽粪污资源化利用可持续运行机制。加强工作考核。健全绩效评价考核制度，联合环境保护部出台《畜禽养殖废弃物资源化利用工作考核办法》，定期开展

工作督导，切实落实地方政府属地管理责任。强化示范引领。组织召开全国畜禽养殖废弃物资源化利用会议，举办畜牧业现代化暨畜禽粪污资源化利用论坛，开展畜牧业绿色发展示范县创建活动，新增50个示范县，示范引领畜禽粪污资源化利用工作全面铺开。推进粪肥还田利用标准体系建设，组织开展粪污资源化利用全产业链监测。

（2）全面实施粮改饲政策。以“镰刀弯”地区和黄淮海玉米主产区为重点，扩大粮改饲政策覆盖面和实施规模，完成粮改饲1200万亩以上。在主推青贮玉米的基础上，因地制宜推广苜蓿、燕麦、甜高粱等优质饲草料品种。大力发展社会化专业收贮服务组织，提高优质饲草料商品化供应能力。积极争取大型收获机械设备购置、饲草料运输、收贮企业融资等配套政策支持，加强饲草料利用技术模式研发推广，加大宣传引导力度，营造良好政策氛围。

（3）大力发展现代草业。加强牧草种质资源保护和良种繁育基地建设，审定并推广一批优良牧草品种。加强草业先进适用技术推广服务，制定牧草栽培、加工、贮藏等技术标准和规程，不断提升产业发展水平。因地制宜发展人工种草，集成推广牧草丰产栽培技术，建设一批标准化牧草丰产栽培示范基地。加大政策扶持力度，培育壮大草产品生产加工企业和专业合作组织，打造草产品知名品牌。

2. 加快推进畜牧业转型升级

（1）启动现代化示范牧场创建。组织制定现代化示范牧场评选标准，印发开展现代化示范牧场创建方案。启动示范创建活动，以生猪、奶牛等主要畜禽规模养殖场为重点，兼顾其他特色畜禽规模养殖场，通过申请创建、专家指导、评审确定、现场考核等环节，创建100个示范牧场。加强宣传引导，发挥示范牧场在畜牧业现代化进程中的带头作用，鼓励引导其他养殖场提升现代化水平。以畜牧业现代化建设为抓手，组织科研院所、技术推广机构、企业等多元主体，围绕畜禽生产关键环节开展重大科研联合攻关，促进技术模式组装集成和推广应用。完善畜禽规模养殖装备指标体系，推动开展重点机械品类标准建设，提升现代畜牧业设施装备水平与智能化水平。

（2）推进现代畜禽种业振兴。落实遗传改良计划，加强核心育种场和良种扩繁推广基地遴选和管理。开展生猪区域性联合育种，推动全基因组选择工作，强化种猪遗传评估，建立生猪育种企业利益共享机制。制定实施水禽遗传改良计划。推进肉牛、羊联合育种。推进实施现代种业提升工程规划，按照扶优扶强的原则，支持大中型畜禽育种企业和科研院所推进育种创新、遗传资源保护等工作。继续加强畜禽种质资源保护项目和种畜禽质量安全监督。修订《畜禽新品种配套系审定和畜禽遗传资源鉴定办法》，抓紧开展畜禽新品系评审。开展国外畜禽种业发展研究。

（3）提升中小养殖场户的生产经营水平。集成推广畜禽规模养殖技术模式，加强社会化服务，促进小散户融入现代化生产体系。加快构建饲料大数据平台，推广饲料精准配方和发酵饲料等增效技术。鼓励饲料企业和科研机构针对中小养殖户，研发推广饲料配制技术、饲喂饲养工艺和自动化智能化装备，依托“技术、工艺、设施”三配套，带动中小养殖户跟上现代畜牧业发展行列。积极推行订单畜牧业，加强市场信息服务，强化面向中小养殖户的金融保险服务，降低经营风险。

3. 优化畜牧业供给结构

（1）支持畜牧业差异化特色化发展。开展马、驴、兔、蜂、奶山羊等特色产业发展研究，制定马、蜂产业发展规划，制定蜜蜂遗传改良计划。举办特色畜牧业发展培训班，总结交流各地典型经验。总结提炼各地畜牧业新业态发展典型模式，推动畜牧业与文化、休闲、旅游等产业紧密联结，打造畜牧业发展新模式。坚持保护和开发利用相结合，修订《畜禽遗传资源保种场保护区和基因库管理办法》，以生猪为重点全面梳理畜禽遗传资源保护利用现状，完善具有中国特色的畜禽遗传资源保护利用体系，促进优势特色畜牧业发展。以质量兴牧、品牌强牧为重点，研究谋划畜产品品牌推介活动，通过畜博会等展会，搞好品牌营销。

（2）深入推进畜牧业扶贫工作。积极构建“一体两翼”扶贫工作新机制，不断创新扶贫形式，提升扶贫水平，打造扶贫亮点。协调整合现有项目及资金渠道，重点向“三区三州”等深度贫困区、环京津贫困地区、武陵山区和大兴安岭南麓特殊困难地区倾斜。积极发挥协会学会作用，鼓励引导支持有发展需求和扶贫意愿的畜牧业龙头企业等新型经营主体，发挥集团化、协同化优势，扎实推进产业精准扶贫。联合金融保险机构，推进养殖收益险、价格指数险、保险+期货、全产业链组合险等新产品试点，进一步推广“免抵押免担保”普惠金融。继续挖掘畜牧业精准扶贫的好经验好模式，开展畜牧业优秀扶贫成果评选推介和龙头企业社会责任评选等活动，采取多种形式大力宣传推广，营造产业扶贫良好氛围。

4. 强化饲料和生鲜乳质量安全

（1）健全饲料质量安全保障体系。研究推进药物饲料添加剂减量退出计划，对促生长和疾病预防产品严格执行分类管理，力争到“十三五”末禁止预防疾病用药物作为饲料添加剂使用，督促饲料企业认真执行饲料添加剂安全使用规范。研究建立宠物饲料管理制度，制定完善标签管理、卫生指标、原料和添加剂目录等技术要求。研究养殖场自配料监管方式方法，选择有条件的地区开展养殖场自配料管理试点示范。

（2）严格饲料产品质量安全监管。进一步完善饲料质量安全监管工作，推进行业管理和安全监管结合联动，探索采取饲料企业监督检查和产品抽样相结合、异地质检机构检测等方式，提高饲料质量安全监测监管效率。以牛羊为重点实施养殖环节“瘦肉精”专项整治行动，联合开展养殖、交易、屠宰等多环节拉网监测，落实好检打联动、案件移送等工作机制。以饲料中未知风险物质、药物饲料添加剂、生物饲料、病原微生物、宠物饲料等为重点，开展筛查研究和监测预警，加快研发针对性的检测方法标准和技术防控措施。

（3）强化生鲜乳质量安全监管。加强对奶牛养殖场、生鲜乳收购站、运输车三个重点环节的监管，着力构建严密的全产业链质量安全监管体系。整合提升生鲜乳收购站运输车监管监测信息系统，实现生鲜乳收购运输的信息化、精准化管理。开展生鲜乳专项整治行动，坚决整改、取缔不合格奶站和运输车，严厉打击违法违规行为。组织实施全国生鲜乳质量监测计划，加大风险隐患排查，确保乳品源头质量安全。

5. 持续推进奶业振兴

（1）贯彻落实国家奶业发展政策措施。全面贯彻落实国务院关于加快奶业振兴发展的纲领性文件。组织制定贯彻落实方案，细化具体政策措施，强化奶业产业链相关部门协同配合，加大工作力度，加快推进奶业全面振兴。

（2）推动奶业向高质量发展转变。启动优质奶牛种公牛培育技术应用示范项目，完善奶牛生产性能测定工作，遴选一批国家奶牛核心育种场，提升奶牛良种繁育水平。继续实施振兴奶业苜蓿发展行动，新建高产优质苜蓿基地 50 万亩。支持奶牛养殖场转型升级和家庭牧场发展，引导适度规模养殖。推广应用奶牛场物联网技术和智能化技术设施设备，推进“数字奶业信息服务云平台”建设试点。指导奶业主产省尽快建立生鲜乳价格协商机制，开展生鲜乳质量第三方检测试点，完善奶业产业链利益联结机制。整顿生鲜乳收购秩序，依法查处和公布不履行生鲜乳购销合同以及凭借购销关系强推强卖兽药、饲料等行为。

（3）做大做强民族奶业品牌。实施奶业品牌推进行动，激发企业积极性和创造性，培育优质品牌，引领奶业发展。完善中国奶业 20 强（D20）联盟机制，举办第四届奶业 D20 峰会，促进乳品企业大联合、大协作，提升中国奶业品牌影响力。通过行业协会等第三方组织，推介产品优质、美誉度高的企业品牌。

（4）引导培育乳制品消费。积极宣传奶业发展成效，定期发布乳品质量安全监测信息，展示国产乳制品良好品质。加大国家学生饮用奶计划的推广力度，持续开展中国小康牛奶行动和奶酪校园推广行动，推介第二批休闲观光牧场，组织乳品企业公众开放日活动，扩大奶业公益宣传，激发消费活力。加强乳品质量安全舆情监测，及时回应社会关切，营造良好社会氛围。

6. 加强草原生态保护建设

（1）推进草原保护制度建设。深入开展草原资源清查，完成牧区半牧区县的内业分析和京津冀区域的外业清查工作。落实和完善草原承包经营制度，研究制订草原承包经营权流转管理办法。创建草畜平衡示范县，推进禁牧休牧轮牧和草畜平衡制度落实。研究制订国有草原资源资产有偿使用制度方案。制定草业产值测算办法，编制草原资源资产负债表。开展草原资源承载力监测预警评价，研究制订草原生态环境损害鉴定关键技术标准。推动设立“6·18草原保护日”。

（2）开展大美草原守护行动。开展草原执法检查“绿剑行动”，建立重点案件挂牌督办和约谈机制，严厉打击破坏草原资源的违法行为。开展草原征占用专项检查“护卫行动”，严格草原征占用审核审批，严控草原非牧使用。开展草原补奖政策“宣贯行动”，宣讲解读草原补奖政策，加强政策落实信息管理、绩效评价和督导检查。开展新闻媒体“发现美丽草原行动”，推介一批美丽草原牧场，发掘一批基层草原干部典型。开展最美草原管护员“寻找行动”，树立一批草原管护员典型，促进草原管护员队伍建设。

（3）实施草原生态修复重大工程。继续实施《全国草原保护建设利用“十三五”规划》和《耕地草原河湖休养生息规划（2016—2030年）》，扎实推进退牧还草、京津风沙源草原治理、退耕还林还草、农牧交错带已垦草原治理及石漠化草地治理等重大工程项目建设，集中治理退化沙化草原，保护和修复草原生态环境。组织实施草原防火和生物灾害防控项目，加强草原防火物资装备建设，提高火情监控的信息化水平，强化灾害监测预警和督导检查。

（4）开展草原畜牧业转型升级示范创建。在主要草原牧区省区开展草牧业试验试点，总结形成一批可复制、可借鉴、可推广的典型经验模式。组织实施南方现代草地畜牧业推进行动，合理开发利用南方草山草地资源。以转变草原畜牧业生产方式为主线，开展草原畜牧业转型升级示范创建。突出条件能力建设，推行划区轮牧和适度规模标准化养殖，促进牧民分散养殖与市场有效衔接，实现草原畜牧业提质增效、提档升级。

7. 做好畜牧业发展的长远性基础性工作

（1）强化畜牧业形势分析和预警。继续强化监测预警体系建设，做好监测点轮换、信息员培训等工作，提高数据采集的及时性、准确性。集中开展数据实地核查，强化省县绩效考评管理，保障数据质量。修订完善畜牧业监测预警专家组聘任和考评办法。定期开展畜牧业生产跟踪监测与形势会商，做好关键时点的形势分析研判，及时报送信息。拓宽预警信息发布渠道，建设好发布平台，指导养殖场户适时调整生产计划，促进养殖增收。

（2）全面推进养殖场、生产企业信息直联直报。加强规模养殖场直联直报平台建设，在生产监测基础上，建设完善备案管理、粪污资源化利用、项目管理和绩效考评等模块功能，强化数据和信息点对点服务，打造养殖场监管监测一体化数据服务平台。扩大养殖场数据自动化采集试点范围。探索开展直联直报数据质量第三方评估，提高数据准确性。加快推进饲料企业生产数据直联直报，实现精准动态监测。

（3）推动畜牧兽医监管监测信息一体化。围绕“一个平台、一次填报、一套数据”目标，加快畜牧兽医监管监测信息横向互通、省部互联共享步伐。修订《畜禽标识和养殖档案管理办法》，加强畜牧兽医生产、监管全程联网追溯管理。推广应用畜牧业生产经营单位代码，实现畜牧兽医监管监测对象“一场（厂、企）一码”，为数据互联互通奠定基础。加快推进畜牧业政务信息系统实质性整合，建设畜牧业中心数据库。规范统计监测类报表制度，实行统一备案管理，建立统一指标体系。推动监管监测制度融合，为监管监测一体化提供保障。

（4）强化产业发展专题研究。聚焦加快实现畜牧业现代化的发展目标，坚持问题导向，组织开展畜牧业现代化及国际经验、畜牧业新业态、新型种养关系、中小养殖场户与现代畜牧业发展有机衔接、畜牧科技创新与推广、畜牧业监管方式改革、牧区草原畜牧业转型升级、草原承包经营权流转、质量兴牧品牌强牧等专题研究，梳理行业发展的现状、问题和趋势，谋划好畜牧业中长期发展的宏观思路和政策体系。加强畜牧业和饲料工业标准体系建设，围绕绿色发展加快相关标准的制修订工作。加强日常调研，充分了解掌握实际工作当中突出问题和一手信息，提出有针对性的改进措施和政策建议。

（5）加强畜牧系统政风行风建设。深入学习贯彻习近平新时代中国特色社会主义思想，坚决贯彻落实党中央国务院关于“三农”工作的决策部署，牢固树立“四个意识”，始终把政治建设摆在首位。坚决落实好中央领导同志关于奶业振兴、畜禽粪污处理和资源化利用、粮改饲的重要批示和指示，以新举措取得新业绩。始终不忘初心，牢记使命，坚持“管行业”与“管行风”两手抓、两手硬，严格落实中央八项规定精神，倡导求真务实、服务群众的工作作风，强化敢于担当、开拓创新的意识勇气，以新作风创出新作为。增强各相关单位工作的协同性，提高舆论引导的针对性、实效性，不断开拓现代畜牧业发展的新局面。

四、农业部开展果菜茶有机肥替代化肥行动方案的主要内容

2017年2月8日，为贯彻中央农村工作会议、中央1号文件和全国农业工作会议精神，按照“一控两减三基本”的要求，深入开展化肥使用量零增长行动，加快推进农业绿色发展，农业部制定了《开展果菜茶有机肥替代化肥行动方案》。力争用三至五年时间，初步建立起有机肥替代化肥的组织方式和政策体系，集成推广有机肥替代化肥的生产技术模式，构建果菜茶有机肥替代化肥长效机制。具体目标是“一减两提”：一是化肥用量明显减少。到2020年，果菜茶优势产区化肥用量减少20%以上，果菜茶核心产区和知名品牌生产基地（园区）化肥用量减少50%以上。二是产品品质明显提高。到2020年，在果菜茶优势产区加快推进“三品一标”认证，创建一批地方特色突出、特性鲜明的区域公用品牌，推动品质指标大幅提高，100%符合食品安全国家标准或农产品质量安全行业标准。三是土壤质量明显提升。到2020年，优势产区果园土壤有机质含量达到1.2%或提高0.3个百分点以上，茶园土壤有机质含量达到1.2%或提高0.2个百分点以上，菜地土壤有机质含量稳定在2%以上。果园、茶园、菜地土壤贫瘠

化、酸化、次生盐渍化等问题得到有效改善。

1. 果菜茶有机肥替代化肥行动方案重点任务

（1）提升种植与养殖结合水平。综合考虑土地和环境承载能力，合理确定果菜茶种植规模和畜禽养殖规模，引导农民利用畜禽粪便等畜禽养殖废弃物积造施用有机肥、加工施用商品有机肥，就地就近利用好畜禽粪便等有机肥资源，实现循环利用、变废为宝。

（2）提升有机肥施用技术与配套设施水平。集成推广堆肥还田、商品有机肥施用、沼渣沼液还田、自然生草覆盖等技术模式，推进有机肥替代化肥。在果菜茶产地及周边，建设畜禽养殖废弃物堆沤和沼渣沼液无害化处理、输送及施用等设施，配套果菜茶生产的机械施肥、水肥一体化等设施，应用设施环境调控及物联网设备，提高有机肥施用和作物生产管理机械化、智能化水平。

（3）提升标准化生产与品牌创建水平。加快制定果菜茶有机肥替代化肥的技术规范和产品标准，推进设施标准化、生产过程标准化、投入品管理标准化，实现良好农业规范。以此为基础，创响一批地方特色突出、特性鲜明的区域公用品牌和企业品牌，提高产品知名度和附加值，促进农民持续增收和精准脱贫。

（4）提升主体培育与绿色产品供给水平。制定支持有机肥生产施用的用地、用电、信贷、税收等优惠政策，优先扶持利用畜禽养殖废弃物和农作物秸秆等专业从事有机肥生产的企业和社会化服务组织。引导种养大户、农民合作社、龙头企业等新型农业经营主体生产有机肥、施用有机肥，打造一批绿色优质果菜茶生产基地（园区），增加中高端供给，满足市场多样化需求。

2. 果菜茶有机肥替代化肥行动方案区域重点及技术模式

（1）苹果。我国苹果种植面积和产量均占世界总量的40%以上，但单产较低、品质较差。生产中偏施化肥，有机肥投入不足，大部分果园位于丘陵山区，设施条件差，土壤有机质含量低，酸化、碱化问题突出，保水保肥能力弱。推行有机肥替代化肥，在黄土高原苹果优势产区、渤海湾苹果优势产区推广 4 种技术模式：一是“有机肥 + 配方肥”模式。在畜禽粪便等有机肥资源丰富的区域，鼓励种植大户和专业合作社集中积造利用堆肥，减少化肥用量。结合测土配方施肥，在城市近郊果园推广商品有机肥。二是“果—沼—畜”模式。在苹果集中产区，依托种植大户和专业合作社，与规模养殖相配套，建立大型沼气设施，将沼渣沼液施于果园，减少化肥用量。三是“有机肥 + 水肥一体化”模式。在水肥条件较好的产区和新建果园，推进矮化密植，在增施有机肥的同时，推广水肥一体化技术，提高水肥利用效率。四是“自然生草 + 绿肥”模式。在水热条件适宜的区域，通过自然生草或种植绿肥覆盖土壤，减少裸露，防止水土流失，培肥地力。

（2）柑橘。我国柑橘种植面积世界第一，产量世界第二，但柑橘园设施装备落后，基础地力低，部分地区土层瘠薄，土壤养分含量不平衡，施肥呈现化肥用量逐年增加，有机肥施用比例逐年下降的态势。推行有机肥替代化肥，在长江上中游柑橘带、赣南—湘南—桂北柑橘带、浙—闽—粤柑橘带推广 4 种技术模式：一是“有机肥 + 配方肥”模式。在畜禽粪便等有机肥资源丰富的区域，鼓励种植大户和专业合作社集中积造利用堆肥，减少化肥用量。结合测土配方施肥，在城市近郊果园应用商品有机肥。二是“果—沼—畜”模式。在柑橘集中产区，依托种植大户和专业合作社，与规模养殖相配套，建立大型沼气设施，将沼渣沼液施于果园。三是“有机肥＋水肥一体化”模式。在水肥条件较好的果园，增施有机肥的同时，推广水肥一体化技术，提高水肥利用效率。四是“自然生草＋绿肥”模式。在水热条件适宜区域，通过自然生草或种植绿肥覆盖土壤，减少裸露，防止水土流失，培肥地力。

（3）设施蔬菜。蔬菜是重要的民生产品。近年来，我国设施蔬菜发展迅速，产量占到蔬菜总产量的30%以上，为蔬菜周年均衡供应提供了重要保障。由于设施蔬菜生产周期长、产量高，用肥量大、施肥结构不合理，偏施氮肥现象严重，土壤次生盐渍化等问题突出。推行有机肥替代化肥，在北方设施蔬菜集中产区推广4种技术模式：一是“有机肥＋配方肥”模式。推广配方施肥，增施有机肥，减少化肥用量。二是“菜—沼—畜”模式。在设施蔬菜集中产区，依托种植大户和专业合作社，与规模养殖相配套，建立大型沼气设施，将沼渣沼液施于设施蔬菜。三是“有机肥＋水肥一体化”模式。在增施有机肥的同时，推广水肥一体化技术，重点是推广滴灌、微喷等技术，提高水肥利用效率。四是“秸秆生物反应堆”模式。推广秸秆生物反应堆，释放二氧化碳、增强光合作用，提高地温，增加土壤有机质含量，抑制土壤次生盐渍化。

（4）茶叶。我国是茶叶原产地，茶叶产量位居世界第一。但茶叶施肥结构不合理问题比较突出，茶园有机肥施用量不足。推行有机肥替代化肥，在长江中下游名优绿茶重点区域、长江上中游特色和出口绿茶重点区域、西南红茶和特种茶重点区域、东南沿海优质乌龙茶重点区域推广4种技术模式：一是“有机肥+配方肥”模式。推广配方施肥，增施有机肥，减少化肥用量。二是“茶—沼—畜”模式。在茶叶集中产区，依托种植大户和专业合作社，与规模养殖相配套，建立大型沼气设施，将沼渣沼液施于茶园。三是“有机肥+水肥一体化”模式。在增施有机肥的同时，推广水肥一体化技术，提高水肥利用效率。四是“有机肥+机械深施”模式。在水肥流失较严重茶园，推进农机农艺结合，因地制宜推广有机肥机械深施等技术，提高肥料利用效率。

五、农业农村部办公厅关于做好 2018 年新型职业农民培育工作的政策

全面贯彻党的十九大精神，按照中央 1 号文件、中央农村工作会议和全国农业工作会议部署要求，把培育新型职业农民作为强化乡村振兴人才支撑的重要途径。通过本区域培养、吸引提升等方式，分层分类培育新型职业农民 100 万人以上，发展壮大一支爱农业、懂技术、善经营的新型职业农民队伍，推动全面建立职业农民制度，带动乡村人口综合素质、生产技能和经营能力进一步提升，促进人才要素在城乡之间双向流动，让农民真正成为有吸引力的职业，让农业成为有奔头的产业，让农村成为安居乐业的美好家园。2018 年中央财政继续支持开展新型职业农民培育工作。各地要结合乡村振兴人才需求实际，依托新型职业农民培育工程重点实施新型农业经营主体带头人轮训、现代青年农场主（农业职业经理人）培养、农村实用人才带头人培训和农业产业精准扶贫培训等四个计划，明确各类型职业农民培育规模，积极争取各级财政部门支持，坚持目标导向、需求导向和问题导向相结合，加强需求调研和内容设置，提升培育针对性，加强过程管理和标准建设，突出培育规范性，加强政策扶持和延伸服务，提高培育有效性。重点

抓好以下五个方面工作：

(1) 精准遴选培育对象。鼓励以县域为单元，围绕乡村振兴和现代农业发展制定新型职业农民发展规划和培育计划。广泛开展宣传发动和摸底调查，建立新型职业农民培育对象库，组织县域内有意愿、有需求、有基础的农民，登录中国农村远程教育网（www. ngx. net. cn）“新型职业农民培育申报系统”或手机下载“云上智农”APP 报名参加培育。重点围绕县域主导和特色产业培育生产经营型职业农民，保障粮食等重要农产品生产；围绕农业企业和农民专业合作社用工需求，培育专业技能型职业农民，提高名特优新品和高质量农产品生产水平；围绕土地托管、农机作业、植保收获等社会化服务，培育专业服务型职业农民；围绕休闲观光、农村电商等新产业新业态，培育创业创新型职业农民。

各地要优先将“农业农村部新型农业经营主体直报系统”中有培训需求的用户列为培育对象（通过平台自动导入新型职业农民培育对象库，并加以标注）。新型农业经营主体带头人、现代青年农场主学员遴选仍按农办科〔2016〕21、22 号文件执行。支持有条件的地区按农业职业经理人培训规范要求，积极培养农业职业经理人。各地根据产业扶贫总体部署和去年项目实施成效，确定贫困县任务规模，加大对“三区三州”等深度贫困地区支持力度。贫困县产业精准扶贫培训对象由农业部门商扶贫部门确定，主要遴选产业扶贫带头人和有劳动能力的贫困人口。2018 年在北京、天津、河北、江苏、浙江、安徽、山东、重庆 8 个省（市）开展农村实用人才带头人示范培训，对象遴选按农办人〔2018〕15 号文件要求落实。

（2）科学确定培育机构。各地要明确标准和程序，科学遴选确定培育机构，统筹利用好农广校、涉农院校、农业科研院所、农技推广机构、农民专业合作社、农业龙头企业等各类资源，健全完善“专门机构＋多方资源＋市场主体”教育培训体系。充分发挥农民科技教育培训中心等专门机构作用，开展需求调研、培训组织、过程管理和延伸服务等工作。支持鼓励农民专业合作社、农业龙头企业等市场主体参与培育工作，健全完善激励约束机制，采取政府购买服务等方式给予相应补助，鼓励市场主体建设实训基地和农民田间学校等教育培训场所，为职业农民提供各类便捷服务。开展农业职业经理人培训工作的省份要严格遴选培训机构，严把师资和质量关。

（3）创新形式推进分层分类培训。坚持分类施策和因材施教。部省两级重点组织实施青年农场主、农业职业经理人、新型农业经营主体带头人等示范培训和师资培训，市县两级按产业类型组建培训班，统筹开展各类职业农民培训。遵循成人学习特点和农业生产规律，大力推行“一点两线、全程分段、实训服务”培训形式，强化模块化培训，突出职业素养、“三农”新形势、质量安全、绿色发展、信息化手段应用等内容模块，提高培训的灵活性和实用性。各地可按照农业农村部发布的培训标准规范，结合实际制定培训标准规范。鼓励各地开展试点，支持职业农民采取“弹性学制、农学交替”的方式接受中高等职业教育。

（4）强化信息化手段应用。继续推进职业农民培育线上线下融合发展，各地要加快推进全国农业科教云平台的落地对接、推广应用和拓展开发。鼓励开展职业农民在线学习、在线服务试点，支持整县、整市或整省通过政府购买的方式，按培育对象线上学习情况支付在线学习的费用。加强教育培训资源建设，围绕壮大新型经营主体、推进农业绿色发展、保障农产品质量安全、农村生态环保等为职业农民量身打造一批精品课程，开设便捷易学在线课程。积极组织专家、教师和农技服务人员上线服务，探索农业专家和农技推广人员通过在线服务职业农民获取相应的奖励与激励。将“云上智农”APP和“农业农村部新型农业经营主体直报系统”应用纳入培训课程，通过信息化手段推动小农户衔接现代农业，全面提升农民信息化应用水平。今年所有的培训班、培育学员、教师课程安排均要求实现上线可查。

（5）做好队伍管理与延伸服务。因地制宜分类推进职业农民队伍管理，以生产经营型为重点开展认定管理，明确条件和规范程序，支持各地开展分级认定，鼓励农业职业经理人、专业技能型和专业服务型职业农民参加职业技能鉴定。加强职业农民队伍信息统计和入库管理，做到及时更新、动态管理。各级农业部门要积极创设职业农民扶持政策，引导土地流转、产业扶持、人才奖励激励、金融保险等扶持政策向新型职业农民倾斜。组织培训机构和实训基地围绕培育对象生产需求开展全周期跟踪指导和服务，鼓励地方组织职业农民跨省、出国考察交流，支持职业农民成立专业协会或产业联盟，实现抱团发展。

六、我国休渔制度的主要内容

海洋伏季休渔制度，简称伏季休渔、伏休。海洋伏季休渔制度是为保护中国周边海域鱼类等资源在夏季繁殖生长而采取的措施。休渔是为了让海洋中的鱼类有充足的繁殖和生长时间而在每年规定的时间内，禁止任何人在规定的海域内捉鱼，休渔制度的推行对鱼类的生长起到了很好的保护作用。休渔期一般是在伏季，另外还有禁渔区，那是常年不允许捕捞的，主要是繁殖场或越冬场。从原因来看，应该是不同海区的鱼类繁殖期不同造成的这种时间差异。经国务院批准，我国自 1995 年起在黄海、东海 2 大海区，自 1999 年起在南海施行 2 ~ 3 个月的禁渔期以来，这 3 大海区连续实行伏季休渔制度至今，为缓解过多渔船和过大捕捞强度对渔业资源造成的巨大压力，遏制海洋渔业资源衰退势头，增加主要经济鱼类的资源量，起到了重要的作用。夏季是海洋主要经济鱼类繁育和幼鱼生长的重要时期。多年来的实践证明，伏季休渔保护了主要经济鱼类的亲体和幼鱼资源，使海洋渔业资源得到休养生息，具有明显的生态效益。渔船在休渔期间也节约了生产成本，休渔结束后渔获物产量增加、质量提高。

我国的休渔海域主要是在渤海、黄海、东海及北纬 12 度以北的南海（含北部湾）海域。休渔作业类型主要有：（1）

“闽粤海域交界线”以北的渤海、黄海、东海海域：除钓具外的所有作业类型。（2）北纬12度至“闽粤海域交界线”的南海海域（含北部湾）：除单层刺网和钓具外的所有作业类型。（3）“闽粤海域交界线”是指福建省和广东省间海域管理区域界线以及该线远岸端（117°31′37.40″E，23°09′42.60″N）与台湾岛南端鹅銮鼻灯塔（120°50′43″E，21°54′15″N）连线。

休渔时间每个年度会有所调整，但基本规定如下：（1）北纬35度以北的渤海和黄海海域为6月1日12时至9月1日12时；其中刺网休渔时间调整为6月1日12时至9月1日12时。（2）北纬35度至26度30分的黄海和东海海域为6月1日12时至9月16日12时；北纬26度30分至“闽粤海域交界线”的东海海域为5月16日12时至8月1日12时。在上述海域范围内，桁杆拖虾、笼壶类和刺网休渔时间为6月1日12时至8月1日12时，灯光围（敷）网休渔时间为5月1日12时至7月1日12时。（3）北纬12度至“闽粤海域交界线”的南海海域（含北部湾）休渔时间为5月16日12时至8月1日12时。（4）定置作业休渔时间不少于两个半月，具体时间由沿海各省、自治区、直辖市渔业行政主管部门确定，报农业部备案。（5）沿海各省、自治区、直辖市渔业行政主管部门可以根据本地实际，在国家规定基础上制定更加严格的资源保护措施。

七、国家财政重点支持农业的主要政策内容

为贯彻落实党的十九大精神和中央农村工作会议、中央1号文件和《政府工作报告》部署要求，2018年中央财政继续安排农业生产发展资金、农业资源及生态保护补助资金、动物防疫等补助经费、农业生产救灾及特大防汛抗旱补助资金、农村土地承包经营权确权登记颁证补助资金，支持提升农业发展质量，培育乡村发展新动能。国家财政2018年财政重点支持农业政策如下：

1. 农民直接补贴方面

（1）耕地地力保护补贴。补贴对象原则上为拥有耕地承包权的种地农民。补贴资金通过“一卡（折）通”等形式直接兑现到户。具体补贴依据、补贴条件、补贴标准由各省（区、市）继续按照《财政部、农业部关于全面推开农业“三项补贴”改革工作的通知》（财农〔2016〕26号）要求、结合本地实际具体确定，要保持政策的连续性、稳定性，确保广大农民直接受益。鼓励各省（区、市）创新方式方法，以绿色生态为导向，探索将补贴发放与耕地保护责任落实挂钩的机

制，引导农民自觉提升耕地地力。

（2）农机购置补贴。中央财政资金全国农机购置补贴机具种类范围为15大类42个小类137个品目，实行补贴范围内机具敞开补贴。补贴对象为从事农业生产的个人和农业生产经营组织。优先保证粮食等主要农产品生产所需机具和深松整地、免耕播种、高效植保、节水灌溉、高效施肥、秸秆还田离田、残膜回收、畜禽粪污资源化利用、病死畜禽无害化处理等支持农业绿色发展机具的补贴需要。允许各省（区、市）选择不超过3个品目的产品开展农机新产品购置补贴试点，重点支持绿色生态导向和丘陵山区特色产业适用机具。

（3）生产者补贴。在辽宁、吉林、黑龙江和内蒙古实施玉米及大豆生产者补贴。中央财政将玉米、大豆生产者补贴统筹安排，补贴资金采取“一卡（折）通”等形式兑付给生产者。具体补贴范围、补贴依据、补贴标准由各省（区）人民政府按照中央要求、结合本地实际具体确定，但大豆补贴标准要高于玉米。鼓励各省（区）将补贴资金向优势产区集中。为推动稻谷最低收购价改革，保护种粮农民收益，在相关稻谷主产省份实施稻谷补贴，中央财政将一定数额补贴资金拨付到省，由有关省份制定具体补贴实施方案。

（4）棉花目标价格补贴。继续在新疆和新疆生产建设兵团实施棉花目标价格补贴政策，棉花目标价格水平三年一定，2017—2019年为每吨18600元。补贴资金采取“一卡（折）通”等形式直接兑付给棉花实际种植者。

2. 支持新型农业经营主体发展方面

（1）新型职业农民培育。全面建立职业农民制度，将新型农业经营主体带头人、现代青年农场主、农业职业经理人、农业社会化服务骨干和农业产业扶贫对象作为重点培育对象，以提升生产技能和经营管理水平为主要内容，培训新型职业农民100万人次。鼓励通过政府购买服务的方式，支持有能力的农民合作社、专业技术协会、农业龙头企业等主体承担培训工作。

（2）农民合作社和家庭农场能力建设。以制度健全、管理规范、带动力强的国家农民合作社示范社、农民合作社联合社和示范家庭农场为扶持对象，支持发展绿色农业、生态农业，提高标准化生产、农产品加工、市场营销等能力。

（3）农业生产社会化服务。支持农村集体经济组织、专业化农业服务组织、服务型农民合作社等具有一定能力、可提供有效稳定服务的主体，针对粮食等主导产业和农民急需的关键环节，为从事粮棉油糖等重要农产品生产的主体提供社会化服务，集中连片推广绿色生态高效现代农业生产方式，实现小农户和现代农业发展有机衔接。

（4）农业信贷担保体系建设。健全全国农业信贷担保体系，推进省级信贷担保机构向市县延伸，实现实质性运营。重点服务种养大户、家庭农场、农民合作社等新型经营主体，以及农业社会化服务组织和农业小微企业，聚焦粮食生产、畜牧水产养殖、优势特色产业、农村新业态、农村一二三产业融合，以及高标准农田建设、农机装备设施、绿色生产和农业标准化等关键环节，提供方便快捷、费用低廉的信贷担保服务。支持各地采取担保费补助、业务奖补等方式，加快做大农业信贷担保贷款规模。

3. 支持农业结构调整方面

（1）耕地轮作休耕制度试点。中央财政支持耕地轮作休耕制度试点规模扩大到2400万亩，加上地方自主开展的600万亩，达到3000万亩。在辽宁、吉林、黑龙江、内蒙古和江苏、江西开展轮作试点；在河北黑龙港地下水漏斗区、湖南长株潭重金属污染区、西南石漠化区及西北生态严重退化区、黑龙江寒地井灌稻地下水超采区和新疆塔里木河流域地下水超采区开展休耕试点。中央财政对开展耕地轮作休耕制度试点的农户和新型经营主体给予适当补助。

（2）粮改饲。粮改饲规模扩大到1200万亩，在河北、山西等17个省（区）实施，以“镰刀弯”地区为主。选择玉米种植面积大、牛羊饲养基础好、种植结构调整意愿强的县整体推进，采取以养带种方式推动种植结构调整。补助对象为规模化草食家畜养殖场（户）或专业青贮饲料收贮企业（合作社）。

（3）高产优质苜蓿示范基地建设。在河北、山西等13个省（区）实施，支持饲草生产合作社、饲草生产加工企业、奶牛养殖企业（场）和奶农合作社集中连片种植高产优质苜蓿。示范基地原则上集中连片3000亩以上。

（4）优势特色主导产业发展。支持各地以促进产业发展和农民增收为目标，围绕具有区域优势、地方特色的农业主导产业，着力发展优势特色主导产业带和重点生产区域。启动绿色优质农产品示范，通过标准化绿色化生产、全程化质量监管、全产业链经营、产业融合发展，做大做优做强优势特色产业，培育打造一批有影响力的区域公用品牌、企业品牌和产品品牌，示范推广产出高效、产品安全、资源节约、环境友好的现代农业发展模式。

4. 支持农村产业融合发展方面

（1）现代农业产业园建设。在省级推荐基础上，继续创建一批国家现代农业产业园，同时认定一批国家现代农业产业园。中央财政通过以奖代补方式给予适当支持。

（2）农村一二三产业融合发展。深化农村一二三产业融合发展，实施产业兴村强县行动，以镇为平台，引导带动特色优势主导产业发展，加强农产品产地加工、包装、营销等，延伸产业链，提升价值链，拓展农业多功能性，发展休闲农业、智慧农业、农业文化产业，支持农业产业化，培育新产业、新业态、新模式。

（3）信息进村入户整省推进示范。继续选择5个省（市）开展示范，依托现有的农村信息服务、金融保险、电商等平台，通过整合资源，完善功能，达到技术、市场、商务、政务等信息一站式服务。信息进村入户采取市场化建设运营，中央财政给予一次性奖补。

5. 支持绿色高效技术推广服务方面

（1）绿色高产高效创建。突出水稻、小麦、玉米三大谷物，兼顾薯类大豆、杂粮杂豆、棉油糖、菜果茶等品种，选择一批生产基础好、优势突出、特色鲜明、产业带动强的县开展整建制创建，示范推广绿色高产高效技术模式，增加绿色优质农产品供给。

（2）基层农技推广体系改革与建设。支持实施意愿较高、完成任务好的农业县推进基层农技推广体系改革创新，探索公益性与经营性农技推广融合发展机制，允许农技人员开展技术转让、技术咨询等形式增值服务并合理取酬。支持江苏、浙江等8个省份开展农业重大技术协同推广试点，构建农业科研基地+区域示范基地+基层推广站+新型经营主体的“两地一站一体”链式农技推广服务新模式。在贫困地区特别是深度贫困地区以及其他有需求地区实施农技推广服务特聘计划。

（3）农机深松整地。农机深松整地面积达到1.5亿亩以上，支持天津、河北等21个省（区、市）在适宜地区开展农机深松整地作业。作业深度一般要求达到或超过25厘米，打破犁底层。鼓励依托专业化服务组织开展社会化服务。东北四省区可根据农业生产实际需要，在适宜地区开展农机深翻（深耕）作业补助。

（4）牧区畜牧良种推广。对内蒙古、四川等8个省（区）使用良种精液开展人工授精的肉牛养殖场（小区、户），以及存栏能繁母羊30只以上、牦牛能繁母牛25头以上的养殖户进行适当补助。

（5）土地确权登记颁证。继续按计划推进农村土地承包经营权确权登记颁证和农垦国有土地使用权确权登记发证工作。

6. 支持农业资源生态保护和面源污染防治方面

（1）草原生态保护补助奖励。在内蒙古、四川、云南、西藏、甘肃、宁夏、青海、新疆等8个省（区）和新疆生产建设兵团实施禁牧补助、草畜平衡奖励和绩效评价奖励；在河北、山西、辽宁、吉林、黑龙江和黑龙江省农垦总局实施

“一揽子”政策和绩效评价奖励。

（2）发展南方现代草地畜牧业。支持安徽、江西等8个省份实施南方现代草地畜牧业推进行动，以农牧业合作社和相关涉牧企业为主体，建设一批草地规模较大、养殖基础较好、发展优势较明显、示范带动能力强的牛羊生产基地，发展草地畜牧业。

（3）耕地保护与质量提升。选择重点县分区域、分作物组装推广一批耕地质量建设和化肥减量增效技术模式，依托新型农业经营主体开展土壤培肥改良和科学施肥服务。

（4）东北黑土地保护利用。在辽宁、吉林、黑龙江和内蒙古继续推进黑土地保护利用，扩大实施范围，新增一批重点县开展黑土地保护整建制推进试点，开展控制黑土流失、增加土壤有机质含量、保水保肥、黑土养育等技术措施和工程措施。

（5）农作物秸秆综合利用试点。在农作物秸秆总量大的省（区）和环京津地区开展农作物秸秆综合利用试点，支持150个左右重点县实行整县推进，坚持多元利用、农用优先。

（6）渔业增殖放流和减船转产。在流域性大江大湖、界江界河、资源退化严重海域等重点水域开展渔业增殖放流。推动海洋捕捞减船转产工作，支持渔船更新改造、渔船拆解、人工鱼礁、深水网箱、渔港及通信导航等设施建设。

（7）长江流域重点水域禁捕。建立长江流域重点水域禁捕补偿制度，支持长江流域水生生物保护区开展禁捕试点。

（8）畜禽粪污资源化处理。继续选择部分生猪、奶牛、肉牛养殖重点县开展畜禽粪污资源化利用整县治理，支持有条件的地区开展整市、整省推进治理。按照政府支持、企业主体、市场化运作的方针，以就地就近用于农村能源和农用有机肥为主要利用方式，改造完善粪污收集、处理、利用等整套粪污处理设施，实现规模养殖场全部实现粪污处理和资源化利用，努力形成农牧结合种养循环发展的产业格局。

（9）果菜茶有机肥替代化肥行动。选择150个果菜茶种植优势突出、有机肥资源有保障、有机肥施用技术模式成熟、产业发展有一定基础、地方有积极性的重点县开展有机肥替代化肥行动，以新型农业经营主体为承担主体，探索一批“果沼畜”“菜沼畜”“茶沼畜”等生产运营模式，推进资源循环利用。

（10）推广地膜清洁生产技术。在内蒙古、甘肃和新疆开展废旧地膜回收整县推进试点，支持100个县建立健全废旧地膜回收加工体系，推动建立经营主体上交、专业化组织回收、加工企业回收、以旧换新等多种方式的回收利用机制。以棉花、玉米、马铃薯为重点作物，示范推广地膜覆盖、集雨补灌、抗旱抗逆等节水技术，地膜厚度不得低于0.01毫米。

（11）地下水超采综合治理。以河北黑龙港流域为重点，开展地下水超采综合治理，推广农艺节水措施，实施耕地休耕试点。

（12）重金属污染耕地综合治理。以湖南长株潭地区为重点，开展重金属污染耕地综合治理，推行种植结构调整，实施耕地休耕试点。

7. 支持农业防灾救灾方面

（1）农业生产救灾。立足地方先救灾、中央后补助，中央财政对各地农业重大自然灾害及生物灾害的预防控制、应急救灾和灾后恢复生产工作给予适当补助。

（2）动物疫病防控。中央财政对动物疫病强制免疫、强制扑杀和养殖环节无害化处理工作给予适当补助。支持对符合条件的养殖场（户）实行强制免疫“先打后补”的补助方式。

（3）农业保险保费补贴。纳入中央财政保险保费补贴范围的品种为玉米、水稻、小麦、棉花、马铃薯、油料作物、糖料作物、能繁母猪、奶牛、育肥猪、森林、青稞、牦牛、藏系羊和天然橡胶，按照农业保险“自主自愿”等原则，农民缴纳保费比例由各省自主确定，一般不超过20%，其余部分由各级财政按比例承担。在13个粮食主产省的200个大县深入实施农业大灾保险试点，启动实施三大粮食作物完全成本保险试点。

8. 大县奖励政策方面

（1）产粮（油）大县奖励。包括常规产粮大县奖励、超级产粮大县奖励、商品粮大省奖励、制种大县奖励、产油大县奖励。大县标准和资金使用要求按照《产粮（油）大县奖励资金管理暂行办法》（财建〔2016〕866号）执行。

（2）生猪（牛羊）调出大县奖励。包括生猪调出大县奖励、牛羊调出大县奖励和省级统筹奖励资金。大县标准和资金使用要求按照《生猪（牛羊）调出大县奖励资金管理办法》（财建〔2015〕778号）执行。

八、国家财政支持农业生产发展资金项目的主要政策内容

国家财政安排的农业生产发展资金主要支持开展耕地地力保护、农机购置补贴、农业结构调整、新型职业农民培育、农村一二三产业融合发展、绿色高效技术服务等方面工作。具体方案如下：

（1）支持耕地地力保护。2018 年继续按照《财政部、农业部关于全面推开农业“三项补贴”改革工作的通知》（财农〔2016〕26 号）有关要求执行，保持政策的连续性、稳定性，确保广大农民直接受益。要及时足额将补贴资金兑现发放到位，严肃依法查处虚报冒领、骗取套取、挤占挪用等行为。鼓励各地创新方式方法，以绿色生态为导向，探索将补贴发放与耕地保护责任落实挂钩的机制，引导农民自觉提升耕地地力。支持有条件的地区，结合黑土地保护利用、畜禽粪污资源化利用、农作物秸秆综合利用等政策统筹实施，多措并举提升耕地质量。

（2）支持粮食适度规模经营。2018 年主要开展三项工作：一是继续按照《财政部、农业部关于全面推开农业“三项补贴”改革工作的通知》（财农〔2016〕26 号）有关要求执行，

创新支持方式，发展多种形式的适度规模经营，不鼓励对新型农业经营主体采取现金直补。优先支持农业信贷担保体系建设，省级财政部门、农业农村部门要按照《财政部、农业部、银监会关于做好全国农业信贷担保工作的通知》（财农〔2017〕40号）要求，做好省级农业信贷担保公司业务开展的指导工作，推进加快做大农业信贷担保贷款规模。省级财政部门在建立健全对省级农业信贷担保体系奖补制度过程中，要防止农业信贷担保公司经营风险向财政转移，主要通过担保费用补助等方式降低农业贷款主体融资成本，确保财政奖补资金惠及农业贷款主体。财政补助后的综合担保费率（担保公司向贷款主体收取费用和财政补助之和）不超过3%的情况下，农业贷款主体实际承担的综合信贷成本（贷款利率、贷款主体承担的担保费率、增值服务费率等各项之和）可略微突破8%。二是大力推进农业生产社会化服务，支持农村集体经济组织、专业化农业服务组织、服务型农民合作社等具有一定能力、可提供有效稳定服务的主体，针对粮食等主导产业和农民急需的关键环节，为从事粮棉油糖等重要农产品生产的农户提供以生产托管为主的社会化服务，提升服务组织服务能力，集中连片推广绿色生态高效现代农业生产方式，把小农户生产引入现代农业发展轨道。鼓励各地采取政府购买服务或先服务后补助等方式，根据当地小农户需要，支持发展多环节托管、关键环节托管和全程托管等模式，提升农业生产社会化服务的专业化、规模化水平。三是支持家庭农场发展，鼓励其有序流转土地、健全管理制度、应用先进技术、加强基础设施建设、开展标准化生产、购买社会化服务等，推动发展省级示范家庭农场。继续做好典型家庭农场发展监测工作。

(3) 支持开展农机购置补贴。2018 年中央财政资金全国农机购置补贴机具种类范围为 15 大类 42 个小类 137 个品目，补贴对象为从事农业生产的个人和农业生产经营组织。实行补贴范围内机具敞开补贴，优先保证粮食等主要农产品生产所需机具和深松整地、免耕播种、高效植保、节水灌溉、高效施肥、秸秆还田离田、残膜回收、畜禽粪污资源化利用、病死畜禽无害化处理等支持农业绿色发展机具的补贴需要，逐步将区域内保有量明显过多、技术相对落后、需求量小的机具品目剔除补贴范围。具体要求按照《2018—2020 年农机购置补贴实施指导意见》（农办财 2018 年 13 号）执行。

(4) 支持国家现代农业产业园建设。按照中央支持、地方负责、市场主导的发展思路，坚持高标准、严要求、宁缺毋滥，突出产业兴旺和联农增收机制创新两大任务，继续支持创建一批国家现代农业产业园，着力改善产业园基础设施条件和提升公共服务能力。同时，农业农村部、财政部将加强创建工作督导和考核，对创建成效突出、辐射带动力作用明显、年度绩效考核成绩合格的产业园，择优认定为国家现代农业产业园（具体工作另行通知）。

(5) 支持优势特色主导产业发展。2018 年继续支持各地以促进产业发展和农民增收为目标，围绕具有区域优势、地方特色等条件的农业主导产业，聚焦发展中的瓶颈问题和薄弱环节，着力发展优势特色主导产业带和重点生产区域，通过标准化绿色化生产、全程化质量监管、全产业链经营、产业融合发展，做大做优做强优势特色产业，培育打造一批有影响力的区域公用品牌、产品品牌，示范引导走产出高效、产品安全、资源节约、环境友好的农业现代化道路。

（6）支持培育新型农业经营主体。2018 年主要开展三项工作：一是新型职业农民培育。全面建立职业农民制度，深入实施新型职业农民培育工程，培育更多爱农业、懂技术、善经营的新型职业农民。各地要精选培育对象，建立培育对象数据库，围绕新型农业经营主体带头人、现代青年农场主、农业职业经理人、农业社会化服务骨干和农业产业扶贫对象等，因地制宜分层分类开展有针对性的培育。要加强师资队伍建设，遴选一批培育示范基地、实训基地和田间学校。扩大农村实用人才培训试点，在北京、河北等 8 个省（市）推进农村实用人才带头人培训。探索以政府购买的方式支持农民专业合作社、专业技术协会、龙头企业等主体承担培训工作。依托全国农业科教云平台和“云上智农” APP 开展在线学习和跟踪服务试点，实现线上线下融合发展。二是支持农民合作社发展。支持制度健全、管理规范、带动力强的国家农民合作社示范社及农民合作社联合社，适当兼顾贫困地区省级农民合作社示范社，发展绿色生态农业，开展标准化生产、专业化服务，突出农产品初加工、产品包装、仓储物流设施建设运营、市场营销等关键环节，积极发展生产、供销、信用“三位一体”综合业务合作，进一步提升自身管理能力、市场竞争能力和服务带动能力。各地要将财政补助资金形成的资产量化到合作社成员。鼓励委托专业机构人员为合作社提供统一做账、财务审计等服务，聘任农民合作社辅导员为合作社提供政策咨询、服务指导、信息统计、项目监管、年报公示等辅导服务工作。三是支持农村集体资产清产核资。按照农业部、财政部等部门联合印发《关于全面开展农村集体资产清产核资工作的通知》（农经发〔2017〕11 号）要求，认真组织做好农村集体资产清产核资工作，重点清查未承包到户的资源性资产和集体统一经营的经营性资产以及现金、债权债务等，查实存量、价值和使用情况，做到账证相符和账实相符，将集体资产确权到乡镇、村、组集体经济组织成员集体。中央财政对清产核资工作予以适当补助，支持吉林、江苏、山东等3个省开展整省试点，鼓励其他省份选择部分地市和县开展整市整县试点。各地要将清产核资工作经费纳入同级财政预算，确保清产核资工作稳妥有序推进。

（7）支持农业结构调整。2018年主要开展三项工作：一是扩大耕地轮作休耕制度试点。2018年轮作休耕试点面积2400万亩。其中，轮作试点2000万亩，继续在东北四省区实施，同时鼓励长江流域开展稻油、稻菜、稻肥轮作；休耕试点400万亩，在地下水漏斗区、重金属污染区、西南石漠化区、西北生态严重退化地区实施。加上地方自主开展的轮作休耕，总面积达到3000万亩。具体要求按照《农业部、财政部关于做好2018年耕地轮作休耕制度试点工作的通知》（农农发〔2018〕2号）执行。二是粮改饲试点。继续在“镰刀弯”地区和黄淮海玉米主产区开展试点，实施面积1200万亩。补助对象为规模化草食家畜养殖场户或专业青贮饲料收贮合作社等新型农业经营主体。选择玉米种植面积大、牛羊饲养基础好、种植结构调整意愿强的县整体推进，采取以养带种的方式推动种植结构调整。三是重金属污染耕地修复及种植结构调整。继续以湖南省长株潭地区为重点，加强产地与产品重金属监测，推广VIP（品种替代、灌溉水源净化、PH值调节）等污染耕地安全利用技术模式，探索可复制、可推广的污染耕地安全利用模式。推行种植结构调整，实施耕地休耕试点。

（8）支持绿色高效技术推广服务。2018 年主要开展五项工作：一是开展绿色高质高效创建。突出水稻、小麦、玉米三大谷物，兼顾薯类大豆、杂粮杂豆、棉油糖、菜果茶等品种，选择地方积极性高、工作推进力度大的县开展整建制绿色高质高效创建，通过物化投入、开展社会化服务和技术指导服务等措施，集成推广“全环节”绿色高质高效技术模式，探索构建“全过程”社会化服务体系和“全产业链”生产模式，辐射带动“全县域”生产水平提升，努力增加绿色优质农产品供给。项目区要求创建面积不低于 10 万亩，订单种植和社会化服务实现全覆盖。二是深化基层农技推广体系改革。支持实施意愿较高、完成任务好的农业县推进基层农技推广体系改革创新，探索公益性与经营性农技推广融合发展机制；建设长期稳定的农业科技示范基地，培育农业科技示范主体，集成示范推广应用一批绿色高效技术模式；创新方式方法，加快农技推广信息化建设；完善农技人员分级分类培育机制，提升业务能力和服务水平。支持江苏、浙江等 8 个省份开展农业重大技术协同推广试点，立足区域特色优势产业发展的重大技术需求，引导农业科研院校、农技推广机构、新型农业经营主体等紧密衔接、优势互补，开展农业重大技术集成示范与推广应用，构建农业科研基地 + 区域示范基地 + 基层推广站 + 新型经营主体的“两地一站一体”链式农技推广服务新模式。在贫困地区特别是深度贫困地区以及其他有需求地区实施农技推广服务特聘计划，从农业乡土专家、种养能手、新型农业经营主体技术骨干、科研教学单位一线服务人员中招募特聘农技员，解决农业结构调整、贫困地区特色农业产业发展缺技术缺服务等问题。三是开展农机深松整地。根据《全国农机深松整地作业实施规划（2016—2020 年）》，支持适宜地区开展农机深松整地作业，作业面积 1.5 亿亩以上，作业深度一般要求达到或超过 25 厘米，打破犁底层。采取政府购买服务、先作业后补助的方式实施，充分发挥农机合作社等社会化服务组织作用。充分利用信息化监测手段保证深松作业质量，提高监管工作效率。要合理确定补助标准，原则上每亩不宜超过 25 元，具体由各省根据作业成本情况科学确定。东北四省区可根据农业生产实际需要，在适宜地区试点开展农机深翻（深耕）作业补助，促进秸秆还田和黑土地保护。四是推广旱作农业和地膜清洁生产技术。加快建立地膜使用和回收利用机制，在内蒙古、甘肃和新疆全面开展废旧地膜回收整县推进试点，支持 100 个县建立健全废旧地膜回收加工体系，推动建立经营主体上交、专业化组织回收、加工企业回收、以旧换新等多种方式的回收利用机制，并探索“谁生产、谁回收”的地膜生产者责任延伸制度。以棉花、玉米、马铃薯等作物为重点，示范推广地膜覆盖、集雨补灌、抗旱抗逆等旱作节水农业技术，示范区地膜厚度不得小于 0.01 毫米。开展地膜覆盖技术适宜性评价，加大降解地膜、高强度地膜、地膜回收机械、地膜资源化利用等新技术、新产品的推广力度，促进地膜减量增效。五是推进果菜茶有机肥替代化肥试点。继续支持 2017 年启动的 100 个县推进试点，在果菜茶优势产区再遴选 50 个县纳入试点范围。新增试点县由省级农业农村部门会同财政部门采取竞争性遴选的方式确定，报农业农村部、财政部审核备案。试点工作要与畜禽粪污资源化利用整县治理相结合，支持农民和新型经营主体使用畜禽粪污资源化利用产生的有机肥，集中推广堆肥还田、商品有机肥施用、沼渣沼液还田、自然生草覆盖等技术模式，配套设施设备，集中连片推进实施。鼓励采取政府购买服务等方式，开展有机肥统供统施等社会化服务，探索一批“果沼畜”“菜沼畜”“茶沼畜”等生产运营模式，促进果菜茶提质增效和资源循环利用。

（9）支持农村一二三产业融合发展。2018 年主要开展四项工作：一是实施产业兴村强县行动。推行标准化生产，培育农产品品牌，保护地理标志农产品，推进一村一品、一县一业发展。深化农村一二三产业融合发展，以镇为平台，引导带动以特色优势主导产业为基础，大力发展农产品精深加工、主食加工、综合利用加工等产业业态，强化品牌培育、市场营销等关键环节，延伸产业链，提升价值链，完善利益链，拓展农业多功能性，发展休闲农业和乡村旅游，挖掘保护重要农业文化遗产，支持农业产业化，培育新产业、新业态、新模式，建成一批产业兴旺、经济繁荣、绿色美丽、宜业宜居的农业强镇（具体工作另行通知）。二是实施农产品产地初加工补助政策。通过以奖代补、先建后补等方式，重点支持种植大户、农民合作社、家庭农场等新型农业经营主体集中连片建设储藏、保鲜、烘干、净化、分级、包装等农产品产地初加工设施。三是推进马铃薯主食开发。支持河北、内蒙古等省（区）研发推广马铃薯全粉（薯泥、薯浆）不同配比的主食产品，根据配比情况合理测算补助标准。加强产销衔接、搞好科普宣传，开辟消费渠道、壮大消费群体，让马铃薯主食产品成为居民餐桌上的健康美食。四是深入实施信息进村入户整省推进示范。支持吉林、黑龙江等 5 个省份按照“政府引导、市场主体”原则，对符合条件的益农信息社予以适当补奖。整省推进示范要严格按照“六有”标准建设益农信息社，优先覆盖贫困地区，到2018年底益农信息社覆盖率要达到80%以上。强化村级信息员培育，不断集聚各类涉农服务资源，确保公益服务落地，强化便民服务、电子商务、培训体验服务，将益农信息社打造成为农服务的一站式窗口。要强化运营主体，完善商业化可持续运营机制。切实加强网络安全和信息安全防护能力建设，有效防控技术风险、经营风险和法律风险。

（10）支持畜牧业转型升级。2018年主要开展五项工作：一是畜禽粪污资源化利用。按照中央支持、地方为主、市场运营的原则，继续选择部分生猪、奶牛、肉牛养殖重点县，开展畜禽粪污资源化利用整县治理（具体工作另行通知）。继续支持非畜牧大县生猪等主要畜种规模养殖场畜禽粪污治理工作。二是高产优质苜蓿示范基地建设。继续在苜蓿优势产区和奶牛主产区实施，支持饲草生产合作社、饲草生产加工企业、奶牛养殖企业（场）和奶农合作社开展高产优质苜蓿示范建设。示范基地原则上集中连片3000亩以上。三是发展南方现代草地畜牧业。支持安徽、江西等8个省份实施南方现代草地畜牧业推进行动，以农牧业合作社和相关涉牧企业为实施主体，重点建设一批草地规模较大、养殖基础较好、发展优势较明显、示范带动能力强的牛羊肉生产基地。实施主体需与周边农户签订草产品、畜产品购销合同或劳动合同，建立完整的草地、牛羊及辐射带动农户的基础信息档案，草产品生产和牛羊养殖加工销售管理档案。四是支持牧区畜牧良种推广。在内蒙古、四川等8个省（区）实施，对项目区内使用良种精液开展人工授精的肉牛养殖场（小区、户），以及存栏能繁母羊30只以上、牦牛能繁母牛25头以上的养殖户进行适当补助。五是支持蜂业质量提升。支持蜜蜂优势产区开展蜜蜂良种场和高效优质养蜂示范区建设，加大养蜂机械购置补贴支持力度（具体工作另行通知）。

（11）支持开展地下水超采区农业种植结构调整。以河北省黑龙港流域为重点，以休耕为重点开展种植结构调整，推广水肥一体化、设施棚面集雨、测墒灌溉、小麦春灌一水、抗旱节水品种等农艺节水措施，建立旱作雨养种植的半休耕制度。

九、国家财政支持农业资源及生态保护补助资金项目的主要政策内容

国家财政安排的农业资源及生态保护补助资金主要用于耕地质量提升、渔业资源保护、草原生态保护补助奖励、长江流域重点水域禁捕等方面的支出。具体方案如下：

（1）支持耕地质量提升。主要开展三项工作：一是耕地保护与质量提升。以北方土壤盐渍化退化、南方土壤酸化贫瘠化和设施蔬菜土壤连作障碍等区域为重点，集中连片开展耕地质量提升示范，针对主要障碍因素，因地制宜推广土壤改良、地力培肥、治理修复等综合技术模式。突出粮棉油等作物，选择一批重点县开展化肥减量增效示范，采取政府购买服务、物化补助等方式，支持农户和新型农业经营主体应用化肥减量增效新技术新产品，引导企业和社会化服务组织开展科学施肥技术服务。继续支持做好取土化验、田间肥效试验、肥料配方制定发布、耕地质量等级调查评价、测土配方施肥数据成果开发应用等工作。二是东北黑土地保护利用。贯彻落实《东北黑土地保护规划纲要（2017—2030 年）》，在东北四省（区）继续推进黑土地保护利用，在现有试点县中择优选择 8 个重点县继续予以支持，实行整县整建制推进，同时新遴选 24 个县开

展试点。整建制推进县和新增县由省级农业农村部门会同财政部门采取竞争性遴选的方式确定，报农业农村部、财政部审核备案。采取政府购买服务、物化补助等方式，统筹高标准农田建设、秸秆综合利用、农机深松、畜禽粪污资源化利用等资金，支持开展控制黑土流失、增加土壤有机质含量、保水保肥、黑土养育、耕地质量监测评价等技术措施和工程措施。鼓励新型农业经营主体和社会化服务组织承担实施任务。三是农作物秸秆综合利用。继续在农作物秸秆总体产量大的省份和环京津地区开展农作物秸秆综合利用试点，支持实行整县推进。各地要结合本地实际，坚持农用优先、多元利用，探索建立“谁受益谁处理”、“秸秆换有机肥”等机制，通过政府培育环境、政策引导，激发秸秆还田、离田、加工利用等各环节市场主体活力，探索可推广、可持续的秸秆综合利用模式，建立秸秆综合利用稳定运行机制。

（2）支持渔业增殖放流。在流域性大江大湖、界江界河、资源退化严重海域等重点水域开展渔业增殖放流。各地要提高增殖放流的科学性和有效性，严格贯彻落实《农业部办公厅关于进一步规范水生生物增殖放流工作的通知》（农办渔〔2017〕49号）要求，严防外来物种、杂交种和人工培育品种用于放流，提高供苗质量；规范增殖放流全程监管，完善苗种招标采购、放流跟踪监测等制度，加强绩效评估工作，加大对渔业增殖放流资金投入；继续清理取缔“绝户网”、涉渔“三无”船舶，严格执行休禁渔制度，沿海各省（区、市）要认真落实海洋渔业资源总量管理制度，维护好渔业增殖放流成果。

（3）实施新一轮草原生态保护补助奖励政策。具体要求按照《农业部办公厅、财政部办公厅关于印发〈新一轮草原生态保护补助奖励政策实施指导意见（2016—2020年）〉的通知》（农办财〔2016〕10号）执行。禁牧补助和草畜平衡奖励资金要按照“对象明确、补助合理、发放准确、符合实际”的原则，根据补助奖励标准和封顶保底额度，做到及时足额发放；资金发放实行村级公示制，广泛接受群众监督；在有农村金融网点的地方，补助奖励资金要通过“一卡（折）通”及时发放到位，并在卡折中明确政策名称。绩效评价奖励资金主要用于落实禁牧补助和草畜平衡奖励的基础工作、草原生态保护建设和草牧业发展等方面的支出，其中用于草原生态保护建设和草牧业发展的资金比例不得低于70%。鼓励各地统筹利用绩效评价奖励资金，推进草牧业试验试点，加大对新型农业经营主体发展现代草牧业的支持力度。甘肃省要统筹利用好奖补资金，满足祁连山共牧区禁牧补贴需求。

（4）支持长江流域重点水域禁捕。贯彻落实2018年中央1号文件“建立长江流域重点水域禁捕补偿制度”的要求，支持长江流域水生生物保护区开展禁捕试点。

十、国家财政动物防疫等补助经费项目的主要政策内容

国家财政动物防疫等补助经费主要用于动物疫病强制免疫、强制扑杀、养殖环节无害化处理等三方面支出。具体要求继续按照 2017 年农业部办公厅、财政部办公厅联合印发的《动物疫病防控财政支持政策实施指导意见》（农办财〔2017〕35 号）执行。

（1）强制免疫补助。主要用于开展口蹄疫、高致病性禽流感和 H7N9 流感、小反刍兽疫、布病、包虫病等动物疫病强制免疫疫苗（驱虫药物）采购、储存、注射（投喂）及免疫效果监测评价、人员防护等相关防控工作，对实施强制免疫和购买动物防疫服务等予以补助。在完成强制免疫任务的前提下，可统筹用于动物疫病净化工作。各地要积极推进对符合条件的养殖场户实行“先打后补”的补助方式。

（2）强制扑杀补助。主要用于国家在预防、控制和扑灭动物疫病过程中，对被强制扑杀动物的所有者给予补偿。纳入强制扑杀中央财政补助范围的疫病种类包括口蹄疫、高致病性禽流感、H7N9 流感、小反刍兽疫、布病、结核病、包虫病、马鼻疽和马传贫。强制扑杀补助经费由中央财政和地方财政共

同承担。

（3）养殖环节无害化处理补助。中央财政根据国家统计局公布的生猪饲养量和合理的生猪病死率、实际处理率测算各省（区、市）无害化处理补助经费，包干下达各省级财政部门，主要用于养殖环节病死猪无害化处理支出。各地要根据《国务院办公厅关于建立病死畜禽无害化处理机制的意见》（国办发〔2014〕47号）有关要求做好养殖环节无害化处理工作，并按照“谁处理、补给谁”的原则，对病死畜禽收集、转运、无害化处理等环节的实施者予以补助。

十一、国家财政农业生产救灾及特大防汛抗旱补助资金的主要政策内容

国家财政农业生产救灾及特大防汛抗旱补助资金主要用于重大农作物及草原病虫害防治、重大农业自然灾害应急救助等方面支出。具体方案如下：

（1）农作物重大病虫害统防统治。突出小麦、水稻等主要农作物重大病虫和农区蝗虫防控，适时开展应急防治，大力推进统防统治，推广全程承包服务模式。支持病虫绿色防控技术示范推广，加强病虫害监测预警和防控技术指导。项目实施区统防统治覆盖率达到50%以上，绿色防控覆盖率达到30%以上，实现蝗虫不起飞危害、重大病虫不大面积暴发成灾。

（2）草原鼠害防治。在草原生态保护补助奖励政策实施省份及新疆生产建设兵团实施，完善草原鼠害应急防控体系，推广肉毒素、招鹰控鼠、驯化狐狸、弓箭灭鼠等绿色防控技术，加大雷公藤、莪术醇等新型药剂筛选与新技术示范力度，扩大生物防治面积，提高绿色防控比例。

（3）草原蝗虫防治。在草原生态保护补助奖励政策实施省份及新疆生产建设兵团实施，科学划分应急防治区和生物防治区，大力推进专业化防治服务队建设，逐步扩大飞机防治面

积，因地制宜开展生物防治、生态控制和化学防治相结合的综合治理措施，进一步推广牧鸡牧鸭、招引椋鸟等天敌利用和保护技术，开展微生物治蝗试验示范，提高生物防治比例。

（4）边境草原防火隔离带建设。在内蒙古、吉林、甘肃、新疆4省区实施，边境草原防火隔离带建设长度2882公里，宽度50～150米，特殊地段加宽处理不超过300米。

十二、国家财政农村土地承包经营权确权登记颁证补助资金的主要政策内容

国家财政农村土地承包经营权确权登记颁证补助资金主要用于农村土地承包经营权确权登记颁证和农垦国有土地使用权确权登记发证两方面的支出。具体方案如下。

（1）农村土地承包经营权确权登记颁证工作。2018 年是政策实施最后一年，也是中央财政安排补助资金最后一年。各地要切实加快工作进度，加强资金使用管理，按期完成政策期工作目标，并及时向党中央国务院报告。

（2）农垦国有土地使用权确权登记发证工作。各地要按照《中共中央 国务院关于进一步推进农垦改革发展的意见》要求，抓紧开展土地权属调查、界址测量等相关工作，对已经完成调查的及时提出发证申请。要主动协调和配合地方政府依法依规调处权属争议，解决一宗发证一宗，力争到 2018 年底基本完成农垦国有土地使用权确权登记发证任务。

十三、中国农业发展银行目前支持农业发展的贷款包括的主要品种

1. 易地扶贫搬迁项目贷款

贷款主要用于易地扶贫搬迁安置房建设（或购买）以及与易地扶贫搬迁直接相关的水、电、路、气、网等配套基础设施和教育、卫生、文化等公共服务设施建设，原居住地的土地复垦及整理，搬迁过程中发生的搬迁补偿、临时过渡费用等。

贷款对象主要是地方政府出资成立、未列入监管部门融资平台名单的国有独资及控股企业；中央企业及其所属企业；非国有控股上市企业与地方政府或（和）国有企业合资成立的项目公司等。

申请条件：借款人符合《公司法》的有关要求；借款人具有国家规定的承担项目融资或建设（运营）的相关资质和能力；借款人治理结构完善，组织机构健全，经营管理规范；借款人具有与项目建设或运营相应的权益性资本，所有者权益的来源与构成符合国家相关规定；借款人财务状况良好，具备财务可持续能力；借款人信用状况良好，信用等级在 A 级（含）以上。借款人为新设项目法人的，其控股股东应有良好

的信用状况；采用委托代建购买服务模式的，地方政府或政府指定机构应与借款人签订委托代建购买服务协议（或合同）；项目由政府主导，符合国家易地扶贫搬迁有关政策，充分体现政策支农，切实保护农民利益。项目须具备有权部门出具的纳入政府易地扶贫搬迁计划的相关证明文件；项目合法并取得政府部门的相应审批手续。

办理流程：借款人向农发行提出借款申请，并提供相应证明材料；农发行受理借款人借款申请后，履行调查、评估、审查和审批程序；借款申请审批通过后，双方签订借款合同，并办理合同约定的抵质押登记、资金监管等有关手续。

2. 农村路网建设贷款

农村路网贷款主要用于解决借款人在农村路网建设等方面的资金需求而发放的贷款。农发行贷款支持的农村路网范围主要包括涉农公路、水路、县域城镇道路、道路附属设施等。其中，涉农公路须符合《中华人民共和国公路法》规定的公路范围，同时要具有促进县域经济发展、提高农民生产生活条件的明显特征，主要包括连接县域与城市、县域与县域的国道、省道、县道，以及县域内通乡通村的乡道和村道。原则上为担保贷款，可通过组合担保，优化担保方案确保担保足额有效。

贷款对象：地方政府出资成立、未列入监管部门融资平台名单的国有独资及控股企业（即一类公司）；列入地方政府融资平台“监测类”名单、当地监管部门同意农发行信贷支持的公司法人视同一类公司管理；中央企业及其所属企业（即二类公司）；非国有控股上市企业与地方政府或（和）国有企业合资成立的项目公司（即三类公司）。

申请条件：符合《公司法》的有关要求；地方政府或地方政府指定机构与借款人签订委托代建合同；具有国家规定的承担项目融资或建设（运营）的相关资质和能力；治理结构完善，组织机构健全，经营管理规范；具有与项目建设或运营相应的权益性资本，所有者权益的来源与构成符合国家相关规定；财务状况良好，具备财务可持续能力，上一年末和最近月份资产负债率原则上在80%（含）以内。除新设法人外，上一年度要实现盈利；信用状况良好，信用等级在A级（含）以上。借款人为新设项目法人的，其控股股东应有良好的信用状况。

办理流程：符合申请条件的贷款对象自愿向所在区域的农发行分支机构提出贷款申请；农发行各级分支行依据国家规定的法律法规和农发行相关政策制度要求对贷款对象进行调查，决定是否受理贷款申请；农发行有权客户部门对受理的贷款申请进行评估；农发行有权审查部门对通过评估的贷款进行审查；农发行有权审批部门对通过审查的贷款进行审批；农发行有权放款部门对通过审批的贷款进行放款；贷款对象按照国家规定的法律法规和农发行相关政策制度要求使用农发行提供的贷款。

贷款期限：根据客户信用状况、项目运作周期、资金回笼计划等因素合理确定贷款期限，一般不超过20年，最长不超过30年。

贷款利率：按照中国人民银行有关规定和中国农业发展银行的相关规定执行。可根据项目的具体情况予以适当优惠政策支持。对纳入人民银行抵押补充贷款管理的贷款执行PSL专项优惠利率。

3. 水利建设贷款

水利建设贷款主要用于支持农田水利建设、防洪工程建设、水资源配置工程建设、水土保持和水生态保护建设等水利工程。

贷款对象：地方政府出资成立、未列入监管部门融资平台名单的国有独资及控股企业（即一类公司）；列入地方政府融资平台“监测类”名单、当地监管部门同意农发行信贷支持的公司法人视同一类公司管理；中央企业及其所属企业（即二类公司）；非国有控股上市企业与地方政府或（和）国有企业合资成立的项目公司（即三类公司）。

借款人申请条件：符合《公司法》的有关要求；地方政府或地方政府指定机构授权借款人负责实施项目建设等职能；具有国家规定的承担项目融资或建设（运营）的相关资质和能力；治理结构完善，组织机构健全，经营管理规范；具有与项目建设或运营相应的权益性资本，所有者权益的来源与构成符合国家相关规定；财务状况良好，具备财务可持续能力，上一年末和最近月份资产负债率符合要求；信用状况良好，信用等级在A级（含）以上；借款人为新设项目法人的，其控股股东应有良好的信用状况。

借款项目条件：项目建设内容符合国家政策和农发行的业务范围；项目符合国家规划、土地、环保等相关规定，并履行固定资产投资项目的合法管理程序；项目资本金来源符合国家相关规定，项目资本金比例不低于国家规定的行业最低比例标准；项目具有稳定的经营性现金流或可靠的偿债资金来源，能实现对贷款本息的全覆盖；项目资本金或还款来源资金中涉及地方财政资金的，地方政府应将其纳入地方政府财政预算管理。

办理流程：符合申请条件的贷款对象自愿向所在区域的农发行分支机构提出贷款申请；农发行各级分支行依据国家规定的法律法规和农发行相关政策制度要求对贷款对象进行调查，决定是否受理贷款申请；农发行有权客户部门对受理的贷款申请进行评估；农发行有权审查部门对通过评估的贷款进行审查；农发行有权审批部门对通过审查的贷款进行审批；农发行有权放款部门对通过审批的贷款进行放款；贷款对象按照国家规定的法律法规和农发行相关政策制度要求使用农发行提供的贷款并接受和配合贷后管理。

4. 重大水利工程建设专项过桥贷款

重大水利工程建设专项过桥贷款是指农发行为地方开展水利建设提供过渡性资金安排，保证纳入国家投资计划和地方政府预算投资的国家 172 项重大水利工程及时启动和不间断实施，采用信用方式发放的政策性贷款。在地方中期财政规划和年度财政预算投资安排时间的基础上，依据项目投资实际需求和财政预算等因素综合考虑确定贷款期限，原则上不超过 3 年。贷款采用信用方式，无需担保。

贷款对象：一是中央或省级政府设立的承担重大水利工程建设职能的项目法人；二是省级政府授权的承担负责统贷统还职能的公司法人。符合条件的，也可由地市级政府设立的项目法人或授权的公司法人作为贷款对象。

贷款额度：贷款额度依据地方政府项目投资需要、借款人实际用款需求等因素综合确定，但不得超过地方中期财政规划或年度财政预算确定的项目资金规模。

贷款利率：在人民银行同期同档次贷款基准利率基础上，贷款利率对西部及东北地区可下浮20%，对中部地区可下浮15%，对东部地区可下浮10%。

申请条件：须列入国家172项重大水利工程范围；项目建议书、可行性研究报告等已批复等。

5. 整体城镇化建设贷款

整体城镇化建设贷款，是指立足农业政策性银行职能定位，为解决地方政府主导开展的区域性整体城镇化建设项目融资需要而向借款人发放的贷款。

贷款用途：贷款主要用于项目区域内农业转移人口市民化和城镇基础设施、公共服务向农村覆盖过程中的开发建设资金需要，包括基本人居环境建设、城镇基本公共服务体系建设、产业支撑建设等方面，具体包括：安置房及其配套商业设施建设；供水、供热、燃气、路网、电网、信息网等公共基础设施建设；学校、医院、文化馆、体育场等文化教育卫生设施建设；污水、垃圾处理、水生态系统与水环境治理等环境设施建设；小型集贸市场、农产品交易市场、生活超市等便民商业设施建设；安置房和产业园区"七通一平"配套设施建设；征地拆迁、土地复垦等土地整治和整理；整体城镇化的其他相关建设内容。

贷款对象：地方政府出资成立、未列入监管部门融资平台名单的国有独资及控股企业（即一类公司）；列入地方政府融资平台"监测类"名单，当地监管部门同意农发行信贷支持的公司法人视同一类公司管理；中央企业及其所属企业（即二类公司)；非国有控股上市企业与地方政府或（和）国有企业合资成立的项目公司（即三类公司)。

借款人申请条件：符合《公司法》的有关要求；地方政府或政府指定机构与借款人签订委托代建合同；具有国家规定的承担项目融资或建设（运营）的相关资质和能力；治理机构完善，组织机构健全，经营管理规范；具有与项目建设或运营相应的权益性资本，所有者权益的来源与构成符合国家相关规定；财务状况良好，具备财务可持续能力，上一年末和最近月份资产负债率原则上在70%（含）以内，除新设法人外，上一年度要实现盈利；信用状况良好，信用等级在A级（含）以上。借款人为新设项目法人的，其控股股东应有良好的信用状况；注册资本原则上不低于10000万元（含)；借款人或其母公司拥有从事同类型项目建设管理经验、专业能力以及融资实力；拥有从事项目建设（运营）的专业团队。

项目准入条件：项目建设内容符合国家政策和农发行的业务范围；项目符合国家规划、土地、环保等相关规定，并履行固定资产投资项目的合法管理程序；项目资本金来源符合国家相关规定，项目资本金比例不低于国家规定的行业最低比例标准（20%)；坚持规划先行，项目建设须符合当地土地利用总体规划、城市发展总体规划及城镇化建设详细规划；项目属于整区域联片开发，并取得整体立项审批手续；项目涉及行业领域办理的行政审批手续须符合国家有关规定，并可根据项目建设进度分期、分批办理；项目涉及土地征收、房屋拆迁应办理的手续须符合国家有关规定；项目资本金或还款来源资金中涉及地方财政资金的，地方政府应将其纳入地方政府财政预算管理。

6. 农业综合开发贷款

农业综合开发贷款，主要用于解决借款人在农业生产基地开发与建设和农业生态环境建设等方面的资金需求。

贷款用途：农业综合开发贷款主要支持增加耕地数量、提升农田质量、推动现代农业、提高农业综合生产力的农业生产基地建设项目，以及农业面源污染防治、林业重点工程建设、退耕退牧退渔、草原湿地水资源保护、农村生态休闲产业等农业生态环境建设项目。

贷款对象：地方政府出资成立、未列入监管部门融资平台名单的国有独资及控股企业（即一类公司）；对列入地方政府融资平台“监测类”名单且当地监管部门同意农发行信贷支持的公司法人，视同一类公司管理；中央企业及其所属企业（即二类公司）；非国有控股上市企业与地方政府或（和）国有企业合资成立的项目公司（即三类公司）。

借款人准入条件：符合《公司法》的有关要求；地方政府或政府指定机构与借款人签订委托代建购买服务合同；具有国家规定的承担项目融资或建设（运营）的相关资质和能力；治理机构完善，组织机构健全，经营管理规范；所有者权益的来源与构成符合国家相关规定；财务状况良好，具备财务可持续能力，上一年末和最近月份资产负债率原则上在80%（含）以内。除新设法人外，上一年度要实现盈利；信用状况良好，信用等级在A级（含）以上。借款人为新设项目法人的，其母公司应有良好的信用状况；借款人或其母公司拥有从事同类型项目建设管理经验、专业能力以及融资实力；借款人或其母公司拥有从事项目建设（运营）的专业团队。

项目准入条件：项目建设内容符合国家政策和农发行的业务范围；项目符合国家规划、土地、环保等相关规定，并履行固定资产投资项目的合法管理程序；项目资本金来源符合国家相关规定，项目资本金比例不低于国家规定的行业最低比例标准（20%）；项目建设内容涉及土地性质变更的，须符合当地土地利用总体规划和城乡发展规划；项目如涉及使用农用地，应取得国有农用地使用权证、集体农用地承包经营权证或其他合法有效的农用地经营权许可。项目建设使用未利用地的，应经当地国土部门证实可行；项目涉及行业领域办理的行政审批手续须符合国家有关规定，并可根据项目建设进度分期、分批办理；建设内容涉及土地征收、房屋拆迁应办理的手续须符合国家有关规定；项目资本金或还款来源资金中涉及地方财政资金的，地方政府应将其纳入地方政府财政预算管理。地方政府应具备相应的财政支付能力，支付能力的测算应综合考虑地方政府实际债务情况。

7. 县域公共基础设施建设贷款

县域公共基础设施建设贷款业务包括县域城镇建设贷款项目（不含整体城镇化建设贷款项目）和农村基础设施建设贷款项目（不含公路贷款项目）。其中县域城镇建设贷款是指中国农业发展银行为支持县域（包括县级市、城市郊区郊县）内的城镇化建设，向借款人发放的贷款。贷款用途主要包括城镇基础设施、文化教育卫生和环境设施、便民商业设施建设等；农村基础设施建设贷款，主要用于解决借款人在农村路网、电网、水网、信息网、农村能源和环境设施建设等方面的资金需求而发放的贷款。

贷款用途：贷款主要用于县域范围内（含农村地区）基础设施等公共服务领域建设资金的需要。主要包括：水、电、路、气、热等基础设施建设；学校、医院、文化馆、体育场等文化教育卫生设施建设；小型集贸市场、农产品交易市场、生活超市等便民商业设施建设；污水垃圾处理、农村生活环境整治、水生态与水环境治理等环境设施建设；农村电网建设及升级改造工程；农村信息基础设施建设；风能、太阳能、生物质能源等可再生能源的开发利用；公共基础设施领域其他相关建设内容。

贷款对象：地方政府出资成立、未列入监管部门融资平台名单的国有独资及控股企业（即一类公司）；列入地方政府融资平台"监测类"名单，当地监管部门同意农发行信贷支持的公司法人视同一类公司管理；中央企业及其所属企业（即二类公司）；非国有控股上市企业与地方政府或（和）国有企业合资成立的项目公司（即三类公司）。

借款人申请条件：符合《公司法》的有关要求；地方政府或政府指定机构与借款人签订委托代建购买服务合同；具有国家规定的承担项目融资或建设（运营）的相关资质和能力；治理机构完善，组织机构健全，经营管理规范；具有与项目建设或运营相应的权益性资本，所有者权益的来源与构成符合国家相关规定；财务状况良好，具备财务可持续能力，上一年末和最近月份资产负债率原则上在80%（含）以内，除新设法人外，上一年度要实现盈利；信用状况良好，信用等级在A级（含）以上。借款人为新设项目法人的，其母公司应有良好的信用状况；借款人或其母公司拥有从事同类型项目建设管理经验、专业能力以及融资实力；借款人或其母公司拥有从事项目建设（运营）的专业团队。

项目准入条件：项目建设内容符合国家政策和农发行的业务范围；项目符合国家规划、土地、环保等相关规定，并履行固定资产投资项目的合法管理程序；项目资本金来源符合国家相关规定，项目资本金比例不低于国家规定的行业最低比例标准（20%）；项目涉及行业领域办理的行政审批手续须符合国家有关规定，并可根据项目建设进度分期、分批办理；项目资本金或还款来源资金中涉及地方财政资金的，地方政府应将其纳入地方政府财政预算管理。地方政府应具备相应的财政支付能力，支付能力的测算应综合考虑地方政府实际债务情况。

8. 棚户区改造贷款

棚户区改造贷款是指纳入国家年度棚户区改造目标任务的城中村改造、国有林区棚户区改造、国有垦区危房改造和重点镇棚户区改造，以及列入棚户区改造配套基础设施建设计划的建设项目的中长期政策性贷款。棚户区改造贷款期限一般不超过 20 年，最长不超过 25 年。在保本微利的前提下执行优惠贷款利率。

贷款用途：棚户区改造贷款主要用于棚户区改造涉及的安置住房筹集、货币补偿、配套基础设施建设等方面。

贷款对象：地方政府出资成立、未列入监管部门地方政府融资平台名单的国有独资及控股企业。若为地方融资平台公司，要已通过市场化改制，建立现代企业制度，实现市场化运营，并明确公告今后不再承担政府融资职能；中央企业及其所属企业；非国有控股上市企业及其与地方政府或（和）国有企业合资成立的项目公司；政府与社会资本合作（PPP）项目的贷款对象按照农发行有关规定执行。

融资模式：政府购买服务项目融资模式、政府授权公司自营项目融资模式、政府与社会资本合作（PPP）项目融资模式等。

9. 农民集中住房建设贷款

农民集中住房建设贷款包括农民集中居住区建设与改造、农村危房改造、棚户区和泥草房改造等。

贷款对象：地方政府出资成立、未列入监管部门融资平台名单的国有独资及控股企业（即一类公司）；列入地方政府融资平台“监测类”名单，当地监管部门同意农发行信贷支持的公司法人视同一类公司管理；中央企业及其所属企业（即二类公司）；非国有控股上市企业与地方政府或（和）国有企业合资成立的项目公司（即三类公司）。

贷款用途：农民集中住房建设。

借款人申请条件：地方政府或地方政府指定的机构与借款人签订项目委托代建购买服务合同；具有国家规定的承担项目融资或建设（运营）的相关资质和能力；具有与项目建设或运营相应的权益性资本，所有者权益的来源与构成符合国家相关规定；财务状况良好，具备财务可持续能力，上一年末和最近月份资产负债率原则上在80%（含）以内。除新设法人外，上一年度原则上要实现盈利；信用状况良好，信用等级在A级（含）以上。借款人为新设项目法人的，其控股股东应有良好的信用状况。

项目准入条件：项目建设内容符合国家政策和农发行的业务范围；项目符合国家规划、土地、环保等相关规定，并履行固定资产投资项目的合法管理程序；项目资本金来源符合国家相关规定，项目资本金比例不低于国家规定的行业最低比例标准（20%）；项目具有稳定的经营性现金流或可靠的偿债资金来源，能实现对贷款本息的全覆盖；项目资本金或还款来源资金中涉及地方财政资金的，地方政府应将其纳入地方政府财政预算管理。

10. 改善农村人居环境建设贷款

贷款用途：主要用于支持农民基本生活条件保障、村庄环境整治、宜居乡村建设等，具体贷款用途包括：水、电、路、气、信息等基础设施建设；污水、垃圾处理、水生态系统与水环境治理等环境设施建设；农村危房等农村住房改造；文化站、小学校、卫生所等配套文化教育卫生设施建设；小型集贸市场、生活超市等配套便民商业设施建设；乡村旅游开发、古村镇保护；其他改善农村人居环境建设的相关内容。

贷款对象：地方政府出资成立、未列入监管部门融资平台名单的国有独资及控股企业（即一类公司）；列入地方政府融资平台“监测类”名单，当地监管部门同意农发行信贷支持的公司法人视同一类公司管理；中央企业及其所属企业（即二类公司）；非国有控股上市企业与地方政府或（和）国有企业合资成立的项目公司（即三类公司）。

借款人申请条件：地方政府或地方政府指定的机构与借款人签订项目委托代建购买服务合同；具有国家规定的承担项目融资或建设（运营）的相关资质和能力；具有与项目建设或运营相应的权益性资本，所有者权益的来源与构成符合国家相关规定；财务状况良好，具备财务可持续能力，上一年末和最近月份资产负债率原则上在80%（含）以内。除新设法人外，上一年度原则上要实现盈利；信用状况良好，信用等级在A级（含）以上。借款人为新设项目法人的，其控股股东应有良好的信用状况。

项目准入条件：项目的建设目的主要为改善城市规划范围外乡镇区域内农民的生产生活条件，项目的建设内容符合国家相关政策和农发行改善农村人居环境建设贷款支持范围；项目资本金来源符合国家相关规定，项目资本金比例不低于国家有关规定（20%）；改善农村人居环境建设规划原则上要经地市级（含）以上政府审批通过（审批通过的规划可视同为立项许可文件）；地市级（含）以上政府有权部门依据建设规划下达的分期投资计划，可作为放款条件；项目具有可靠的偿债资金来源，能实现对贷款本息的全覆盖；项目资本金或还款来源资金中涉及地方财政资金的，地方政府应将其纳入地方政府财政预算管理。

11. 农村土地整治贷款

贷款用途："七通一平"等配套设施建设、增减挂钩、土地复垦、围填海造地等项目建设。

贷款对象：地方政府出资成立、未列入监管部门融资平台名单的国有独资及控股企业（即一类公司）；列入地方政府融资平台"监测类"名单，当地监管部门同意农发行信贷支持的公司法人视同一类公司管理：中央企业及其所属企业（即二类公司）。非国有控股上市企业与地方政府或（和）国有企业合资成立的项目公司（即三类公司）。

借款人申请条件：符合《公司法》的有关要求；地方政

府或地方政府指定的机构与借款人签订项目委托代建购买服务合同；具有国家规定的承担项目融资或建设（运营）的相关资质和能力；治理结构完善，组织机构健全，经营管理规范；具有与项目建设或运营相应的权益性资本，所有者权益的来源与构成符合国家相关规定；财务状况良好，具备财务可持续能力，上一年末和最近月份资产负债率原则上在80%（含）以内。除新设法人外，上一年度要实现盈利；信用状况良好，信用等级在A级（含）以上。借款人为新设项目法人的，其控股股东应有良好的信用状况。

项目准入条件：项目建设内容符合国家政策和农发行的业务范围；项目符合国家规划、土地、环保等相关规定，并履行固定资产投资项目的合法管理程序；项目资本金来源符合国家相关规定，项目资本金比例不低于国家规定的行业最低比例标准（20%）；项目具有稳定的经营性现金流或可靠的偿债资金来源，能实现对贷款本息的全覆盖；项目资本金或还款来源资金中涉及地方财政资金的，地方政府应将其纳入地方政府财政预算管理。

12. 农业科技贷款

农业科技贷款是指农发行按照国家政策规定，为支持农业科技创新与推广应用而发放的贷款。

贷款用途：贷款用于解决借款人直接实施农业科技推广应用的资金需要和必需的配套资金需要，按贷款用途分为流动资金贷款和固定资产贷款。流动资金贷款主要用于解决借款人实施农业科技转化应用的流动资金需要；固定资产贷款主要用于解决借款人实施农业科技转化应用中新建、扩建、改造、开发、购置固定资产投资项目和生产基地建设项目的资金需求。

贷款对象：实施农业科技成果推广应用的企、事业法人。

贷款范围：国家中长期科学和技术发展规划纲要（2006—2020）提出的农业科技发展优先主题领域的科技成果的推广应用，均属农业科技贷款的范围。重点支持种业、农机、节水灌溉、粮油实用生产技术等领域农业科技成果的推广应用。

贷款条件：借款人申请农业科技贷款，除符合农发行信贷基本制度规定的条件外，还应具备以下条件：信用等级 A－级（含）以上；具备承担农业科技项目实施的条件和能力，具有较好的经济和社会效益；推广应用的农业科技原则上需经地（市）级（含，下同）以上政府主管部门或其认可的评估机构认定（鉴定、评定、审定、评价、登记、批准或推广）。推广应用的农业科技成果借款人有权合法使用。

贷款期限：农业科技短期贷款期限一般为 1 年；中长期贷款期限原则上 5 年，最长不超过 8 年，宽限期最长不超过 2 年。

贷款利率：按照人民银行和农发行相关利率管理规定执行。

贷款方式：农业科技贷款原则上采取担保贷款方式。要在风险可控的前提下，合理确定贷款方式。其中，采用抵押担保方式，择优选择土地、房产等有效资产进行抵押；采用保证担保方式，优先选择地（市）级以上财政出资设立的担保公司担保；采用质押担保方式，对支持地市级以上政府推广农业科技项目、并由财政补贴作为全部偿贷来源的农业科技贷款，可以采取财政补贴收益权质押等方式。采取财政补贴收益权质押方式的，上级财政补贴收入需上级政府部门出具正式补贴文件，本级财政补贴须纳入政府财政预算，财政补贴收益权质押率不超过90%。对信用等级在AA-（含）以上的客户，可按照现行流动资金贷款有关办法发放信用贷款。

13. 农村土地流转及规模经营贷款

贷款对象：以农村土地为依托，开展有序流转服务、规模化生产经营或为发展规模经营提供专业化种养服务的，经工商行政管理部门登记，实行独立核算的企、事业法人可向农发行申请农村土地流转和规模经营贷款。对首次发放农村土地流转和规模经营贷款的客户，必须报总行准入同意。

贷款用途：农村土地流转贷款主要用于解决借款人从事与农村土地流转相关的融资需求，贷款用途主要包括支付土地流转费用、土地整理与复垦费用和田间道路、灌溉、仓储设施、温室大棚等农业基础设施建设，农村产权流转交易市场（服务中心）建设。

农村土地规模经营贷款主要用于解决借款人利用农村土地发展规模化生产经营或为规模化生产经营提供专业化服务方面的融资需求，贷款用途主要包括购置种子、种苗、农药、化肥等生产资料、购置农业机械设备、支付人工费用、培育养护费用和其他与生产经营等相关的资金需求。

贷款条件：借款人为龙头加工企业的，按照农发行现行的相关行业准入标准掌握。借款人为国有控股公司或农村产权流转交易市场（服务中心）的，除具备农发行信贷基本制度规定的条件外，还应具备以下条件：信用状况良好，无不良信用记录，信用等级在A级（含）以上；具有与运营规模相适应的权益性资本，所有者权益的来源与构成符合国家相关规定，自有资金比例一般不低于30%；治理结构完善，组织机构健全，经营管理规范；经营状况良好，具有较强的财务可持续能力，上一年度末和最近月份资产负债率原则上在70%（含）以内；除新设法人外，公司类客户上一年度实现盈利；依托流转土地从事规模化生产经营或为规模化生产经营提供专业服务的借款人，应具有较为丰富的种养经验与技术、较强的产业化支撑和较好的经济与社会效益；涉及农村土地流转的，借款人要以依法、自愿、有偿为原则，与土地流出方签订合法有效的书面农村土地流转合同。

贷款利率：原则上执行人民银行及农发行相关利率管理规定执行同期同档次贷款利率，符合条件的贷款其利率可以在总行利率管理政策范围内上下浮动，具体浮动水平由借贷双方在贷款利率浮动区间协商确定。

14. 农村流通体系建设贷款

贷款对象：依法成立、实行独立核算、从事农村流通体系建设的企（事）业法人。

贷款用途：贷款主要用于解决借款人在农副产品批发市场、农副产品物流体系、农村物流体系建设及配套工程等方面的资金需求。

流动资金贷款申请条件：信用等级A一级（含）以上；借款人、法定代表人、实际控制人、主要股东和现任高管遵纪守法，近三年内无不良信用记录；贷款用途符合农村流通体系建设贷款规定；注册资本不低于1000万元；经营期两年以上，且近两年连续盈利；近两年年末及最近月份资产负债率

≤75%。

固定资产贷款申请条件：其中属于政府委托代建购买服务或者政府特许经营融资模式的条件：信用状况良好，信用等级在A级（含）以上；借款人拥有从事农村流通体系项目建设的管理经验、专业能力、融资实力和专业团队；上一年末和最近月份资产负债率原则上不高于70%；除新设法人外和事业法人外，上一年度要实现盈利（政府特许经营模式）；项目资本金比例不低于20%；政府或政府指定机构与借款人签订委托代建购买服务合同（协议），合同（协议）中应明确由政府或指定机构支付购买服务资金偿还农发行贷款（政府委托代建购买服务模式）；政府或政府指定机构与借款人签订BOT、BOO等特许经营协议，借款人需取得项目的特许经营权（政府特许经营模式）；项目资本金或还款资金中涉及地方财政资金的，地方政府应将其纳入政府财政预算管理；项目具有稳定的经营性现金流且财务可持续，项目内部收益率不低于行业基准值（政府特许经营模式）。

其中属于企业自主经营模式的条件：信用状况良好，信用等级在A级（含）以上；借款人拥有从事农村流通体系项目建设的管理经验、专业能力、融资实力和专业团队；注册资本不低于1000万元；国有控股企业或上市公司上一年末和最近月份资产负债率原则上不高于65%，其他法人客户上一年末和最近月份资产负债率原则上不高于60%；除新设法人和事业法人外，上一年度要实现盈利；国有控股企业或上市公司承贷项目资本金比例不低于20%，其他法人客户承贷项目资本金比例不低于30%；项目具有稳定的经营性现金流且财务可持续，项目内部收益率不低于行业基准值。

贷款利率：原则上执行人民银行及农发行相关利率管理规定执行同期同档次贷款利率，符合条件的贷款其利率可以在总行利率管理政策范围内上下浮动，具体浮动水平由借贷双方在贷款利率浮动区间协商确定。

15. 农业产业化龙头企业贷款

农业产业化龙头企业贷款是指农发行依据国家政策规定，对农业产业化龙头企业发放的，用于包括流动资金以及技术改造、仓储等农用设施建设和生产、加工基地建设所需的中长期贷款。

贷款对象：凡经地、市级以上（含）人民政府或政府有关部门认可的农、林、牧、副、渔业范围内的农业产业化龙头企业，均为农发行农业产业化龙头企业贷款对象。

贷款用途：短期流动资金贷款主要用于解决借款人从事农、林、牧、副、渔业产品的种植（养殖）、流通或加工转化过程中所需的流动资金需要；固定资产贷款主要用于解决借款人从事农、林、牧、副、渔业产品的种植（养殖）、流通或加工转化过程中进行技术改造、仓储等农用设施建设和生产、加工基地建设所需的资金需要。

贷款条件：申请农业产业化龙头企业贷款，除具备《中国农业发展银行信贷基本制度（试行）》规定的条件外，还应具备下列条件：符合国家宏观调控政策。需要行政许可的，应持有政府有权部门颁发的行政许可证件或准予行政许可的文件。申请中长期贷款，其项目还应符合国家相关产业政策、区域经济政策、发展规划要求和农发行信贷政策；依法合规经营，产品具有市场竞争优势，有良好的经营效益和社会效益；

历史信用记录良好、无不良贷款和欠息。

贷款期限：原则上根据借款人的生产经营周期和综合还款能力由借贷双方协商确定。短期流动资金贷款不超过1年。固定资产贷款期限一般为1~5年，最长不超过8年。在确定的贷款期限内，可根据项目建设期和达产期限，给予一定的宽限期。

贷款利率：原则上执行人民银行及农发行相关利率管理规定执行同期同档次贷款利率，符合条件的贷款其利率可以在总行利率管理政策范围内上下浮动，具体浮动水平由借贷双方在贷款利率浮动区间协商确定。

16. 农业生产资料贷款

农业生产资料贷款是中国农业发展银行对符合贷款条件的企事业法人、其他经济组织从事化肥、农药、农膜、农机具等农业生产资料流通（不含化肥储备）、销售、农资科技成果转化等而发放的贷款。

贷款对象：农业生产资料贷款对象是经工商行政管理机关核准登记，具有化肥、农药、农膜、农机具等农业生产资料经营资质，独立核算的企事业法人和其他经济组织。

贷款方式：农业生产资料贷款一般实行担保贷款方式。

贷款期限：农业生产资料贷款根据借款人经营周期由借贷双方协商确定贷款期限，短期流通资金贷款期限最长为1年、固定资产贷款期限一般3~5年。

贷款利率：农业生产资料贷款利率按照人民银行及农发行相关利率管理规定执行。

17. 市县级化肥储备贷款

贷款对象：经市县政府确定承担化肥储备任务，且符合中国农业发展银行准入标准等贷款条件的化肥经营企业。

贷款期限：市县级储备化肥贷款要结合借款人储备期、结算期及近年销售规律合理确定贷款期限，最长不超过1年。在每年度10月末之前实现贷款本息“双结零”，原则上不得展期。

贷款利率：市县储备化肥贷款利率按照人民银行及农发行相关利率管理规定执行。

贷款方式：市县级储备化肥贷款方式应采用担保贷款方式，并以抵押方式为主。

18. 国家和省级化肥储备贷款

贷款对象：经国家或省级政府有关部门确定承担化肥储备任务，且符合中国农业发展银行准入标准等贷款条件的化肥经营企业。

贷款期限：国家和省级化肥储备贷款要结合借款人储备期、结算期及近年销售规律合理确定贷款期限，最长不超过1年。在每年度10月末之前实现贷款本息“双结零”，原则上不得展期。

贷款利率：贷款利率按照中国人民银行及农发行相关利率管理规定执行。

贷款方式：借款人一般应采取担保贷款方式。对优质客户，在有效资产应抵尽抵的前提下，不足部分可采取信用贷款方式。

19. 储存羊毛贷款

贷款对象：国家或省级政府确定的、承担羊毛（绒）储存任务的羊毛（绒）经营企业。

贷款期限：开户行应结合借款人储备期、结算期及近年销售规律合理确定贷款期限，贷款期限最长不超过1年。

贷款利率：按照人民银行及农发行相关利率管理规定执行。

贷款方式：采用全额担保并以抵押为主。

20. 地方储备肉贷款

地方储备肉贷款是指中国农业发展银行对符合贷款条件的企业执行省级或市县级人民政府储备肉入储计划所发放的贷款。

贷款对象：地方储备肉贷款对象是经省级或市县级人民政府确定承担储备肉任务，且符合中国农业发展银行准入标准等贷款条件的储备肉企业。

贷款方式：地方储备肉贷款一般采用担保贷款方式。

贷款期限：地方储备肉贷款应结合借款人储备期、结算期及近年销售规律合理确定贷款期限，贷款期限最长不超过1年，原则上不得展期。

贷款利率：地方储备肉贷款利率按照中国人民银行及农发行相关利率管理规定执行。

21. 国家储备肉全额补贴贷款

国家储备肉全额补贴贷款是指中国农业发展银行对符合贷

款条件的企业执行中央储备冻肉（含冻猪肉和冻牛羊肉）入储计划所发放的贷款。

贷款对象：国家储备肉全额补贴贷款对象是在商务部推荐的承储企业范围内，且符合中国农业发展银行准入标准等贷款条件的储备肉企业。

贷款方式：用于支持中央储备冻猪肉的国家储备肉全额补贴贷款，原则上应采用担保贷款方式，对经营管理规范、合作关系良好的优质客户，可适度发放信用贷款。用于支持中央储备冻牛羊肉的国家储备肉全额补贴贷款，可采用抵押担保、保证担保、信用等贷款方式。

贷款期限：国家储备肉全额补贴贷款期限一般为1年。如果贷款到期国家尚未下达出库计划或价差亏损财补资金未到位，在落实有效风险防控措施的前提下，可办理贷款展期，且可多次办理。

贷款利率：国家储备肉全额补贴贷款利率按照中国人民银行及农发行相关利率管理规定执行。

22. 地方储备糖贷款

地方储备糖贷款是指中国农业发展银行对符合贷款条件的企业执行省级或市县级人民政府储备糖入储计划发放的贷款。

贷款对象：地方储备糖贷款对象是经地方政府确定承担储备糖任务，且符合中国农业发展银行准入标准等贷款条件的糖类生产或流通企业。

贷款方式：地方储备糖贷款一般采用担保贷款方式。

贷款期限：地方储备糖贷款期限最长为1年，在每年度10月末之前实现贷款本息“双结零”，原则上不得办理展期。

贷款利率：地方储备糖贷款利率按中国人民银行有关规定和农发行有关规定执行。

23. 国家全额补贴储备糖贷款

国家全额补贴储备糖贷款是指中国农业发展银行对符合贷款条件的企业进行食糖收储、进口转储等发放的贷款。

贷款对象：国家全额补贴储备糖贷款对象为国家有关部门确定（或经国家认可、由省级政府确定）的承储企业。

贷款方式：可采用信用贷款方式。

贷款期限：国家全额补贴储备糖贷款期限一般为1年。

贷款利率：国家全额补贴储备糖贷款按中国人民银行有关规定和中国农业发展银行有关规定执行。

24. 棉花调销贷款

棉花调销贷款是农发行的传统业务品种，用于解决借款人购入农发行开户企业的棉花、棉副产品以及进口棉等合理资金需求。

贷款对象：经政府职能部门批准的具有从事棉花收购、加工、调销经营资质的企业。

贷款用途：用于解决借款人购入（含进口）棉花直接供应给用棉企业的合理资金需求。

贷款条件：除应具备《中国农业发展银行贷款管理制度》规定的基本条件外，还应具备以下条件：一是原则上在农发行开立基本存款账户。确因特殊原因无法在农发行开设基本存款账户的，要在农发行开设一般存款账户或专用存款账户。二是认真执行国家颁布的会计、统计等政策法规，并按要求向农发行报送真实、准确、完整的统计、会计报表及相关资料，如实提供农发行要求提供的情况，自愿接受并配合农发行的信贷监管。三是借款人能够提供合法有效的担保。四是有一定比例的自有资金或风险保证金。

贷款期限：一般为3个月至1年。

贷款利率：按照中国人民银行统一规定的利率政策执行。

25. 棉花收购贷款

棉花收购贷款用于解决棉花企业从事棉花收购的合理资金需要，包括收购籽（皮）棉价款、棉副产品价款和收购直接费用。棉花收购贷款是农发行成立之初的主体业务之一，也是农发行体现政策性银行职能、保护农民利益最直接的贷款品种之一。在贷款投放上，除了2010棉花年度等特殊年景，农发行贷款支持收购的棉花数量均达到统计局公布产量的50%以上，发挥了棉花收购信贷资金供应主渠道的重要作用。

贷款对象：经政府职能部门批准的具有从事棉花收购、加工、调销经营资质的企业。

贷款用途：用于解决借款人收购加工棉花的合理资金需求，包括收购价款和用于收购的必要费用以及加工棉花（含皮棉加工成棉纱以及棉籽的深加工等）的资金需求。

贷款条件：除应具备《中国农业发展银行贷款管理制度》规定的基本条件外，还应具备以下条件：一是原则上在农发行开立基本存款账户。确因特殊原因无法在农发行开设基本存款账户的，要在农发行开设一般存款账户或专用存款账户。二是认真执行国家颁布的会计、统计等政策法规，并按要求向农发行报送真实、准确、完整的统计、会计报表及相关资料，如实提供农发行要求提供的情况，自愿接受并配合农发行的信贷监管。三是借款人能够提供合法有效的担保。四是有一定比例的自有资金或风险保证金。五是纳入国家棉花质检体制改革规划，并且已经完成加工设备更新改造，经有权部门认定具有棉花加工资格。

贷款期限：一般为3个月至1年。

贷款利率：按照中国人民银行统一规定的利率政策执行。

26. 棉花储备贷款

棉花储备贷款是对棉花储备企业按照政府指令从事棉花储备、储备棉移库、储备棉轮换以及进出口等业务发放的贷款，包括国家储备棉贷款和地方储备棉贷款。棉花储备贷款支持的棉花储备以国家储备为主，国家储备棉分经常性储备和临时性储备两种。经常性储备棉的建立是基于国家对棉花市场进行宏观调控和战略储备的需要；临时性储备棉的建立则主要是保护棉农利益不受损害，维护棉农的植棉积极性。按照国家有关规定，农发行负责安排国家储备棉所需贷款，并对发放的国家储备棉贷款实施信贷监管。这一类贷款属于政策性贷款。

贷款对象：经中央政府和省级政府有关部门批准的、具有专门从事棉花储备、进出口业务资格和能力的企业。

贷款用途：棉花储备、移库、轮换以及进出口等。

贷款条件：一是具备符合法律、国家行政法规规定的具有企业法人资格、实行独立核算、并有工商行政管理部门颁发的营业执照等企业设立的基本条件。二是必须且只能在农发行开立基本存款账户，并在该账户下开立储备资金存款户、企业财务资金存款户、企业应付利息存款户。在其他银行开户必须经农发行同意和人民银行批准。三是具有国家政府有关部门下达的中央储备棉计划或省级相应部门下达的地方储备棉计划（含直接收储、移库、轮库计划、进口转储备计划）。四是具有符合国家规定的仓储设施。五是储备与经营严格分开，实行专库、专账、专人管理。六是落实财政负担的利息和费用补贴。七是借款人应认真执行国家颁布的会计、统计法规，按要求向农发行报送真实、准确、完整的储备棉收储、出库、轮换、移库、进出口计划和有关库存、财务、统计报表，并接受农发行的监管。

贷款期限：储备棉贷款期限原则上根据计划储备期限确定，一般为1年。

贷款利率：储备棉贷款利率按中国人民银行统一规定和总行有关规定执行。

27. 粮食仓储设施贷款

粮食仓储设施贷款是指农发行为解决借款人用于粮食仓储、物流设施建设资金需要而发放的中长期贷款。

贷款用途：粮食仓储设施贷款专门用于借款人从事粮食仓储、物流及市场设施购建的资金需要。主要包括：粮食仓储设施购建与维修；粮食烘干设备的购建；粮食批发交易市场建设；粮食运输专用工具购置及专用交通设施建设；车站、港口、码头等粮食专用设施建设。

贷款对象：中央和地方储备粮企业；粮食购销企业；粮食产业化龙头企业和骨干粮食加工企业；粮食批发市场和粮食物流企业；从事粮食经营和交易的其他企业；从事粮食仓储设施和物流建设的其他单位或组织。

申请条件：除符合《中国农业发展银行信贷基本制度》规定的条件外，属于借款人为完成政府宏观调控任务申请粮食仓储设施贷款，应具备以下条件：借款人必须是国有、国有控股或政府指定的企业；政府、政府有关部门或企业上级部门下达正式的建仓任务文件；政府有关部门或企业上级部门下发对于企业进行补贴的正式文件，企业补贴收入能够全额偿还粮食仓储设施贷款的本息。属于借款人因自主经营需要申请粮食仓储设施贷款，应具备以下条件：贷款用途符合国家的产业、区域、环保、土地、资源利用等相关政策法规要求，完成项目相关审批、备案程序；信用等级 A 级（含）以上；项目资本金比例不低于 30%；最近年度资产负债率不高于 80%；项目收入和企业综合收入能够偿还贷款本息。

贷款期限：粮食仓储设施贷款期限原则上不超过 5 年，最长不超过 8 年。中期贷款展期期限不得超过原贷款期限的一半，长期贷款展期期限不得超过 3 年。

贷款利率：粮食仓储设施贷款利率按照人民银行和农发行相关利率管理规定执行。

贷款方式：粮食仓储设施贷款方式应根据借款人的不同分别处理：借款人为完成政府宏观调控任务申请粮食仓储设施贷款，原则上可采用信用贷款方式。贷款行认定需要担保的，应办理担保贷款；借款人因自主经营需要申请粮食仓储设施贷款，原则上采用抵押担保贷款方式。

28. 林业资源开发与保护贷款

林业资源开发与保护贷款是用于支持林业生态保护修复与开发利用、林业生产基地建设、林业基础设施建设等项目建设资金需求，目前在天津、河北、山东、广西、贵州五省（市、区）开展试点。

贷款用途：一是支持国家储备林基地建设。用于建设国家储备林基地的林权流转费用，种苗、化肥、人工等营造林费用，以及林区道路、森林防火等配套支撑体系建设等方面的支出。二是支持林业生态保护工程建设。用于天然林资源保护、退耕还林（还草）、国土绿化、防护林体系建设、风沙源治理、重点区位森林保护、湿地保护与恢复、石漠化综合治理、野生动植物保护及自然保护区建设等各类林业生态工程。三是支持森林公园、湿地公园、沙漠公园等森林康养及生态旅游开发建设。四是支持林业生产基地建设。用于速生丰产用材林、珍贵树种用材林、工业原料林、生物质能源林、油茶、核桃等特色经济林及林下经济等基地建设。五是支持林区道路、电网、饮水安全、森林防火、病虫害防治、林业采伐设备采购等林业基础设施建设。

贷款条件：信用状况良好，信用等级在A级（含）以上；拥有从事与行业项目建设运营相匹配的运营管理经验、资质能力、融资实力和专业团队；财务状况良好；项目资本金来源符合国家相关规定；涉及林权流转的，要根据项目建设进度，按照依法、自愿、有偿原则，与林权流出方签订合法有效的书面林权流转合同。项目建设使用未利用地的，须取得当地国土部门的批准；项目涉及更新造林的，要列入当地林业主管部门年度更新造林计划；项目涉及行业领域办理的行政审批手续须符合国家有关规定，并可根据项目建设进度分期、分批办理；项目林地原则上需办理森林保险。

贷款期限：贷款期限和宽限期根据项目建设实际情况、综合还款能力等合理确定。其中：贷款期限一般不超过 20 年，最长不超过 30 年，贷款宽限期最长不超过 8 年。

贷款利率：对标同业、适当优惠，依据农发行资金成本和风险溢价补偿合理确定。

贷款模式：根据林业贷款项目特点，主要融资模式包括政府购买服务融资模式、政府特许经营融资模式、自主经营融资模式等 3 类。

担保方式：贷款需采用担保方式，可通过抵质押、保证、应收账款质押、林权抵押等多种担保方式组合，累计最高担保额度应覆盖项目贷款本金及还款期前 3 年利息之和。

十四、中国农业银行目前支持农业发展贷款包括的主要品种

1. 惠农 e 贷

惠农 e 贷是中国农业银行依托互联网大数据技术，专门为农民设计的一款线上化、批量化、便捷化、普惠化的贷款产品。

贷款对象：广泛覆盖从事特色产业经营、农村电商购销、农业产业链供销以及在农行有金融资产或信贷关系等客户，贷款可用于生产经营和消费，包括但不限于以下范围：在农行存款、理财、基金等金融资产达到一定标准的农户；在农行办理住房贷款且尚未结清的农户；在农行办理过农户贷款且信用记录良好的农户；从事茶叶、林果、蔬菜、烟草、谷物种植和畜牧、家禽、渔业养殖等农行认可的特色产业经营农户；农行认可的信用村内有资产、有收入、有诚信的农户；与农行合作的农业产业化龙头企业上下游农户；与农行合作的电商平台上下游购销农户；纳入政府增信机制或融资性担保公司担保的农户。

贷款条件：年满 18 周岁的自然人；信用记录良好；有稳

定收入来源；品行良好。

贷款额度：起点额度 3000 元，最高额度根据客户资产、收入、担保等情况核定。

贷款期限：有效期最长 5 年，有效期内单笔贷款期限可根据客户实际需要合理确定。

贷款利率：根据借款人信用状况、担保方式等情况综合确定。

还款方式：根据贷款期限可采取定期结息、到期还本、一次性利随本清、等额本息分期等多种方式。

2. 农户小额贷款

农户小额贷款是指中国农业银行按照普惠制、广覆盖、商业化的要求，对农户家庭内单个成员发放的小额自然人贷款。每户农户只能由一名家庭成员申请农户小额贷款。具体开办的业务种类及办理程序、办理条件等以中国农业银行当地分行有关规定为准。

贷款方式：农户在满足条件的情况下，可采用保证、抵押、质押、农户联保等多种方式申请贷款。

用款方式：根据用款方式不同，农户小额贷款分为自助可循环方式和一般方式。自助可循环方式下，在核定的最高额度和期限内，借款人可随借随还，通过自助借款方式提款、还款；一般方式下，农行对借款人实行一次性放款，一次或分次收回。具体用款方式由借款人与农行协商决定。

贷款条件：年龄在 18 周岁以上（含 18 周岁）的自然人，在农村区域有固定住所，身体健康，有劳动能力，持有有效身份证件；具有按期偿还贷款本息的能力；所从事的生产经营活动，符合国家法律法规及产业政策。

贷款期限：贷款期限与贷款人收入情况和生产经营周期有关，不过总的来说，贷款期限不超过 3 年，有特殊情况的可延长到 5 年。采用自助可循环贷款额度期限不得超过 3 年。额度内的单笔贷款期限一般不超过 1 年，最长不超过 2 年，且到期日不得超过额度有效期后 6 个月。

3. 农村个人生产经营贷款

农村个人生产经营贷款是指对农户家庭内单个成员发放的，用以满足其从事规模化生产经营资金需求的大额贷款。

贷款对象：年龄在 18 周岁以上（含）且申请借款时年龄和借款期限之和最长不超过 60 年（含），在农村区域有固定住所，身体健康，具有完全民事行为能力和劳动能力，持有有效身份证件；根据《中国农业银行“三农”客户信用等级评定管理办法》，客户的信用等级评级结果为良好级及以上；收入来源稳定，具备按期偿还信用的能力；从事的生产经营活动合规合法，符合国家产业、行业、环保政策；须提供合法、有效、足值的担保；借款人及其配偶信用记录良好，申请贷款时不存在到期未还的逾期贷款和信用卡恶意透支，且最近 24 个月内不存在连续 90 天（含）以上或累计 6 期以上的逾期记录。

贷款方式：农户在满足条件的情况下，可采用保证、抵押、质押、农户联保等多种方式申请贷款。

用款方式：根据用款方式不同，农户小额贷款分为自助可循环方式和一般方式。自助可循环方式下，在核定的最高额度和期限内，借款人可随借随还，通过自助借款方式提款、还款；一般方式下，农行对借款人实行一次性放款，一次或分次收回。具体用款方式由借款人与农行协商决定。

贷款资料：借款人有效身份证明的原件及复印件；涉及保证担保的，需提供担保方同意担保的证明文件；涉及抵押和质押担保的，需提供抵押物或质押权利的权属证明文件以及有处分权人同意抵（质）押的书面证明；已领取营业执照的借款人，需提供经年检合格的营业执照，从事许可证经营的，应提供相关行政主管部门的经营许可证原件及复印件。

贷款期限：采用一般用款方式的，原则上不超过 3 年，对于从事林果业等生产周期较长的生产经营活动的，最长可延长至 8 年；采用自助可循环方式的，授信期限最长不超过 3 年，额度内的单笔借款期限一般不超过 1 年，且到期日不能超过额度有效期后 6 个月。自助借款方式指借款人以合同约定的银行卡作为借款提取与偿还的结算工具，通过中国农业银行的营业柜台、自助银行（含自动取款机、存取款一体机、自助服务终端、转账电话等自助银行设备）、网上银行、电话银行、手机银行等自助借款渠道，经密码验证，依据提示实施操作，完成借款和还款。

贷款利率：农村个人生产经营贷款的具体利率请咨询当地经营行。对诚实守约的客户，中国农业银行将考虑给予一定利率优惠。

贷款额度：农村个人生产经营贷款单户额度起点为 5 万元（不含），单户余额最高不超过 100 万元（含），其中采取自助可循环方式的单户余额最高不超过 50 万元（含）。

4. 农村城镇化贷款

农村城镇化贷款是指农业银行在县域范围内向借款人发放

的，用于改善县域生产生活条件、提升县域经济承载功能的各类基础设施建设开发贷款。

农村城镇化贷款按照贷款用途分为市政基础设施建设贷款、城镇公共设施建设贷款、县域园区建设贷款、县域流通市场建设贷款、旅游基础设施建设贷款、农村基础设施建设贷款、县域土地整理贷款、其他城镇化贷款。市政基础设施建设贷款是用于城镇道路交通、水电气暖、环境工程、信息通讯等市政基础设施建设的贷款。城镇公共设施建设贷款是用于与城镇居民基本生活需求相关的中高级学校教育、医疗卫生、文化娱乐、体育等社会公共服务设施建设的贷款。县域园区建设贷款是用于县域范围内经省级（含）以上人民政府批准成立的各类农业园、工业园、高新技术园区基础设施建设的贷款。县域流通市场建设贷款是用于县域范围内有传统经营优势的各类专业批发市场、商品集散中心、物流中心等流通体系基础设施建设的贷款。旅游基础设施建设贷款是用于县域范围内经营性风景名胜区景区基础设施建设及其配套设施建设的贷款。农村基础设施建设贷款是用于支持县域范围内农村电网及续建配套工程建设、农村公路网建设、重点农田水利工程建设，以及农村沼气、垃圾发电、小水电、太阳能、风能等能源项目建设的贷款。县域土地整理贷款是用于县域范围内与基础设施建设密切相关的城镇建设用地整理和农业用地整理的土地整理和开发项目的贷款。其他城镇化贷款是指上述用途以外的其他农村城镇化基础设施建设的贷款。具体开办的业务种类及办理程序、办理条件等以中国农业银行当地分行有关规定为准。

农村城镇化贷款的基本贷款品种为项目贷款，按照还款来源分为城镇化一般项目贷款和城镇化垫支性项目贷款。其中，城镇化一般项目贷款是指以新建项目法人或既有法人为承贷主体，以项目自身现金流或既有法人综合收益为还款来源而提供的融资。城镇化垫支性项目贷款是指项目自身收益或既有法人综合收益不能全额还款，以项目建成后的财政拨付资金为部分或全部还款来源而提供的融资。

贷款用途：满足借款人因市政基础设施建设、城镇公共设施建设、县域园区建设、县域流通市场建设、旅游基础设施建设、农村基础设施建设、县域土地整理等固定资产投资项目时资金不足的融资需求。

贷款对象：经工商行政管理机关（或其主管机关）核准登记的具备贷款资格的企（事）业法人、其他经济组织。

一般性贷款条件：建设内容符合国家产业政策和农业银行信贷政策以及当地农村城镇化建设发展规划；持有有权部门核准发放并经过年检的贷款卡（证）、组织机构代码证；除不需要经工商行政管理机关核准登记的事业法人外，应当经过工商行政管理机关办理《企业法人营业执照》年检手续。特殊行业须持有有权机关颁发的营业许可证或资质等级证书；借款人或控股股东无不良信用记录，或原到期信用、应付利息、应代偿债务已清偿或已经做了农业银行认可的偿还或代偿计划，有稳定的偿债资金来源；信用等级原则上在AA级（含）以上，符合《中国农业银行法人客户信用等级评定管理办法》中有关直接认定为AA级（含）以上规定的，从其规定；在农业银行开立存款账户，自愿接受农业银行信贷监督和结算监督；实行公司制的企业法人申请信用必须符合公司章程，或具有董事会授权或决议；使用政府投资的项目，持有政府有权部门的批准文件；需政府有权部门核准、备案的项目，持有有权部门的证明文件；需主管部门同意的投资项目，持有主管部门批准文件。按照国家规定应取得环境保护许可的，需取得有权部门批准文件；涉及用地的，取得土地主管部门批准文件；按规定应取得的其他批准文件；城镇化项目贷款须落实30%的自有资金，资金来源明确并有保证，并与贷款同比例到位或先于贷款资金到位。国家或农业银行对项目自有资金比例有其他规定的，从其规定；能够提供合法、有效、足值的担保。符合农业银行信用贷款条件相关规定的，从其规定；农业银行要求的其他条件。

垫支性项目贷款条件：发放城镇化垫支性项目贷款，除应具备“农村城镇化贷款客户（项目）贷款条件”规定的基本条件外，还应具备以下特定条件：开办农村城镇化垫支性项目贷款的县域，应具备良好的区域经济金融环境（包括：区域规划水平高、发展前景好，项目所在城镇须有地市级以上（含）人民政府批准的城镇发展总体规划或特色风貌设计；区域经济实力较强，经济发展较快；区域政府财政状况良好，财政负债比率合理；区域财政偿债能力较强，偿债规划合理；社会信用体系健全，项目所在地政府信用状况良好，无不良信用记录）；垫支性项目贷款还款资金必须纳入当地政府年度财政预算，并经同级人大（或人大常委会）审议批准；借款人在农业银行开立基本账户或财政资金监管账户，接受农业银行对项目资金的全程监督；综合收益水平高，通过信贷支持，能促进农业银行资产业务、负债业务和中间业务全面发展。

贷款资料：借款人除提供基本生产经营、财务资料外，还应提供政府有权部门授权或委托借款人从事规划区域内的城镇化项目建设的批准文件；涉及用地的，提供建设用地合法手续的证明材料；根据有关部门要求提供的环保评价报告及批准文件；其他批准文件等。贷款申请时尚未取得前述合法性资料的，须提供办理情况和取得计划。使用政府投资的项目，提供有权部门同意立项的批准文件、有相应资质的机构提供的可行性研究报告及批复文件；需政府核准的项目，提供有权部门核准文件、有相应资质的机构提供的可行性研究报告；其他项目（需备案的项目）提供有相应资质的机构提供的可行性研究报告。需主管部门审批同意的投资项目，提供主管部门批准文件。自筹资金到位的计划和已投入资金的证明。经地市级以上（含）人民政府批准的城镇发展总体规划或特色风貌设计。政府部门出具的书面还款承诺，以及经同级人大（或人大常委会）审议批准的财政还款预算决议。

贷款期限：农村城镇化贷款应根据项目或借款人预计现金流情况合理确定贷款期限。其中，城镇化垫支性项目贷款应根据财政拨付资金到位进度确定合理期限，纳入县级财政预算的城镇化垫支性项目贷款期限一般不超过 5 年，纳入地市级及以上财政预算的城镇化垫支性项目贷款期限一般不超过 8 年。

贷款利率：按中国人民银行利率政策和农业银行授信政策执行，综合考虑项目风险状况及当地同业价格水平，合理定价，原则上不得下浮。

5. 季节性收购贷款

季节性收购贷款是在农副产品收购旺季，为解决农副产品加工、流通、储备企业正常周转资金不足的困难，满足其收购资金需求而发放的短期流动资金贷款。产品主要面对有季节性收购资金需求的 AA 级（含）以上农业产业化龙头企业，贷款期限原则不超过 6 个月，最长不能超过 9 个月，不得循环使用，到期必须收回。具体开办的业务种类及办理程序、办理条件等以中国农业银行当地分行有关规定为准。

管理方式：封闭运行、期限管理、专款专用、库贷挂钩。根据农副产品收购资金需求特点，可超企业授信理论测算值为借款人核定授信，超 30%（含）以内需农业银行一级分行审批，30% 以上需按照农业银行相关信贷制度报批。

贷款对象：季节性收购贷款的服务对象是有季节性收购资金需求的国家级、省级农业产业化龙头企业。

贷款条件：申请季节性收购贷款，除了具备一般法人客户的基本条件外，还应具备以下条件：符合国家农副产品加工相关产业政策，具有区域特色和产业集群优势，对社会主义新农村建设有引导、示范和带动作用；企业正常生产经营中，有季节性收购实际需求；能够帮助农户增收；年度信用等级 AA（含）级以上；农业银行要求的其他条件。

贷款额度：对客户进行授信时，原则上应在总授信额度项下，核定季节性收购贷款单项业务额度，与一般短期流动资金贷款额度并列。

贷款期限：根据客户生产经营周期、预期现金流、信用资质等因素合理确定季节性收购贷款期限。季节性收购贷款期限原则不超过 6 个月，最长不能超过 9 个月，不得循环使用，到期必须收回。

担保方式：季节性收购贷款应按照《中国农业银行信贷业务担保管理办法》落实合法、足值、有效的担保，符合总行规定的法人客户信用贷款条件的除外。对不符合法人客户信用贷款条件，但同时满足条件的客户，经一级分行审批同意，可以发放信用方式季节性收购贷款。

还款方式：季节性收购贷款可采用一次性还本付息，或分期还本付息等还款方式。

贷款利率：按人民银行和农业银行有关规定，综合考虑资金成本、客户资质、风险程度、贷款期限、同业竞争、与客户全面合作关系等因素合理确定季节性收购贷款利率。

6. 农村基础设施建设贷款

农村基础设施建设贷款，是指用于中央和省级财政主导投资建设的农村基础设施建设项目，财政承诺全额偿还本息的贷款。在资本金要求上，根据《国务院关于固定资产投资项目试行资本金制度的通知》（国发〔1996〕35号）中关于“公益性投资项目不实行资本金制度”精神，对资本金未做强制要求。具体开办的业务种类及办理程序、办理条件等以中国农业银行当地分行有关规定为准。

贷款期限：按照项目总投资规模和财政资金到位计划合理确定，一般不超过20年（含）。

贷款利率：按照中国人民银行和农业银行有关规定执行。

贷款用途：主要投向与国计民生相关的农村水、电、路、气、医疗和教育等公益性项目。

7. 农业产业化集群客户融信保

农业产业化集群客户融信保是指与AA级（含）以上农业产业化龙头企业高度关联的核心经销商在符合条件的保险公司办理了国内贸易信用保险后，农业银行按保单承保金额的一定比例向其提供的用于满足其流动资金业务需求的本币融资业务。目前本产品在试行期间仅针对内蒙古蒙牛乳业（集团）有限公司和伊利实业集团有限公司的核心经销商办理此业务。具体开办的业务种类及办理程序、办理条件等以中国农业银行当地分行有关规定为准。

产品用途：解决符合条件的农业产业化龙头企业核心经销商在国内贸易交易中，以赊销等结算方式对零售商形成的应收账款无法及时回笼，而提供的短期流动资金需求。

融资额度：核心经销商的融信保业务授信额度占用农业银行为龙头企业专门核定的融信保授信额度，且融资额度可根据核心经销商投保的国内贸易信用险保险金额核定，最高不超80%。每年为龙头企业核定融信保业务专门授信额度，纳入龙头企业年度统一授信额度。

准入条件：申请办理融信保业务的核心经销商除具备一般法人客户的基本条件外，还须符合以下条件：为龙头企业认定的核心经销商，被龙头企业授予销售代理权，且只销售龙头企业生产的产品；在农业银行的信用等级在A级（含）以上；提出融资申请的贸易背景真实，向保险公司投保国内贸易信用险，并按时、足额缴纳保费；与农业银行及保险公司三方签订协议，共同约定将农业银行作为国内贸易信用保险项下的第一受益人；在农业银行开立融信保业务回款账户，实行专户管理，封闭运行。

申请资料：核心经销商申请办理融信保业务时，除提供一般融资业务所需资料外，还应向我行提供以下资料：核心经销商在我行开立回款账户的承诺书；核心经销商在保险公司投保国内贸易信用保险的所有证明材料，包括但不限于保费收据、保单；龙头企业开具的核心经销商推荐函及允许占用龙头企业授信额度的确认函；农业银行要求核心经销商提供的其他资料。

融资期限：融资期限最长不得超过360天，且不得超过保险公司向核心经销商出具保单中约定的保险期限。

融资利率：融资利率执行总行有关利率管理规定。

风险控制：符合农业银行融信保业务条件的核心经销商在办理业务时存入产品要求的最低保证金后，可不再提供其他形式的担保。采取保险赔偿、龙头企业承诺函、风险保证金、追索权等风险控制方式。

8. 化肥淡季商业储备贷款

化肥淡季商业储备贷款是指农业银行根据借款人申请，向其提供用于开展化肥淡季商业储备业务的短期流动资金贷款。化肥淡季商业储备贷款也适用于农业银行向借款人开展化肥淡季储备业务而提供的票据承兑、贴现、保函、期限不超过90天的短期信用证及其他国际贸易融资等业务。具体开办的业务种类及办理程序、办理条件等以中国农业银行当地分行有关规定为准。这里所提化肥淡季商业储备业务是指每年进入化肥使用淡季后，化肥流通企业将淡季生产的化肥收储一部分，存到用肥旺季时再集中投放市场的经营活动。其中，与国家发改委及财政部签署了有效的《化肥淡季商业储备承储协议书》，能够按照协议约定开展化肥淡季商业储备业务的企业称之为“承储企业”，其他从事化肥淡季商业储备业务的企业称之为“一般企业”。

贷款用途：主要满足“承储企业”和“一般企业”因开展化肥淡季商业储备业务产生的流动资金需求，主要具备两大显著特点：一是为企业制定了化肥质押担保方案，以企业储存的化肥设定动产质押，为化肥流通企业增加了有效担保方式；二是针对化肥流通企业特点，化肥淡季商业储备贷款为企业增加了特别授信方式，为企业贷款拓宽了授信空间。

贷款条件：申请化肥淡季商业储备贷款的企业应同时满足以下基本条件：在中国境内具备合法化肥经营资格及独立承担民事责任能力的企业，持有有权部门颁发并年检有效的营业执照、组织机构代码证、贷款卡。按规定应取得环保许可的，还应持有有权部门的相应批准文件；实行公司制的客户、合资合作客户或承包经营客户申请信用必须符合公司章程或合作各方的协议约定；公司实收资本不低于500万元人民币；具有与化肥淡季储备规模和区域布局要求相适应的仓储能力；企业经营情况良好；企业财务制度健全，信用记录良好，无偷漏税行为以及不良贷款和欠息；企业主要投资人和管理人员遵纪守法，信誉良好，无不良记录；在农业银行开立账户，自愿接受农业银行信贷监督和结算监督。

承储企业除满足规定的基本条件外，还须同时具备下列条件：企业与国家发展和改革委员会及财政部签署了化肥淡季商业储备承储协议，能够按照约定开展业务；在农业银行评定的信用等级在A+级（含）以上。

一般企业除满足第一点规定的基本条件外，还须同时具备下列条件：在农业银行评定的信用等级在AA级（含）以上；具有合法、真实的化肥交易背景，能够提供相关协议或购销合同；企业上年度销售收入在5000万元以上，销售款回笼正常。

贷款额度：化肥淡季商业储备贷款额度按照借款人提供的协议、购货合同和购货进度，根据其有效信贷需求在授信额度内核定。对承储企业最高用信额度不得超过企业实际交易金额的70%，对一般企业不得超过企业实际交易金额的60%。

贷款期限：化肥淡季商业储备贷款期限不得超过12个月。

贷款利率：贷款利率在法律法规允许的范围内，按照农业银行贷款定价的有关规定，根据风险程度、贷款成本、目标收益以及当地市场利率水平与客户协商确定。

贷款担保：化肥淡季商业储备贷款可采用信用、抵押及质押担保、保证担保等多种方式，各种方式既可单独使用，也可组合使用。

9. 县域商品流通市场建设贷款

县域商品流通市场建设贷款是指对项目所有权人发放的用于县域内商品流通市场建设的固定资产贷款。中国农业银行总行确定的纳入三农金融部统计的县（含县级市）支行所在行政区域都称作“县域”。县域范围内农副产品、文化用品、服装家具、装饰建材、五金钢材、种子化肥等流通市场建设都可适用本产品。非县域范围内的农副产品批发市场建设贷款也适用本产品。具体开办的业务种类及办理程序、办理条件等以中国农业银行当地分行有关规定为准。

贷款条件：作为项目运作和融资主体的企事业法人。

贷款额度：贷款额度根据项目总投资和资本金投入情况核定。

十五、农商银行目前支持农业发展贷款包括的主要品种

各省市农村商业银行目前是否经营“三农”贷款产品并不统一。因而主要这里给农民朋友介绍的主要是北京和上海农商银行的“三农”贷款产品。至于您所在地区农商银行是否经营这类贷款业务，还要进行咨询和了解。

北京农商银行经营的“三农”贷款产品主要品种如下：

1. 凤凰乡村游商户贷款

凤凰乡村游商户贷款是北京农商银行为推动京郊乡村旅游业发展，向经营良好、信用优质的凤凰乡村游商户发放的，用于满足其装修改建、扩大规模、日常经营等必要资金需求的农户贷款。

贷款对象：经营稳定、信用良好的凤凰乡村游商户。凤凰乡村游商户是指符合北京农商银行凤凰乡村游商户准入条件，从事乡村旅游相关项目经营，且安装北京农商银行 POS 机的商户。

贷款条件：从事乡村旅游项目经营 5 年（含）以上，持有工商行政管理部门核发的有效营业执照，属于北京农商银行

的凤凰乡村游商户；年经营收入不低于20万元，且上年度使用北京农商银行POS机刷卡交易金额不低于5万元；申请小额信用贷款的，年经营收入不低于100万元，上年度使用北京农商银行POS刷卡交易金额不低于20万元。

2. 板栗收购贷款

板栗收购贷款是北京农商银行为推动京郊板栗产业发展，向板栗收购大户发放的，用于满足板栗收购所需流动资金的农户贷款。

贷款对象：经营稳定、信誉良好且得到当地区县或乡镇政府支持推荐的板栗收购大户。板栗收购大户是指专门从事板栗收购业务，规模较大、实力较强的农户。

贷款条件：从事板栗收购3年（含）以上，上年销售收入在200万元（含）以上；能够提供当地区县、乡镇政府出具的推荐函，或在当年区县、乡镇政府拟扶持的板栗收购大户名单内。

3. “兴市惠农”农户贷款

“兴市惠农”农户贷款是指北京农商银行向农产品批发市场中的商户发放的用于满足其日常经营所需流动资金的农户贷款。

贷款对象：在北京知名度较高或市、区级重点农产品批发市场经营的商户，且申请人符合农户身份。

贷款条件：在符合准入条件的农产品批发市场连续经营3年（含）以上，租有固定摊位，本人及家庭成员和在本市场内所经营实体银行结算账户流水不低于1000万元人民币；能提供农产品批发市场的推荐函；能够提供本人或配偶不低于50万元的家庭净资产证明。

4. 民俗旅游户贷款

民俗旅游户贷款是北京农商银行为推动民俗旅游业发展，面向北京市所辖民俗旅游村中经营和信誉良好的民俗户发放的，用于满足其装修改造或日常经营等用途资金需求的农户贷款。

贷款对象：区（县）级及以上民俗旅游村中的民俗旅游户。民俗旅游户是指在北京市所辖民俗旅游村中，以乡村自然、人文旅游资源为依托，以田园风光和农家生活方式为特色，为游客提供观光、娱乐、住宿、餐饮等服务的农户。

贷款条件：借款人年龄为18周岁（含）至60周岁，身体健康，具有完全民事行为能力；具有民俗旅游村和旅游户等级评定委员会核发的民俗村和民俗户标志牌或证书；持有有效营业执照，能够提供所在民俗旅游村出具的推荐函；经营民俗旅游项目5年（含）以上，年均销售收入8万元以上，有偿还贷款本息的能力；在北京农商银行开立福农卡，并使用该账户进行经营结算；北京农商银行规定的其他农户贷款条件。

5. “新民居”贷款

“新民居”贷款是北京农商银行用于支持北京地区农村居民改善居住环境和从业条件、以家庭可支配收入作为还款来源的贷款。

贷款对象：贷款行辖区内符合“新民居”建设相关条件，具备一定比例自有资金，在现有宅基地房屋居住或与现有宅基地房屋居住人员有直系亲属关系（仅限于亲生子女）的当地农村居民。

贷款条件：须出具所在区、县级政府新农村建设办公室有关当地“新民居”建设的批复文件。

6. 重点村改造贷款

重点村改造贷款是指北京农商银行为北京市重点督办的涉及用于征地、拆迁、回迁楼建设及市政配套设施建设等50个“重点村”土地整治项目所提供的贷款支持。

贷款用途：已列入北京市委市政府最终确定的50个“重点村”名单内的“重点村”改造项目；或经北京市城乡接合部建设领导小组认定的，因特殊原因需与“重点村”一并改造的村庄。

贷款对象：北京市土地整理储备中心及其下属的区县分中心，且信用评级在BBB级（含）以上。

贷款条件：贷款项目在市级“重点村”名单范围内，取得立项批复、授权、规划意见等核心项目手续，自筹资金比例不低于20%，具备与规划意见书（规划条件）匹配的项目实施方案或整治方案；立项主体明确，且符合北京农商银行规定的其他贷款条件。

7. 保障性农民回迁安置房建设贷款

保障性农民回迁安置房建设贷款特指北京农商银行向借款人发放的，专项用于支持北京地区保障性农民回迁安置房建设的贷款，包括用于支付建安费用、配套基础设施建设费用及建设期财务费用等。

贷款用途：保障性农民回迁安置房，即纳入市政府所制定的保障性住房发展规划和年度计划，由政府统一组织实施或利用社会力量参与开发建设的定向用于农民回迁安置的住房。

贷款对象：同时为项目的立项主体和实施主体，经北京农商银行信用等级评定不低于 BBB 级，且具备四级及以上房地产开发资质或暂定资质。

贷款条件：项目须纳入市政府所制定的保障性住房发展规划和年度计划，且项目的用地性质须为国有出让或划拨土地，不得为集体土地；按规定取得政府有关部门的项目批准文件；项目列入市政府扩大内需重大项目绿色审批通道；项目资本金已全部到位或已投入项目。

8. 集体产业贷款

集体产业贷款是指北京农商银行向借款人发放的，用于支持集体产业项目建设、购置及建成后运营维护、日常经营等支出的贷款。

贷款用途：由集体经济组织参与投资建设、购置的固定资产项目。对于新建集体产业项目的，可用于集体产业项目建设的相关费用支出；对于已建成的集体产业项目，可用于借款人日常物业经营相关的资金需求；对于购置房产作为集体产业项目的，可用于支付房屋购置的相关费用。

贷款对象：取得政府相关部门颁发的营业执照或登记证书的农村集体经济组织，或与其合作、受其委托的其他企业。

9. 旧村改造贷款

旧村改造贷款是指北京农商银行向借款人发放的用于农村

土地整治、农民集中住房建设、农村基础设施建设、改造提升工程、环境整治以及支付农民转非安置费用等的贷款。

贷款用途：经政府批准，在农村地区实施的土地整治、农民集中住房建设、农民转非安置、农村基础设施建设及环境整治等项目。对于农村土地整治项目，可用于农村土地整治的相关费用支出；对于农民集中住房建设项目，可用于农民回迁、定向安置房等农民集中住房建设的相关费用支出；对于农民转非安置项目，可用于农民转为非农业（居民）户口所需缴纳的各项费用支出；对于农村基础设施建设及环境整治项目，可用于农村地区各项基础设施建设、改造提升工程以及农村地区环境整治项目所需的各项费用支出。

贷款对象：经工商行政管理部门或主管部门核准登记，实行独立核算的企业、事业法人或其他经济组织。包括项目立项主体或取得授权（委托）的实施企业，不包含北京市土地整理储备中心及各区县分中心。

10. 资产量化贷款

资产量化贷款是指北京农商银行向借款人发放的专项用于资产量化过程中向有权人兑现资产量化份额所需求资金的贷款。

贷款用途：解决在集体产权制度改革过程中，资产量化工作的实施主体向有权人一次性全额兑现其应享有资产量化份额的资金需求。

贷款对象：资产量化工作的实施主体。

上海农商银行目前开办的针对农村个人和集体经济组织的贷款品种虽然不多，但还是很有特点。主要贷款品种如下：

1. 农户联保贷款

贷款用途：种植业、养殖业等农业生产费用开支；加工、手工、商业等个体经营开支；生活消费支出；助学支出；贷款人同意的其他项目开支。

贷款对象：农户联保贷款的对象是根据上海农村商业银行相关规定组成的联保小组。

贷款条件：具有完全民事行为能力；单独立户，经济独立，在贷款人服务区域内有固定住所；具有贷款资金需求；具有合法、稳定的收入；在贷款人处开立存款账户（含储蓄账户）。

贷款额度：对联保小组成员（每户）贷款最高额度控制在10万元（含）以内；个别需要超过的，逐笔向区县分支行报批。

贷款期限：贷款期限原则上在1年以内；每次借款的具体期限，由贷款人根据借款人生产经营活动周期确定，但最长不超过联保协议的期限。

贷款利率：根据联保小组存款、贷款风险等情况确定贷款利率，原则上最高上浮幅度控制在30%以内，下浮按中国人民银行规定。

2. 农户小额贷款

贷款条件：具有完全民事行为能力，社会信用良好；具有本市农业户口，持有合法有效的身份证明；在本行服务区内拥有固定住所并长期居住，拥有合法、可靠的经济来源，具备清偿贷款本息的能力；个人信用良好，无任何债务纠纷和违法犯罪记录。

贷款用途：用于种植业、养殖业等农、副业生产方面的资金需要；用于购置、生产和维修小型农机具等方面的资金需要；用于农副业产前、产中、产后等经营服务方面的资金需要；农户用于建房、治病、子女教育等方面的消费资金需求；用于购置由地方政府集中修建的农民住宅的资金需求；用于加工、运输、手工、商贸等与支持“三农”有关的经营资金需要。

贷款额度：由经办信贷人员根据申请人信用等级评定情况及申请贷款金额核定申请人单户小额信用贷款最高限额。

贷款期限：由信贷员根据申请贷款期限，核定申请人单户小额信用贷款最长期限，每笔贷款期限根据生产经营活动的实际周期确定，小额生产经营贷款一般不超过一年。

贷款利率：农户小额信用贷款利率可以按信用村有关利率优惠政策执行。

3. 涉农个人生产经营贷款

贷款对象：上海市外环线以外市郊居民及外环线以内在本市郊区城市化发展新农村建设过程中形成的，其生产、经营、生活与“三农”密切相关的本市居民。

贷款条件：年满十八周岁，具备完全民事行为能力，持有合法有效的身份证明；在本市拥有固定住所并长期居住；在上海农商银行服务区内从事涉农生产经营活动，且从未以所经营的企业或项目申请过公司贷款；借款人为个体工商户和私营业主的，必须为营业执照所记载的经营者本人；生产经营情况正常，收入来源可靠，具备履行贷款合同、偿还贷款本息的能力；个人信用良好，无任何债务纠纷和违法犯罪记录；能够提供本行认可的、合法有效的贷款担保。

贷款用途：用于种植、养殖等农、林、牧、副、渔的生产经营；用于农、副业产前、产中、产后的配套经营服务；用于购置、生产、经销和维修小型农机设备；用于生产、加工、运输、手工、商贸、旅游等涉农经营；用于其他符合市郊农村产业发展政策的生产和经营。

贷款额度：单笔贷款的金额根据借款人状况、贷款担保方式进行确定。贷款额度根据不同的担保方式（抵押、质押和保证担保）确定。

贷款利率：按照中国人民银行公布的同期基准利率和上海农商银行有关利率浮动规定执行。对于采用保证担保方式发放的贷款，原则上贷款利率应当上浮。

4. 涉农个人消费贷款

贷款对象：上海市外环线以外的市郊居民和外环线以内在本市郊区城市化发展和新农村建设过程中形成的，其生产、经营、生活与“三农”密切相关的本市居民。

贷款条件：年满十八周岁，具备完全民事行为能力，持有合法有效的身份证明；在本行服务区内拥有固定住所并长期居住（一般是指本市外环线以外的市郊居民和外环线以内涉农居民）；具有合法、可靠的收入来源，具备履行贷款合同、偿还贷款本息的能力；能够提供贷款用途的相关证明材料；个人信用良好，无任何债务纠纷和违法犯罪记录；能够提供本行认可的、合法有效的贷款担保。

贷款额度：单笔贷款的金额根据借款人状况、贷款担保方式进行确定。贷款额度根据不同的担保方式（抵押、质押和保证担保）确定。

贷款利率：按照中国人民银行公布的同期基准利率和上海农商银行有关利率浮动规定执行。对于采用保证担保方式发放的贷款，原则上贷款利率应当上浮。

5. 农业经济组织贷款

农业经济组织贷款是指对从事农业生产、农副产品加工和运输、销售、农业科技等各种农业经济组织而发放的各类贷款业务。特点是对于法人生产实体型的农业经济组织采用公司贷款融资的方式。在企业建设期可提供购置土地、厂房、设备等固定资产所需的中长期固定资产贷款，在生产期可提供生产资金短缺所需的抵质押、保证贷款、票据融资等短期流动资金贷款。

适用对象：经上海市工商行政管理机关或（主管机关）核准注册登记的从事农业生产、农副产品加工和运输、销售、农业科技等方面的各种农业经济组织。

贷款条件：企业法人营业执照副本及法人代码证书副本及复印件；法定代表人身份证明、签字样本；贷款卡、公司章程、验资报告；近3年财务报告近期报表，经营正常，财务状况良好，具有履行相关合同的能力；税务登记证明；相关合同、批文合法、真实、有效；无不良信用记录；在贷款金融机构开立结算账户。

6. 农民专业合作社贷款

农民专业合作社贷款是对上海市守信农民专业合作社提供

的信用贷款融资服务。“农民专业合作社”是指按照《中华人民共和国农民专业合作社法》规定，经工商行政管理部门核准登记的农民专业合作社。

适用对象：经上海市工商行政管理机关或（主管机关）核准注册登记的守信农民专业合作社。

贷款条件：经工商行政管理部门核准登记，取得农民专业合作社法人营业执照；有固定的生产经营服务场所，依法从事农民专业合作社章程规定的生产、经营、服务等活动，自有资金比例原则上不低于30%；具有健全的组织机构和财务管理制度，能够按时向农村信用社报送有关材料；在农村信用社开立存款账户，自愿接受信贷监督和结算监督；信用等级在A级以上。具有偿还贷款本息的能力，无不良贷款及欠息；持有中国人民银行颁发并经过年鉴的贷款卡。

贷款额度：农民专业合作社的贷款额度分别根据信用状况、资产负债情况、综合还款能力和经营效益等情况合理确定。贷款额度原则上不超过其净资产的70%。

7. 新农村建设项目贷款

新农村建设贷款（鑫农贷）是上海农商银行向政府授权承担新农村建设职能的企事业法人发放的用于新农村建设项目的贷款。新农村建设项目指纳入相关部门批准建立的土地增减挂钩项目或者已经获得土地增减挂钩指标的、具有建新、拆旧和土地复垦等程序的建设项目。业务范围目前限于宅基地置换试点项目、购建农民安置房和农民动拆迁项目。具体来讲，主要用于上海嘉定区、松江区、崇明县、浙江嘉善县和江苏昆山市等地农民和企业动迁、宅基地复垦、农民镇保、养老吸劳、青苗补偿、安置配套商品房购买或建造成本、撤村撤队过程中存量资产的量化分级、集体经营性资产回购等各方面资金缺口。

贷款对象：具有土地增减挂钩项目资质或已经获得土地增减挂钩指标的符合条件的企（事）业法人和其他经济组织。

借款人条件：经政府授权（委托），承担农村土地整治、农民集中住房建设项目融资、建设和运营职能；经营范围包含项目建设内容；具备与债务相应的权益性资本，资产负债率应符合农商银行的相关规定，信用记录良好。

项目条件：符合国家、省、市政府关于推进城乡一体化、支持新农村建设等政策制度规定；符合国家土地、规划、环保等政策，符合土地利用总体规划、城乡规划、土地利用年度计划等；按规定履行了关于新农村建设项目的合法管理程序，并取得相应的批准（核准、备案）文件；项目资本金应不低于农商银行规定项目总投资的比例，资本金应同比例或先于贷款到位；项目有明确、合法的还款来源，在贷款期内所产生的现金流及相应收入能够保证按时归还农商银行贷款本息；不得介入无建设用地指标、需政府统筹落实还款来源的项目及存在拆迁纠纷的项目。

额度期限：贷款期限应综合考虑项目建设期、交付期（或投产期）和还款资金来源确定，原则上不超过5年。

8. 农超对接综合授信

农超对接综合授信指在农业龙头企业和农民专业合作社向大型超市企业直接提供商品的直销贸易活动中，以发票、供货单或超市企业的收货单据等为担保和依据，向上海农商银行申请的综合授信。该项业务要求必须以申请人在一定时间内向超市方提供的供货的发票、供货单，或超市企业的收货单据等为担保。同时，用于担保的发票和单据的收款方必须为大型超市企业，即同一个经营权所有或管理之下，采用以顾客自我服务为主要形式销售各种食品和家庭生活用品的大型连锁商店。

贷款用途：用于农业龙头企业和农民专业合作社的流动资金贷款、票据贴现在内的综合授信。

贷款对象：在材料采购或生产加工、流通过程中有资金需求的农业龙头企业或农民专业合作社。

9. 农业产业化龙头企业贷款

农业产业化龙头企业贷款指对经政府有关部门认定的市级农业产业化龙头企业及区（县）农业产业化龙头企业提供的一系列综合融资服务。该项贷款融资期限灵活，满足企业生产、建设需要；手续方便快捷，产品组合灵活，缓解企业资金压力。

贷款对象：经上海市工商行政管理机关或（主管机关）核准注册登记，并经有关部门认定的市级和区（县）级农业产业化龙头企业。

贷款用途：短期流动资金贷款主要用于解决借款人从事农、林、牧、副、渔业产品的种植（养殖）、流通或加工转化过程中所需的流动资金需要；固定资产贷款主要用于解决借款人从事农、林、牧、副、渔业产品的种植（养殖）、流通或加工转化过程中进行技术改造、仓储等农用设施建设和生产、加工基地建设所需的资金需要。

贷款条件：除具备上海农商银行规定的贷款基本条件外，

还应具备：符合国家宏观调控政策。需要行政许可的，应持有政府有权部门颁发的行政许可证件或准予行政许可的文件。申请中长期贷款，其项目还应符合国家相关产业政策、区域经济政策、发展规划要求和农发行信贷政策；依法合规经营，产品具有市场竞争优势，有良好的经营效益和社会效益；历史信用记录良好、无不良贷款和欠息。

贷款期限：原则上根据借款人的生产经营周期和综合还款能力由借贷双方协商确定。短期流动资金贷款不超过 1 年。固定资产贷款期限一般为 1 ~ 5 年，最长不超过 8 年。在确定的贷款期限内，可根据项目建设期和达产期限，给予一定的宽限期。

十六、金融机构向农户、小型企业、微型企业及个体工商户发放小额贷款利息收入免征增值税和印花税的规定

依据财政部和税务总局《关于支持小微企业融资有关税收政策的通知》（财税〔2017〕77号）第一条、第三条和工业和信息化部、国家统计局、国家发展和改革委员会《财政部关于印发中小企业划型标准规定的通知》（工信部联企业〔2011〕300号）的精神，自2017年12月1日至2019年12月31日，对金融机构向农户、小型企业、微型企业及个体工商户发放小额贷款取得的利息收入，免征增值税。金融机构应将相关免税证明材料留存备查，单独核算符合免税条件的小额贷款利息收入，按现行规定向主管税务机构办理纳税申报；未单独核算的，不得免征增值税。《财政部　税务总局关于延续支持农村金融发展有关税收政策的通知》（财税〔2017〕44号）第一条相应废止。

自2018年1月1日至2020年12月31日，对金融机构与小型企业、微型企业签订的借款合同免征印花税。

这里所称农户，是指长期（一年以上）居住在乡镇（不包括城关镇）行政管理区域内的住户，还包括长期居住在城关镇所辖行政村范围内的住户和户口不在本地而在本地居住一年以上的住户，国有农场的职工。位于乡镇（不包括城关镇）行政管理区域内和在城关镇所辖行政村范围内的国有经济的机关、团体、学校、企事业单位的集体户；有本地户口，但举家外出谋生一年以上的住户，无论是否保留承包耕地均不属于农户。农户以户为统计单位，既可以从事农业生产经营，也可以从事非农业生产经营。农户贷款的判定应以贷款发放时的借款人是否属于农户为准。

这里所称小型企业、微型企业，是指符合《中小企业划型标准规定》（工信部联企业〔2011〕300号）的小型企业和微型企业。其中，资产总额和从业人员指标均以贷款发放时的实际状态确定，营业收入指标以贷款发放前12个自然月的累计数确定，不满12个自然月的，按照“营业收入（年）=企业实际存续期间营业收入/企业实际存续月数×12”公式计算。

这里所称小额贷款，是指单户授信小于100万元（含本数）的农户、小型企业、微型企业或个体工商户贷款；没有授信额度的，是指单户贷款合同金额且贷款余额在100万元（含本数）以下的贷款。

十七、企业所得税法规定企业哪些涉农经济所得可以免征、减征企业所得税

2017 年 2 月 24 日第十二届全国人民代表大会常务委员会第二十六次会议通过的《中华人民共和国企业所得税法(2017 年修订版)》第二十七条规定，企业的下列所得，可以免征、减征企业所得税：（1）从事农、林、牧、渔业项目的所得；（2）从事国家重点扶持的公共基础设施项目投资经营的所得；（3）从事符合条件的环境保护、节能节水项目的所得；（4）符合条件的技术转让所得；（5）本法第三条第三款规定的所得。其中，企业所得税法第二十七条第（1）项规定的“企业从事农、林、牧、渔业项目的所得”可以免征、减征企业所得税，是指企业从事下列项目的所得，免征企业所得税：（1）蔬菜、谷物、薯类、油料、豆类、棉花、麻类、糖料、水果、坚果的种植；（2）农作物新品种的选育；（3）中药材的种植；（4）林木的培育和种植；（5）牲畜、家禽的饲养；（6）林产品的采集；（7）灌溉、农产品初加工、兽医、农技推广、农机作业和维修等农、林、牧、渔服务业项目；（8）远洋捕捞。企业从事下列项目的所得，减半征收企业所

得税：(1) 花卉、茶以及其他饮料作物和香料作物的种植；(2) 海水养殖、内陆养殖。

2008 年 11 月 20 日，财政部和国家税务总局发布《关于发布享受企业所得税优惠政策的农产品初加工范围（试行）的通知》（财税〔2008〕149 号）对农产品初加工的范围进行了说明如下：

1. 种植业类

(1) 粮食初加工：

小麦初加工。通过对小麦进行清理、配麦、磨粉、筛理、分级、包装等简单加工处理，制成的小麦面粉及各种专用粉。

稻米初加工。通过对稻谷进行清理、脱壳、碾米（或不碾米）、烘干、分级、包装等简单加工处理，制成的成品粮及其初制品，具体包括大米、蒸谷米。

玉米初加工。通过对玉米籽粒进行清理、浸泡、粉碎、分离、脱水、干燥、分级、包装等简单加工处理，生产的玉米粉、玉米碴、玉米片等；鲜嫩玉米经筛选、脱皮、洗涤、速冻、分级、包装等简单加工处理，生产的鲜食玉米（速冻粘玉米、甜玉米、花色玉米、玉米籽粒）。

薯类初加工。通过对马铃薯、甘薯等薯类进行清洗、去皮、磋磨、切制、干燥、冷冻、分级、包装等简单加工处理，制成薯类初级制品。具体包括：薯粉、薯片、薯条。

食用豆类初加工。通过对大豆、绿豆、红小豆等食用豆类进行清理去杂、浸洗、晾晒、分级、包装等简单加工处理，制成的豆面粉、黄豆芽、绿豆芽。

其他类粮食初加工。通过对燕麦、荞麦、高粱、谷子等杂粮进行清理去杂、脱壳、烘干、磨粉、轧片、冷却、包装等简单加工处理，制成的燕麦米、燕麦粉、燕麦麸皮、燕麦片、荞麦米、荞麦面、小米、小米面、高粱米、高粱面。

（2）林木产品初加工。通过将伐倒的乔木、竹（含活立木、竹）去枝、去梢、去皮、去叶、锯段等简单加工处理，制成的原木、原竹、锯材。

（3）园艺植物初加工：

蔬菜初加工。将新鲜蔬菜通过清洗、挑选、切割、预冷、分级、包装等简单加工处理，制成净菜、切割蔬菜。利用冷藏设施，将新鲜蔬菜通过低温贮藏，以备淡季供应的速冻蔬菜，如速冻茄果类、叶类、豆类、瓜类、葱蒜类、柿子椒、蒜苔。将植物的根、茎、叶、花、果、种子和食用菌通过干制等简单加工处理，制成的初制干菜，如黄花菜、玉兰片、萝卜干、冬菜、梅干菜、木耳、香菇、平菇。

以蔬菜为原料制作的各类蔬菜罐头（罐头是指以金属罐、玻璃瓶、经排气密封的各种食品，下同）及碾磨后的园艺植物（如胡椒粉、花椒粉等）不属于初加工范围。

水果初加工。通过对新鲜水果（含各类山野果）清洗、脱壳、切块（片）、分类、储藏保鲜、速冻、干燥、分级、包装等简单加工处理，制成的各类水果、果干、原浆果汁、果仁、坚果。

花卉及观赏植物初加工。通过对观赏用、绿化及其他各种用途的花卉及植物进行保鲜、储藏、烘干、分级、包装等简单加工处理，制成的各类鲜、干花。

（4）油料植物初加工。通过对菜籽、花生、大豆、葵花籽、蓖麻籽、芝麻、胡麻籽、茶子、桐子、棉籽、红花籽及米糠等粮食的副产品等，进行清理、热炒、磨坯、榨油（搅油、墩油）、浸出等简单加工处理，制成的植物毛油和饼粕等副产品。具体包括菜籽油、花生油、豆油、葵花油、蓖麻籽油、芝麻油、胡麻籽油、茶子油、桐子油、棉籽油、红花油、米糠油以及油料饼粕、豆饼、棉籽饼。

精炼植物油不属于初加工范围。

（5）糖料植物初加工。通过对各种糖料植物，如甘蔗、甜菜、甜菊等，进行清洗、切割、压榨等简单加工处理，制成的制糖初级原料产品。

（6）茶叶初加工。通过对茶树上采摘下来的鲜叶和嫩芽进行杀青（萎凋、摇青）、揉捻、发酵、烘干、分级、包装等简单加工处理，制成的初制毛茶。

精制茶、边销茶、紧压茶和掺兑各种药物的茶及茶饮料不属于初加工范围。

（7）药用植物初加工。通过对各种药用植物的根、茎、皮、叶、花、果实、种子等，进行挑选、整理、捆扎、清洗、晾晒、切碎、蒸煮、炒制等简单加工处理，制成的片、丝、块、段等中药材。

加工的各类中成药不属于初加工范围。

（8）纤维植物初加工：

棉花初加工。通过轧花、剥绒等脱绒工序简单加工处理，制成的皮棉、短绒、棉籽。

麻类初加工。通过对各种麻类作物（大麻、黄麻、槿麻、苎麻、苘麻、亚麻、罗布麻、蕉麻、剑麻等）进行脱胶、抽丝等简单加工处理，制成的干（洗）麻、纱条、丝、绳。

蚕茧初加工。通过烘干、杀蛹、缫丝、煮剥、拉丝等简单加工处理，制成的蚕、蛹、生丝、丝棉。

（9）热带、南亚热带作物初加工。通过对热带、南亚热带作物去除杂质、脱水、干燥、分级、包装等简单加工处理，制成的工业初级原料。具体包括：天然橡胶生胶和天然浓缩胶乳、生咖啡豆、胡椒籽、肉桂油、桉油、香茅油、木薯淀粉、木薯干片、坚果。

2. 畜牧业类

（1）畜禽类初加工：

肉类初加工。通过对畜禽类动物（包括各类牲畜、家禽和人工驯养、繁殖的野生动物以及其他经济动物）宰杀、去头、去蹄、去皮、去内脏、分割、切块或切片、冷藏或冷冻、分级、包装等简单加工处理，制成的分割肉、保鲜肉、冷藏肉、冷冻肉、绞肉、肉块、肉片、肉丁。

蛋类初加工。通过对鲜蛋进行清洗、干燥、分级、包装、冷藏等简单加工处理，制成的各种分级、包装的鲜蛋、冷藏蛋。

奶类初加工。通过对鲜奶进行净化、均质、杀菌或灭菌、灌装等简单加工处理，制成的巴氏杀菌奶、超高温灭菌奶。

皮类初加工。通过对畜禽类动物皮张剥取、浸泡、刮里、晾干或熏干等简单加工处理，制成的生皮、生皮张。

毛类初加工。通过对畜禽类动物毛、绒或羽绒分级、去杂、清洗等简单加工处理，制成的洗净毛、洗净绒或羽绒。

蜂产品初加工。通过去杂、过滤、浓缩、熔化、磨碎、冷冻简单加工处理，制成的蜂蜜、蜂蜡、蜂胶、蜂花粉。

肉类罐头、肉类熟制品、蛋类罐头、各类酸奶、奶酪、奶油、王浆粉、各种蜂产品口服液、胶囊不属于初加工范围。

（2）饲料类初加工：

植物类饲料初加工。通过碾磨、破碎、压榨、干燥、酿制、发酵等简单加工处理，制成的糠麸、饼粕、糟渣、树叶粉。

动物类饲料初加工。通过破碎、烘干、制粉等简单加工处理，制成的鱼粉、虾粉、骨粉、肉粉、血粉、羽毛粉、乳清粉。

添加剂类初加工。通过粉碎、发酵、干燥等简单加工处理，制成的矿石粉、饲用酵母。

（3）牧草类初加工。通过对牧草、牧草种籽、农作物秸秆等，进行收割、打捆、粉碎、压块、成粒、分选、青贮、氨化、微化等简单加工处理，制成的干草、草捆、草粉、草块或草饼、草颗粒、牧草种籽以及草皮、秸秆粉（块、粒）。

3. 渔业类

（1）水生动物初加工。将水产动物（鱼、虾、蟹、鳖、贝、棘皮类、软体类、腔肠类、两栖类、海兽类动物等）整体或去头、去鳞（皮、壳）、去内脏、去骨（刺）、擂溃或切块、切片，经冰鲜、冷冻、冷藏等保鲜防腐处理、包装等简单加工处理，制成的水产动物初制品。

熟制的水产品和各类水产品的罐头以及调味烤制的水产食品不属于初加工范围。

（2）水生植物初加工。将水生植物（海带、裙带菜、紫菜、龙须菜、麒麟菜、江篱、浒苔、羊栖菜、莼菜等）整体或去根、去边梢、切段，经热烫、冷冻、冷藏等保鲜防腐处理、包装等简单加工处理的初制品，以及整体或去根、去边梢、切段、经晾晒、干燥（脱水）、包装、粉碎等简单加工处理的初制品。

罐装（包括软罐）产品不属于初加工范围。

十八、增值税暂行条例对纳税人涉农业务增值税率及抵扣税率的优惠规定

根据2016年2月6日《国务院关于修改部分行政法规的决定》第一次修订，根据2017年11月19日《国务院关于废止〈中华人民共和国营业税暂行条例〉和修改〈中华人民共和国增值税暂行条例〉的决定》第二次修订后的《增值税暂行条例》第二条增值税率的规定中第二款规定如下：纳税人销售交通运输、邮政、基础电信、建筑、不动产租赁服务，销售不动产，转让土地使用权，销售或者进口下列货物，税率为11%：粮食等农产品、食用植物油、食用盐；自来水、暖气、冷气、热水、煤气、石油液化气、天然气、二甲醚、沼气、居民用煤炭制品；图书、报纸、杂志、音像制品、电子出版物；饲料、化肥、农药、农机、农膜；国务院规定的其他货物。

《增值税暂行条例》第十五条规定，下列项目免征增值税：农业生产者销售的自产农产品；避孕药品和用具；古旧图书；直接用于科学研究、科学试验和教学的进口仪器、设备；外国政府、国际组织无偿援助的进口物资和设备；由残疾人的组织直接进口供残疾人专用的物品；销售的自己使用过的物

品。这里所称农业，是指种植业、养殖业、林业、牧业、水产业。农业生产者，包括从事农业生产的单位和个人。农产品，是指初级农产品，具体范围由财政部、国家税务总局确定。

2017年4月28日，财政部和税务总局《关于简并增值税税率有关政策的通知》（财税2017年37号）规定纳税人购进农产品，按下列规定抵扣进项税额：除营业税改征增值税试点期间，纳税人购进用于生产销售或委托受托加工17%税率货物的农产品维持原扣除力度不变外，纳税人购进农产品，取得一般纳税人开具的增值税专用发票或海关进口增值税专用缴款书的，以增值税专用发票或海关进口增值税专用缴款书上注明的增值税额为进项税额；从按照简易计税方法依照3%征收率计算缴纳增值税的小规模纳税人取得增值税专用发票的，以增值税专用发票上注明的金额和11%的扣除率计算进项税额；取得（开具）农产品销售发票或收购发票的，以农产品销售发票或收购发票上注明的农产品买价和11%的扣除率计算进项税额。

2018年4月4日，财政部和税务总局《关于调整增值税税率的通知》（财税〔2018〕32号）规定纳税人发生增值税应税销售行为或者进口货物，原适用11%税率的，税率调整为10%。同时规定，纳税人购进农产品，原适用11%扣除率的，扣除率调整为10%。

2002年6月6日，财政部和国家税务总局联合发文《财政部 国家税务总局关于不带动力的手扶拖拉机和三轮农用运输车增值税政策的通知》（财税〔2002〕89号）规定：不带动力的手扶拖拉机（也称“手扶拖拉机底盘”）和三轮农用运输车（指以单缸柴油机为动力装置的三个车轮的农用运输车辆）属于“农机”，应按有关“农机”的增值税政策规定免征增值税。

十九、金融企业涉农贷款损失税前扣除的相关规定

农村经济是国民经济发展的生力军和基石，在促进经济增长、扩大就业、促进创新、繁荣市场和满足人民群众需求等方面，发挥着极为重要的作用。农村经济在其发展过程中，资金短缺是其面临的主要问题，因此，国务院要求加大对农村经济的政策支持力度。鉴于涉农贷款风险程度较高的实际情况，财政部和国家税务总局曾发文明确，涉农贷款可在税前扣除贷款损失风险准备金。该项政策虽然对金融企业加大对涉农贷款力度、支持农村经济发展、缓解中小企业融资难的问题起到一定作用，但在贷款损失税前扣除政策方面，存在认定条件偏严的问题，影响了金融企业对涉农贷款的积极性。为切实解决涉农贷款难的问题，鼓励金融企业加大涉农贷款力度，及时处置涉农贷款损失，有效防范金融企业经营风险，增强金融企业抵御风险能力，2015 年 4 月 27 日，国家税务总局发布《关于金融企业涉农贷款和中小企业贷款损失税前扣除问题的公告》（国家税务总局公告〔2015〕第 25 号）规定，根据《中华人民共和国企业所得税法》及其实施条例、《财政部　国家税务总局关于企业资产损失税前扣除政策的通知》（财税〔2009〕57

号)、《国家税务总局关于发布〈企业资产损失所得税税前扣除管理办法〉的公告》(国家税务总局公告〔2011〕第25号)的规定，就金融企业涉农贷款损失所得税前扣除问题公告如下：金融企业涉农贷款逾期1年以上，经追索无法收回，应依据涉农贷款分类证明，按下列规定计算确认贷款损失进行税前扣除：单户贷款余额不超过300万元(含300万元)的，应依据向借款人和担保人的有关原始追索记录(包括司法追索、电话追索、信件追索和上门追索等原始记录之一，并由经办人和负责人共同签章确认)，计算确认损失进行税前扣除。单户贷款余额超过300万元至1000万元(含1000万元)的，应依据有关原始追索记录(应当包括司法追索记录，并由经办人和负责人共同签章确认)，计算确认损失进行税前扣除。单户贷款余额超过1000万元的，仍按《国家税务总局关于发布〈企业资产损失所得税税前扣除管理办法〉的公告》(国家税务总局公告〔2011〕第25号)有关规定计算确认损失进行税前扣除。

涉农贷款损失税前扣除存在两个主要问题：其一，实施简易税前扣除的限额(300万元)较低，导致大量的贷款损失不能得到及时扣除；其二，即使按简易方式扣除损失，但仍需提供较多的证据材料，且有些证据材料存在取证难、取证成本高的问题，从而加大了损失税前扣除的难度。鉴于上述情况，《关于金融企业涉农贷款和中小企业贷款损失税前扣除问题的公告》(国家税务总局公告〔2015〕第25号)对现行政策作了如下调整和完善：第一，将实施简易程序税前扣除的限额由目前的300万元提高到1000万元，使其与现行财务制度保持一致。第二，将涉农贷款、中小企业贷款损失税前扣除的证据材料简化为金融企业涉农贷款、中小企业贷款分类证明，以及向借款人和担保人的追索记录（由经办人和负责人共同签章确认），删去了现行税收规定中需要出具的“债务人和担保人破产、关闭、解散证明、撤销文件、工商行政管理部门注销证明或查询证明”等证据材料。第三，对于原始记录，仅要求单户贷款余额超过300万元至1000万元（含1000万元）的，必须有司法追索记录方能计算确认贷款损失并进行税前扣除，但对不超过300万元（含300万元）的，即便没有司法追索记录但有其他追索记录之一的，也可计算确认贷款损失并进行税前扣除。需要注意的是，对于单户贷款余额超过1000万元的，仍按现行税收规定计算确认损失进行税前扣除。

为了保持政策口径的一致性，便于税收征管，涉农贷款的分类标准，按《财政部　国家税务总局关于金融企业涉农贷款和中小企业贷款损失准备金税前扣除有关问题的通知》（财税〔2015〕3号）第二条、第三条规定执行。涉农贷款是指《涉农贷款专项统计制度》（银发〔2007〕246号）统计的以下贷款：

（1）农户贷款是指金融企业发放给农户的所有贷款。农户贷款的判定应以贷款发放时的承贷主体是否属于农户为准。农户，是指长期（一年以上）居住在乡镇（不包括城关镇）行政管理区域内的住户，还包括长期居住在城关镇所辖行政村范围内的住户和户口不在本地而在本地居住一年以上的住户，国有农场的职工和农村个体工商户。位于乡镇（不包括城关镇）行政管理区域内和在城关镇所辖行政村范围内的国有经济的机关、团体、学校、企事业单位的集体户；有本地户口，但举家外出谋生一年以上的住户，无论是否保留承包耕地均不属于农户。农户以户为统计单位，既可以从事农业生产经营，也可以从事非农业生产经营。

（2）农村企业及各类组织贷款是指金融企业发放给注册地位于农村区域的企业及各类组织的所有贷款。农村区域是指除地级及以上城市的城市行政区及其市辖建制镇之外的区域。

《关于金融企业涉农贷款和中小企业贷款损失税前扣除问题的公告》（国家税务总局公告〔2015〕第25号）规定，金融企业应当建立健全贷款损失内部核销管理制度，严格内部责任认定和追究，及时收集、整理、编制、审核、申报、保存资产损失税前扣除证据材料。对不符合法定条件扣除的贷款损失，或弄虚作假进行税前扣除的，应追溯调整以前年度的税务处理，并按《中华人民共和国税收征收管理法》有关规定进行处罚。

二十、契税条例中有关涉农房产交易中的税收优惠政策怎样规定

根据《中华人民共和国契税暂行条例》第六条的规定，下列项目减征、免征契税：（1）土地、房屋被县级以上人民政府征用、占用后，重新承受土地、房屋权属的，是否减征或者免征契税，由省、自治区、直辖市人民政府确定。（2）纳税人承受荒山、荒沟、荒丘、荒滩土地使用权，用于农、林、牧、渔业生产的，免征契税。（3）依照我国有关法律规定以及我国缔结或参加的双边和多边条约或协定的规定应当予以免税的外国驻华使馆、领事馆、联合国驻华机构及其外交代表、领事官员和其他外交人员承受土地、房屋权属的，经外交部确认，可以免征契税。

二十一、免征蔬菜流通环节增值税的蔬菜包括哪些主要品种

2011 年 12 月 31 日，财政部和国家税务总局发布《关于免征蔬菜流通环节增值税有关问题的通知》（财税〔2011〕137 号）规定对从事蔬菜批发、零售的纳税人销售的蔬菜免征增值税。这里所称蔬菜是指可作副食的草本、木本植物，包括各种蔬菜、菌类植物和少数可作副食的木本植物。蔬菜的主要品种参照《蔬菜主要品种目录》（如表 1 所示）执行。经挑选、清洗、切分、晾晒、包装、脱水、冷藏、冷冻等工序加工的蔬菜，属于本通知所述蔬菜的范围。各种蔬菜罐头不属于本通知所述蔬菜的范围。蔬菜罐头是指蔬菜经处理、装罐、密封、杀菌或无菌包装而制成的食品。该通知同时要求纳税人既销售蔬菜又销售其他增值税应税货物的，应分别核算蔬菜和其他增值税应税货物的销售额；未分别核算的，不得享受蔬菜增值税免税政策。

表 1　　　　　　　　蔬菜主要品种目录

类别	主要品种	别名
根菜类	萝卜	葖、芦菔、莱菔
	胡萝卜	红萝卜、黄萝卜、丁香萝卜、药性萝卜、番萝卜
	芜菁	蔓菁、圆根、盘菜
	芜菁甘蓝	洋蔓菁、洋疙瘩、洋大头菜
	根菾菜	红菜头、紫菜头
	美洲防风	欧防风芹菜萝卜、蒲芹萝卜
	牛蒡	东洋萝卜、蝙蝠刺、大力子
	根芹菜	根洋芹菜、球根塘蒿
	婆罗门参	西洋牛蒡、蒜叶婆罗门参
	山葵	
	黑婆罗门参	菊牛蒡、鸦葱
薯芋类	马铃薯	土豆、山药蛋、洋芋、地蛋、荷兰薯、爪哇薯
	姜	生姜、黄姜
	芋	芋头、芋艿、毛芋
	魔芋	磨芋、蒟蒻
	山药	薯蓣、白苕、脚板苕、山薯、大薯、佛掌薯
	甘薯	红薯、白薯、地瓜、番薯、红薯
	豆薯	地瓜、凉薯、沙葛、新罗葛
	葛	
	菊芋	洋姜、鬼子姜
	菜用土圞儿	香芋、美洲土圞儿
	蕉芋	蕉藕、姜芋、食用美人蕉、食用莲蕉
	草石蚕	螺丝菜、宝塔菜、甘露儿、地蚕

续表

类　别	主要品种	别　　名
葱蒜类	韭	草钟乳、起阳草、懒人菜、韭黄
	大葱	木葱、汉葱
	洋葱	葱头、圆葱
	大蒜	胡蒜、蒜
	蒜薹	蒜苔
	蒜苗	蒜黄、青蒜
	分葱	四季葱、菜葱、冬葱
	胡葱	蒜头葱、瓣子葱、火葱、肉葱
	细香葱	四季葱、香葱、虾夷葱
	韭葱	扁葱、扁叶葱、洋蒜苗
	楼葱	龙爪葱、龙角葱
	薤	藠头、藠子、莱芝
白菜类	大白菜	结球白菜、黄芽菜、包心白菜
	普通白菜	白菜、小白菜、青菜、油菜
	乌塌菜	榻菜、塌棵菜、榻地菘、黑菜
	菜薹	菜心、绿菜薹、菜尖
	薹菜	
	紫菜薹	红菜薹
芥菜类	茎芥	茎瘤芥、青菜头、菜头、包包菜、羊角菜、菱角菜
		抱子芥、儿菜、娃娃菜
		笋子芥、棒菜
	叶芥	青菜、苦菜、春菜、辣菜、雪里蕻
	根芥	辣疙瘩、冲菜、芥头、大头菜、疙瘩菜
	薹芥	

续表

类　别	主要品种	别　名
甘蓝类	结球甘蓝	洋白菜、卷心菜、包心菜、椰菜、莲花白、包包白、圆白菜、茴子白
	球茎甘蓝	苤蓝、菘、玉蔓菁、芥蓝头、擘蓝
	花椰菜	花菜、菜花
	青花菜	木立花椰菜、意大利花椰菜、嫩茎花椰菜、绿菜花、西兰花
	芥蓝	白花芥蓝
	抱子甘蓝	芽甘蓝、子持甘蓝
	羽衣甘蓝	绿叶甘蓝、菜用羽衣甘蓝、叶牡丹、花包菜
叶菜类	菠菜	菠稜菜、赤根菜、角菜、波斯草
	莴苣	千金菜、莴笋、生菜、青笋、莴苣笋、莴菜、油麦菜、莜麦菜
	芹菜	芹、药芹、苦堇、堇葵、堇菜、旱芹
	蕹菜	空心菜、竹叶菜、通菜、藤菜、蓊菜
	苋菜	米苋、赤苋、刺苋、青香苋、苋
	叶菾菜	莙荙菜、牛皮菜、厚皮菜、光菜、叶甜菜
	菊苣	欧洲菊苣、苞菜、吉康菜、法国莒荬菜
	冬寒菜	冬苋菜、冬葵、葵菜、滑肠菜
	落葵	木耳菜、软浆叶、软姜子、染浆叶、胭脂豆、豆腐菜、藤菜、紫果菜
	茼蒿	蒿子秆、大叶茼蒿、蓬蒿、春菊
	芫荽	香菜、胡荽、香荽
	茴香	小茴香、香丝菜、结球茴香、鲜茎茴香、甜茴香
	菊花脑	菊花叶、黄菊籽、路边黄、黄菊仔
	荠菜	护生草、菱角菜、地米草、扇子草

续表

类　别	主要品种	别　　名
叶菜类	菜苜蓿	草头、金花菜、黄花苜蓿、刺苜蓿、南苜蓿、黄花草子
	番杏	新西兰菠菜、洋菠菜、夏菠菜、白番苋、海滨莴苣、宾菜、蔓菜
	苦苣	花叶生菜、花苣
	紫背天葵	血皮菜、紫背菜、红凤菜、观音苋、双色三七草
	罗勒	毛罗勒、九层塔、零陵香、兰香草、光明子、省头草
	马齿苋	马齿菜、长命菜、五行草、瓜子菜、马蛇子菜
	紫苏	荏、赤苏、白苏、香苏、苏叶、桂荏、回回苏
	榆钱菠菜	食用滨藜、洋菠菜、山菠菜、山菠薐草
	薄荷	山野薄荷、蕃荷菜
	莳萝	土茴香、草茴香、小茴香
	鸭儿芹	鸭脚板、三叶芹、山芹菜、野蜀葵、三蜀葵、水芹菜
	蕺菜	鱼腥草、蕺儿根、侧耳根、狗帖耳、鱼鳞草、菹菜
	蒲公英	黄花苗、黄花地丁、婆婆丁、蒲公草
	马兰	马兰头、红梗菜、紫菊、田边菊、马兰菊、鸡儿肠、竹节草
	香芹菜	荷兰芹、洋芫荽、欧芹、法国香菜、旱芹菜
	珍珠菜	角菜、白苞蒿、山芹菜、珍珠花菜、甜菜子、鸭脚艾、乳白艾

续表

类　别	主要品种	别　　名
瓜类	黄瓜	王瓜、胡瓜
	冬瓜	东瓜
	节瓜	毛瓜
	南瓜	中国南瓜、倭瓜、番瓜、饭瓜
	笋瓜	印度南瓜、玉瓜、北瓜
	西葫芦	美洲南瓜、蔓瓜、白瓜、香瓜
	越瓜	白瓜、脆瓜、酥瓜、梢瓜
	菜瓜	蛇甜瓜、老羊瓜、酱瓜
	丝瓜	圆筒丝瓜、蛮瓜、水瓜、棱角丝瓜、胜瓜
	苦瓜	凉瓜
	瓠瓜	扁蒲、葫芦、蒲瓜、夜开花、瓠子
	佛手瓜	洋丝瓜、合掌瓜、菜肴梨、瓦瓜、万年瓜、拳头瓜
	蛇瓜	蛇豆、蛇丝瓜、长豆角
茄果类	番茄	西红柿、番柿、柿子、洋柿子
	茄子	落苏
	辣椒	海椒、辣子、辣角、番椒
	青椒	大椒、灯笼椒、柿子椒、彩色甜椒、甜椒
	酸浆	红姑娘、洋姑娘、灯笼草、洛神珠
豆类	菜豆	四季豆、芸豆、芸扁豆、豆角、刀豆、敏豆、玉豆、油豆
	长豇豆	长豆角、豆角、带豆、裙带豆
	菜用大豆	毛豆、枝豆
	豌豆	青斑豆、麻豆、青小豆、荷兰豆、淮豆、留豆、金豆、麦豆、回回豆、甜豌豆
	蚕豆	胡豆、佛豆、寒豆、罗汉豆
	扁豆	峨眉豆、沿篱豆、眉豆、肉豆、龙爪豆

续表

类　别	主要品种	别　　名
豆类	莱豆	金甲豆、科马豆、荷豆、玉豆、雪豆、洋扁豆、白豆、状元豆、棉豆、荷包豆
	刀豆	大刀豆、关刀豆、洋刀豆
	多花菜豆	红花菜豆、大白芸豆、大花芸豆、看花豆
	四棱豆	翼豆、翅豆、四角豆、杨桃豆、热带大豆、四稔豆
	藜豆	黧豆、黎豆、猫猫豆、毛毛豆、毛胡豆、毛狗豆、小狗豆、狸豆、八升豆、狗爪豆
水生蔬菜	莲藕	莲、藕、荷
	茭白	茭瓜、茭笋、菰首
	慈姑	剪刀草、燕尾草
	水芹	刀芹、楚葵、蜀芹、紫堇、蕲
	荸荠	马蹄、地栗、乌芋、凫茈
	菱	菱角、龙角、水栗
	豆瓣菜	西洋菜、水田芥、水蔊菜
	芡实	鸡头米、鸡头、水底黄蜂
	莼菜	马蹄草、水葵、水荷叶、湖菜、露葵
	蒲菜	香蒲、甘蒲
	海带	江白菜、昆布
	紫菜	
多年生及杂类蔬菜	笋用竹	竹笋
	芦笋	石刁柏、龙须菜
	黄花菜	萱草、金针菜
	百合	夜合、中篷花
	香椿	香椿树、红椿、椿花、椿甜树
	枸杞	枸杞菜、枸杞头、枸杞芽
	蘘荷	阳藿、野姜、蘘草、茗荷、苴蓴

续表

类 别	主要品种	别 名
多年生及杂类蔬菜	菜蓟	朝鲜蓟、洋蓟、荷兰百合、法国百合
	辣根	西洋山萮菜、山葵萝卜
	食用大黄	原叶大黄、圆叶大黄
	黄秋葵	秋葵、羊角豆
	桔梗	地参、四叶菜、绿花根、铃铛花、沙油菜、梗草、道拉基
	蕨	蕨菜、蕨苔、龙头菜、蕨儿菜鹿蕨菜
	乾苔	发菜、头发菜、石发
	蒌蒿	芦蒿、水蒿、香艾蒿、小艾、水艾
	薇菜	野豌豆、大巢菜、斑矛架、野苕子
	车前草	车轮菜、牛舌菜、蛤蟆衣
	食用菊	甘菊、臭菊
	玉米笋	玉笋、多穗玉米、珍珠笋、番麦笋
	嫩玉米	菜玉米、菜苞谷、青玉谷、御麦
	糯玉米	中国玉米、糯苞谷
	甜玉米	甜苞谷、甜玉蜀黍、菜玉米
食用菌	香菇	香蕈、冬菇、花菇
	双孢蘑菇	蘑菇、白蘑菇、双孢菇、洋菇、褐蘑菇、棕色蘑菇
	糙皮侧耳	平菇、北风菌、青蘑、桐子菌
	草菇	兰花菇、美味包脚菇、秆菇、麻菇、中国蘑菇
	金针菇	毛柄金钱菇、冬菇、朴菇、朴菰
	黑木耳	木耳、光木耳、云耳
	银耳	白木耳、雪耳
	猴头菇	猴头蘑、刺猬菌
	毛头鬼伞	鸡腿蘑、鸡腿菇
	姬松茸	巴西蘑菇、巴氏蘑菇

续表

类　别	主要品种	别　　名
食用菌	茶薪菇	杨树菇、柱状田头菇、柳环菌、茶树菇
	真姬菇	玉蕈、斑玉蕈、蟹味菇、胶玉蘑、鸿喜菇、海鲜菇
	灰树花	贝叶多孔菌、云蕈、栗蘑、舞茸、莲花菌、千佛菌
	滑菇	珍珠菇、光帽鳞伞、滑子蘑
	刺芹侧耳	雪茸、干贝菇、杏鲍菇
	白灵侧耳	白灵菇
	阿魏侧耳	阿魏菇
	盖囊侧耳	台湾平菇、鲍鱼菇
	毛木耳	
	竹荪	长裙竹荪、短裙竹荪、棘托竹荪
	肺形侧耳	姬菇、秀珍菇、小平菇
	金顶侧耳	榆黄蘑、玉皇菇
	大球盖菇	
	长根菇	
	大杯蕈	猪肚菇
	洛巴伊口蘑	金福菇
	北冬虫夏草	蛹虫草
	牛肝菌	
	松茸	
	鸡枞	
	羊肚菌	
	榛蘑	蜜环菌
	鸡油菌	
	红菇	
	口蘑	蒙古口蘑
	青冈菌	
	离褶伞	一窝鸡

续表

类　别	主要品种	别　　名
芽苗菜	绿豆芽	绿豆芽幼芽
	黄豆芽	黄豆幼芽
	黑豆芽	黑豆幼芽
	青豆芽	青豆幼芽
	红豆芽	红豆幼芽
	蚕豆芽	蚕豆幼芽
	红小豆苗	红小豆幼芽
	豌豆苗	豌豆幼芽
	花生芽	花生幼芽
	苜蓿芽	苜蓿幼芽或幼苗
	小扁豆芽	小扁豆幼芽或幼苗
	萝卜芽	萝卜芽幼苗
	菘蓝芽	菘蓝幼芽或幼苗
	沙芥芽	沙芥幼芽或幼苗
	芥菜芽	芥菜幼芽或幼苗
	芥蓝芽	芥蓝幼芽或幼苗
	白菜芽	白菜幼芽或幼苗
	独行菜芽	独行菜幼苗
	香椿苗	香椿幼苗
	向日葵芽	向日葵幼芽
	荞麦芽	荞麦幼苗
	胡椒芽	胡椒幼芽或幼苗
	紫苏芽	紫苏幼芽或幼苗
	水芹芽	水芹幼苗
	小麦苗	小麦幼苗
	胡麻芽	胡麻幼芽或幼苗

续表

类　别	主要品种	别　　名
芽苗菜	蕹菜芽	蕹菜幼苗
	芝麻芽	芝麻幼芽或幼苗
	黄秋葵芽	黄秋葵幼苗
	花椒脑	花椒嫩芽
	芽球菊苣	菊苣芽球
	苦苣芽	苦苣幼芽或幼苗
	佛手瓜稍	佛手瓜幼稍
	辣椒尖	辣椒幼稍
	豌豆尖	豌豆幼稍
	草芽	草芽幼嫩假茎
	碧玉笋	黄花菜幼嫩假茎

二十二、免征部分鲜活肉蛋产品流通环节增值税政策的主要规定

为了减少农产品的流通环节，鼓励大型流通商从农业生产者直接进货，促使农业生产者获得更多的实惠，2012 年 9 月 27 日，财政部、国家税务总局下发《财政部、国家税务总局关于免征部分鲜活肉蛋产品流通环节增值税政策的通知》（财税〔2012〕75 号）规定，自 2012 年 10 月 1 日起，免征部分鲜活肉蛋产品流通环节增值税。具体事项如下：

（1）对从事农产品批发、零售的纳税人销售的部分鲜活肉蛋产品免征增值税。免征增值税的鲜活肉产品，是指猪、牛、羊、鸡、鸭、鹅及其整块或者分割的鲜肉、冷藏或者冷冻肉，内脏、头、尾、骨、蹄、翅、爪等组织。免征增值税的鲜活蛋产品，是指鸡蛋、鸭蛋、鹅蛋，包括鲜蛋、冷藏蛋以及对其进行破壳分离的蛋液、蛋黄和蛋壳。上述产品中不包括《中华人民共和国野生动物保护法》所规定的国家珍贵、濒危野生动物及其鲜活肉类、蛋类产品。

（2）从事农产品批发、零售的纳税人既销售本通知第一条规定的部分鲜活肉蛋产品又销售其他增值税应税货物的，应分别核算上述鲜活肉蛋产品和其他增值税应税货物的销售额；

未分别核算的，不得享受部分鲜活肉蛋产品增值税免税政策。

（3）《中华人民共和国增值税暂行条例》第八条第（三）项规定，“购进农产品，除取得增值税专用发票或者海关进口增值税专用缴款书外，按照农产品收购发票或者销售发票上注明的农产品买价和11%的扣除率计算进项税额，国务院另有规定的除外”。其所列准予从销项税额中扣除的进项税额即这里所称的“销售发票”，是指小规模纳税人销售农产品依照3%征收率按简易办法计算缴纳增值税而自行开具或委托税务机关代开的普通发票。批发、零售纳税人享受免税政策后开具的普通发票不得作为计算抵扣进项税额的凭证。

需要说明的是，纳税人属于鲜活肉蛋产品加工企业，则无法享受上述免税优惠，鲜活肉蛋产品加工企业的增值税税负基本不变，如果加工企业设立关联销售公司，销售公司属于商业性质，从事鲜活肉蛋产品批发与零售，则可以根据政策规定享受增值税免征的优惠。根据当前的政策规定，设立商贸企业性质的普通有限责任公司，最低注册资金3万元，需要1个（或以上）股东，从2006年1月起新的公司法规定，允许1个股东注册有限责任公司，又称“一人有限公司”执照上会注明“自然人独资”，最低注册资金10万元。鲜活肉蛋产品加工企业可以根据需要及时设立商贸公司。

根据《关于免征蔬菜流通环节增值税有关问题的通知》（财税〔2011〕137号）对从事蔬菜批发、零售的纳税人销售的蔬菜免征增值税。如果商贸公司增加业务——销售蔬菜，则又可以免征增值税。如果商业销售公司又销售其他增值税应税货物的，应分别核算上述鲜活肉蛋产品和其他增值税应税货物的销售额；未分别核算的，不得享受部分鲜活肉蛋产品增值税免税政策。商贸公司需要注意的风险点：纳税人兼营免税、减税项目的，应当分别核算免税、减税项目的销售额；未分别核算销售额的，不得免税、减税。加工企业与关联商贸企业如果商品价格明显偏低，又无正当理由的，需要税务机关进行核定。另外，对于商贸公司的销售对象而言，批发、零售纳税人享受免税政策后开具的普通发票不得作为计算抵扣进项税额的凭证。

二十三、调整完善资源综合利用产品及劳务增值税政策中增值税即征即退的规定

2011年11月21日，财政部和国家税务总局发布《财政部　国家税务总局关于调整完善资源综合利用产品及劳务增值税政策的通知》（财税〔2011〕115号）中规定：

对销售下列自产货物实行增值税即征即退100%的政策：以餐厨垃圾、畜禽粪便、稻壳、花生壳、玉米芯、油茶壳、棉籽壳、三剩物、次小薪材、含油污水、有机废水、污水处理后产生的污泥、油田采油过程中产生的油污泥（浮渣），包括利用上述资源发酵产生的沼气为原料生产的电力、热力、燃料。生产原料中上述资源的比重不低于80%，其中利用油田采油过程中产生的油污泥（浮渣）生产燃料的资源比重不低于60%。上述涉及的生物质发电项目必须符合国家发展改革委《可再生能源发电有关管理规定》（发改能源〔2006〕13号）要求，并且生产排放达到《火电厂大气污染物排放标准》（GB13223—2003）第1时段标准或者《生活垃圾焚烧污染控制标准》（GB18485—2001）的有关规定。以废弃的动物油、植物油为原料生产的饲料级混合油，饲料级混合油应达到

《饲料级混合油》（NY/T913—2004）规定的技术要求，生产原料中上述资源的比重不低于90%。

对销售下列自产货物实行增值税即征即退80%的政策：以三剩物、次小薪材和农作物秸秆等3类农林剩余物为原料生产的木（竹、秸秆）纤维板、木（竹、秸秆）刨花板，细木工板、活性炭、栲胶、水解酒精、炭棒；以沙柳为原料生产的箱板纸。

对销售下列自产货物实行增值税即征即退50%的政策：以蔗渣为原料生产的蔗渣浆、蔗渣刨花板及各类纸制品。生产原料中蔗渣所占比重不低于70%。

通知所述“三剩物”是指采伐剩余物（指枝丫、树梢、树皮、树叶、树根及藤条、灌木等）、造材剩余物（指造材截头）和加工剩余物（指板皮、板条、木竹截头、锯末、碎单板、木芯、刨花、木块、篾黄、边角余料等）。“次小薪材”是指次加工材（指材质低于针、阔叶树加工用原木最低等级但具有一定利用价值的次加工原木，其中东北、内蒙古地区按LY/T1505—1999标准执行，南方及其他地区按LY/T1369—1999标准执行）、小径材（指长度在2米以下或径级8厘米以下的小原木条、松木杆、脚手杆、杂木杆、短原木等）和薪材。“农作物秸秆”是指农业生产过程中，收获了粮食作物（指稻谷、小麦、玉米、薯类等）、油料作物（指油菜籽、花生、大豆、葵花籽、芝麻籽、胡麻籽等）、棉花、麻类、糖料、烟叶、药材、蔬菜和水果等以后残留的茎秆。“蔗渣”是指以甘蔗为原料的制糖生产过程中产生的含纤维50%左右的固体废弃物。

《财政部　国家税务总局关于以农林剩余物为原料的综合

利用产品增值税政策的通知》（财税〔2009〕148号）和《财政部　国家税务总局关于以蔗渣为原料生产综合利用产品增值税政策的补充通知》（财税〔2010〕114号）自2011年1月1日起废止。

二十四、继续实行农村饮水安全工程建设运营税收优惠政策的规定

2016年2月25日，财政部和国家税务总局《关于继续实行农村饮水安全工程建设运营税收优惠政策的通知》（财税〔2016〕19号）规定：为支持农村饮水安全工程巩固提升，经国务院批准，继续对饮水工程的建设、运营给予税收优惠。现将有关政策通知如下：（1）对饮水工程运营管理单位为建设饮水工程而承受土地使用权，免征契税。（2）对饮水工程运营管理单位为建设饮水工程取得土地使用权而签订的产权转移书据，以及与施工单位签订的建设工程承包合同免征印花税。（3）对饮水工程运营管理单位自用的生产、办公用房产、土地，免征房产税、城镇土地使用税。（4）对饮水工程运营管理单位向农村居民提供生活用水取得的自来水销售收入，免征增值税。（5）对饮水工程运营管理单位从事《公共基础设施项目企业所得税优惠目录》规定的饮水工程新建项目投资经营的所得，自项目取得第一笔生产经营收入所属纳税年度起，第一年至第三年免征企业所得税，第四年至第六年减半征收企业所得税。

这里所称饮水工程，是指为农村居民提供生活用水而建设

的供水工程设施。本文这里所称饮水工程运营管理单位，是指负责饮水工程运营管理的自来水公司、供水公司、供水（总）站（厂、中心）、村集体、农民用水合作组织等单位。

对于既向城镇居民供水，又向农村居民供水的饮水工程运营管理单位，依据向农村居民供水收入占总供水收入的比例免征增值税；依据向农村居民供水量占总供水量的比例免征契税、印花税、房产税和城镇土地使用税。无法提供具体比例或所提供数据不实的，不得享受上述税收优惠政策。该通知同时规定符合上述减免税条件的饮水工程运营管理单位需持相关材料向主管税务机关办理备案手续。

上述政策（第五条除外）自 2016 年 1 月 1 日至 2018 年 12 月 31 日执行。

二十五、有机肥产品免征增值税优惠政策的主要规定

2008 年 4 月 29 日，财政部　国家税务总局《关于有机肥产品免征增值税的通知》（财税〔2008〕56 号）规定：自 2008 年 6 月 1 日起，纳税人生产销售和批发、零售有机肥产品免征增值税。

享受上述免税政策的有机肥产品是指有机肥料、有机—无机复混肥料和生物有机肥。其中，有机肥料是指来源于植物和（或）动物，施于土壤以提供植物营养为主要功能的含碳物料。有机—无机复混肥料是指由有机和无机肥料混合和（或）化合制成的含有一定量有机肥料的复混肥料。生物有机肥是指特定功能微生物与主要以动植物残体（如禽畜粪便、农作物秸秆等）为来源并经无害化处理、腐熟的有机物料复合而成的一类兼具微生物肥料和有机肥效应的肥料。

享受免税政策的纳税人应按照《中华人民共和国增值税暂行条例》（国务院令〔1993〕第 134 号）、《中华人民共和国增值税暂行条例实施细则》（财法字〔1993〕第 38 号）的规定，单独核算有机肥产品的销售额。未单独核算销售额的，不得免税。同时规定，纳税人销售免税的有机肥产品，应按规定

开具普通发票，不得开具增值税专用发票。纳税人申请免征增值税，应向主管税务机关提供以下资料，凡不能提供的，一律不得免税。

（1）属于生产有机肥产品的纳税人：由农业部或省、自治区、直辖市农业行政主管部门批准核发的在有效期内的肥料登记证复印件，并出示原件；由肥料产品质量检验机构一年内出具的有机肥产品质量技术检测合格报告原件；出具报告的肥料产品质量检验机构须通过相关资质认定；在省、自治区、直辖市外销售有机肥产品的，还应提供在销售使用地省级农业行政主管部门办理备案的证明原件。

（2）属于批发、零售有机肥产品的纳税人：生产企业提供的在有效期内的肥料登记证复印件；生产企业提供的产品质量技术检验合格报告原件；在省、自治区、直辖市外销售有机肥产品的，还应提供在销售使用地省级农业行政主管部门办理备案的证明复印件。

主管税务机关应加强对享受免征增值税政策纳税人的后续管理，不定期对企业经营情况进行核实。凡经核实所提供的肥料登记证、产品质量技术检测合格报告、备案证明失效的，应停止其享受免税资格，恢复照章征税。

2015 年 12 月 1 日，国家税务总局印发《关于明确有机肥产品执行标准的公告》（国家税务总局公告〔2015〕第 86 号）就享受增值税免税政策的有机肥产品执行标准公告如下：《财政部　国家税务总局关于有机肥产品免征增值税的通知》（财税〔2008〕56 号）规定享受增值税免税政策的有机肥产品中，有机肥料按《有机肥料》（NY525—2012）标准执行，有机—无机复混肥料按《有机—无机复混肥料》（GB18877—2009）

标准执行，生物有机肥按《生物有机肥》（NY884—2012）标准执行。不符合上述标准的有机肥产品，不得享受财税〔2008〕56号文件规定的增值税免税政策。上述有机肥产品的国家标准、行业标准，如在执行过程中有更新、替换，统一按最新的国家标准、行业标准执行。

《关于明确有机肥产品执行标准的公告》（国家税务总局公告〔2015〕第86号）自2016年1月1日起施行，此前未处理的事项，按本公告规定执行。《国家税务总局关于有机肥产品免征增值税问题的批复》（国税函〔2008〕1020号）同时废止。

二十六、农村企业购置并实际使用节能节水专用设备享受企业所得税抵免优惠政策的基本规定

2010 年 6 月 2 日，国家税务总局发布《国家税务总局关于环境保护　节能节水　安全生产等专用设备投资抵免企业所得税有关问题的通知》（国税函〔2010〕256 号）规定：根据《财政部　国家税务总局关于全国实施增值税转型改革若干问题的通知》（财税〔2008〕170 号）规定，自 2009 年 1 月 1 日起，增值税一般纳税人购进固定资产发生的进项税额可从其销项税额中抵扣，因此，自 2009 年 1 月 1 日起，纳税人购进并实际使用《环境保护专用设备企业所得税优惠目录》、《节能节水专用设备企业所得税优惠目录》和《安全生产专用设备企业所得税优惠目录》范围内的专用设备并取得增值税专用发票的，在按照《财政部　国家税务总局关于执行环境保护专用设备企业所得税优惠目录节能节水专用设备企业所得税优惠目录和安全生产专用设备企业所得税优惠目录有关问题的通知》（财税〔2008〕48 号）第二条规定进行税额抵免时，如增值税进项税额允许抵扣，其专用设备投资额不再包括增值税进项税额；如增值税进项税额不允许抵扣，其专用设备投资额

应为增值税专用发票上注明的价税合计金额。企业购买专用设备取得普通发票的，其专用设备投资额为普通发票上注明的金额。

2017 年 9 月 6 日，财政部、税务总局、国家发展改革委、工业和信息化部和环境保护部联合发文《关于印发节能节水和环境保护专用设备企业所得税优惠目录（2017 年版）的通知》（财税〔2017〕71 号）规定：对企业购置并实际使用节能节水和环境保护专用设备享受企业所得税抵免优惠政策的适用目录进行适当调整，统一按《节能节水专用设备企业所得税优惠目录（2017 年版）》（如表 2 所示）和《环境保护专用设备企业所得税优惠目录（2017 年版）》执行。同时，要求企业按照国务院关于简化行政审批的要求，进一步优化优惠管理机制，实行企业自行申报并直接享受优惠、税务部门强化后续管理的机制。企业购置节能节水和环境保护专用设备，应自行判断是否符合税收优惠政策规定条件，按规定向税务部门履行企业所得税优惠备案手续后直接享受税收优惠，税务部门采取税收风险管理、稽查、纳税评估等方式强化后续管理。

通知要求建立部门协调配合机制，切实落实节能节水和环境保护专用设备税收抵免优惠政策。税务部门在执行税收优惠政策过程中，不能准确判定企业购置的专用设备是否符合相关技术指标等税收优惠政策规定条件的，可提请地市级（含）以上发展改革、工业和信息化、环境保护等部门，由其委托专业机构出具技术鉴定意见，相关部门应积极配合。对不符合税收优惠政策规定条件的，由税务机关按《税收征管法》及有关规定进行相应处理。

通知中所称税收优惠政策规定条件，是指《节能节水专用设备企业所得税优惠目录（2017年版）》和《环境保护专用设备企业所得税优惠目录（2017年版）》所规定的设备类别、设备名称、性能参数、应用领域和执行标准。

通知自2017年1月1日起施行。《节能节水专用设备企业所得税优惠目录（2008年版）》和《环境保护专用设备企业所得税优惠目录（2008年版）》自2017年10月1日起废止。

表1　节能节水专用设备企业所得税优惠目录（2017年版）（摘录部分内容）

序号	设备类别	设备名称	性能参数	应用领域	执行标准
28	滴灌设备	喷灌机	大型喷灌机：水量分布均匀系数、同步性能应符合JB/T 6280—2013的要求	农业、园林灌溉	JB/T 6280—2013
			轻小型喷灌机：喷洒均匀性、燃油消耗率、喷灌机效率、管路系统密封性应符合GB/T 25406—2010的要求		GB/T25406—2010
29		滴灌带（管）	流量一致性、流量和进水口压力之间关系、耐静水压、耐拉拔应符合GB/T 17187—2009的要求	适用于棉花、蔬菜、果树等经济作物的滴灌	GB/T17187—2009

续表

<table>
<tr><th>序号</th><th>设备类别</th><th>设备名称</th><th>性能参数</th><th>应用领域</th><th>执行标准</th></tr>
<tr><td>30</td><td rowspan="2">水处理及回用设备</td><td>反渗透淡化装置</td><td>水回收率≥75%，脱盐率≥95%</td><td>含盐量低于10000mg/L的苦咸水淡化或农村分散地区的饮用水处理</td><td>GB/T19249—2003</td></tr>
<tr><td>31</td><td>中空纤维超滤水处理设备</td><td>截留率≥90%；产水量≥额定产水量</td><td>水处理净化</td><td>HY/T060—2002
CJ/T170—2002</td></tr>
<tr><td rowspan="2">32</td><td rowspan="2">水处理及回用设备</td><td rowspan="2">海水/苦咸水淡化反渗透膜元件</td><td>苦咸水淡化反渗透膜：水通量≥4.5×10^{-2} $m^3/(m^2\cdot h)$；脱盐率≥99.0%</td><td rowspan="2">海水、苦咸水淡化</td><td rowspan="2">HY/T107—2008</td></tr>
<tr><td>海水淡化反渗透膜：水通量≥3.8×10^{-2} $m^3/(m^2\cdot h)$；脱盐率≥99.4%</td></tr>
</table>

二十七、金融、保险等机构取得的涉农贷款利息收入、保费收入在计算应纳税所得额时减计收入的规定

依据《中华人民共和国企业所得税法》（中华人民共和国主席令第63号）、《中华人民共和国企业所得税法实施条例》（中华人民共和国国务院令第512号）、《财政部　国家税务总局关于农村金融有关税收政策的通知》（财税〔2010〕4号）、《财政部　国家税务总局关于中国扶贫基金会小额信贷试点项目税收政策的通知》（财税〔2010〕35号）、《财政部　国家税务总局关于中国扶贫基金会所属小额贷款公司享受有关税收优惠政策的通知》（财税〔2012〕33号）、《财政部　国家税务总局关于延续并完善支持农村金融发展有关税收政策的通知》（财税〔2014〕102号）、《财政部　国家税务总局关于中国扶贫基金会小额信贷试点项目继续参照执行农村金融有关税收政策的通知》（财税〔2015〕12号）和《国家税务总局关于发布〈企业所得税优惠政策事项办理办法〉的公告》（国家税务总局公告〔2015〕第76号）的规定，对金融机构农户小额贷款的利息收入在计算应纳税所得额时，按90%计入收入总额；对保险公司为种植业、养殖业提供保险业务取得的保费

收入，在计算应纳税所得额时，按 90% 比例减计收入。对中合农信项目管理有限公司和中国扶贫基金会举办的农户自立服务社（中心）以及中合农信项目管理有限公司独资成立的小额贷款公司从事农户小额贷款取得的利息收入，在计算应纳税所得额时，按 90% 计入收入总额。

这里所称小额贷款，是指单笔且该户贷款余额总额在 10 万元（含）以下贷款。这里所称保费收入，是指原保险保费收入加上分保费收入减去分出保费后的余额。

依据《财政部　税务总局关于延续支持农村金融发展有关税收政策的通知》（财税〔2017〕44 号）第二条、第四条的规定，自 2017 年 1 月 1 日至 2019 年 12 月 31 日，对金融机构农户小额贷款的利息收入，在计算应纳税所得额时，按 90% 计入收入总额。

这里所称农户，是指长期（一年以上）居住在乡镇（不包括城关镇）行政管理区域内的住户，还包括长期居住在城关镇所辖行政村范围内的住户和户口不在本地而在本地居住一年以上的住户，国有农场的职工和农村个体工商户。位于乡镇（不包括城关镇）行政管理区域内和在城关镇所辖行政村范围内的国有经济的机关、团体、学校、企事业单位的集体户；有本地户口，但举家外出谋生一年以上的住户，无论是否保留承包耕地均不属于农户。农户以户为统计单位，既可以从事农业生产经营，也可以从事非农业生产经营。农户贷款的判定应以贷款发放时的承贷主体是否属于农户为准。这里所称小额贷款，是指单笔且该农户贷款余额总额在 10 万元（含本数）以下的贷款。

二十八、耕地占用税暂行条例规定哪些情形可以减免耕地占用税的税额

2007 年 12 月 1 日，国务院发布《中华人民共和国耕地占用税暂行条例》（国务院令第 511 号）第八条规定，下列情形免征耕地占用税：（1）军事设施占用耕地；（2）学校、幼儿园、养老院、医院占用耕地。第九条则规定，铁路线路、公路线路、飞机场跑道、停机坪、港口、航道占用耕地，减按每平方米 2 元的税额征收耕地占用税。《耕地占用税暂行条例》规定根据实际需要，国务院财政、税务主管部门商国务院有关部门并报国务院批准后，可以对前款规定的情形免征或者减征耕地占用税。

《中华人民共和国耕地占用税暂行条例》第十条规定：农村居民占用耕地新建住宅，按照当地适用税额减半征收耕地占用税。农村烈士家属、残疾军人、鳏寡孤独以及革命老根据地、少数民族聚居区和边远贫困山区生活困难的农村居民，在规定用地标准以内新建住宅缴纳耕地占用税确有困难的，经所在地乡（镇）人民政府审核，报经县级人民政府批准后，可以免征或者减征耕地占用税。

免征或者减征耕地占用税后，纳税人改变原占地用途，不

再属于免征或者减征耕地占用税情形的，应当按照当地适用税额补缴耕地占用税。

土地管理部门在通知单位或者个人办理占用耕地手续时，应当同时通知耕地所在地同级地方税务机关。获准占用耕地的单位或者个人应当在收到土地管理部门的通知之日起 30 日内缴纳耕地占用税。土地管理部门凭耕地占用税完税凭证或者免税凭证和其他有关文件发放建设用地批准书。纳税人临时占用耕地，应当依照本条例的规定缴纳耕地占用税。纳税人在批准临时占用耕地的期限内恢复所占用耕地原状的，全额退还已经缴纳的耕地占用税。

占用林地、牧草地、农田水利用地、养殖水面以及渔业水域滩涂等其他农用地建房或者从事非农业建设的，比照相关规定征收耕地占用税。建设直接为农业生产服务的生产设施占用前款规定的农用地的，不征收耕地占用税。

条例自 2008 年 1 月 1 日起施行。1987 年 4 月 1 日国务院发布的《中华人民共和国耕地占用税暂行条例》同时废止。

二十九、免征增值税部分饲料产品的范围及其取消审批程序后后续管理的规定

2001 年 7 月 12 日，根据国务院关于部分饲料产品继续免征增值税的批示，财政部和国家税务总局发布的《财政部、国家税务总局关于饲料产品免征增值税问题的通知》（财税〔2001〕121 号）中规定自 2001 年 8 月 1 日起，免税饲料产品范围及国内环节饲料免征增值税的管理办法明确如下：

（1）免税饲料产品范围：

①单一大宗饲料。指以一种动物、植物、微生物或矿物质为来源的产品或其副产品。其范围仅限于糠麸、酒糟、鱼粉、草饲料、饲料级磷酸氢钙及除豆粕以外的菜子粕、棉子粕、向日葵粕、花生粕等粕类产品。

②混合饲料。指由两种以上单一大宗饲料、粮食、粮食副产品及饲料添加剂按照一定比例配置，其中单一大宗饲料、粮食及粮食副产品的掺兑比例不低于 95% 的饲料。

③配合饲料。指根据不同的饲养对象，饲养对象的不同生长发育阶段的营养需要，将多种饲料原料按饲料配方经工业生产后，形成的能满足饲养动物全部营养需要（除水分外）的

饲料。

④复合预混料。指能够按照国家有关饲料产品的标准要求量，全面提供动物饲养相应阶段所需微量元素（4种或以上）、维生素（8种或以上），由微量元素、维生素、氨基酸和非营养性添加剂中任何两类或两类以上的组分与载体或稀释剂按一定比例配置的均匀混合物。

⑤浓缩饲料。指由蛋白质、复合预混料及矿物质等按一定比例配制的均匀混合物。

（2）原有的饲料生产企业及新办的饲料生产企业，应凭省级税务机关认可的饲料质量检测机构出具的饲料产品合格证明，向所在地主管税务机关提出免税申请，经省级国家税务局审核批准后，由企业所在地主管税务机关办理免征增值税手续。饲料生产企业饲料产品需检测品种由省级税务机关根据本地区的具体情况确定。

2004年4月7日，国家税务总局发布的《国家税务总局关于取消饲料产品免征增值税审批程序后加强后续管理的通知》（国税函〔2004〕884号）中规定：根据《国务院关于第三批取消和调整行政审批项目的决定》（国发〔2004〕16号），《财政部、国家税务总局关于饲料产品免征增值税的通知》（财税〔2001〕121号）第二条有关饲料生产企业向所在地主管税务机关提出申请，经省级国家税务局审核批准后办理免税的规定予以取消。为了加强对免税饲料产品的后续管理，现将有关问题明确如下：①符合免税条件的饲料生产企业，取得有计量认证资质的饲料质量检测机构（名单由省级国家税务局确认）出具的饲料产品合格证明后即可按规定享受免征增值税优惠政策，并将饲料产品合格证明报其所在地主管税务机关备案。②饲料生产企业应于每月纳税申报期内将免税收入如实向其所在地主管税务机关申报。③主管税务机关应加强对饲料免税企业的监督检查，凡不符合免税条件的要及时纠正，依法征税。对采取弄虚作假手段骗取免税资格的，应依照《中华人民共和国税收征收管理法》及有关税收法律、法规的规定予以处罚。

三十、豆粕等粕类产品征免增值税政策的主要规定

2001 年 8 月 7 日，财政部、国家税务总局《财政部、国家税务总局关于豆粕等粕类产品征免增值税政策的通知》中，就饲料产品征免增值税问题通知如下：一是自 2000 年 6 月 1 日起，饲料产品分为征收增值税和免征增值税两类。二是进口和国内生产的饲料，一律执行同样的征税或免税政策。三是自 2000 年 6 月 1 日起，豆粕属于征收增值税的饲料产品，进口或国内生产豆粕，均按 13% 的税率征收增值税。其他粕类属于免税饲料产品，免征增值税，已征收入库的税款做退库处理。同时规定，自 2000 年 6 月 1 日起，《国家税务总局关于修改〈国家税务总局关于修订“饲料”注释及加强饲料征免增值税管理问题的通知〉的通知》（国税发〔2000〕93 号）第二条的规定停止执行。

三十一、农民专业合作社有关税收优惠政策的主要规定

2008 年 6 月 24 日，财政部和国家税务总局联合发文《财政部　国家税务总局关于农民专业合作社有关税收政策的通知》中规定：农民专业合作社有关税收政策通知如下：对农民专业合作社销售本社成员生产的农业产品，视同农业生产者销售自产农业产品免征增值税；增值税一般纳税人从农民专业合作社购进的免税农业产品，可按 13% 的扣除率计算抵扣增值税进项税额；对农民专业合作社向本社成员销售的农膜、种子、种苗、化肥、农药、农机，免征增值税；对农民专业合作社与本社成员签订的农业产品和农业生产资料购销合同，免征印花税。

这里所称农民专业合作社，是指依照《中华人民共和国农民专业合作社法》规定设立和登记的农民专业合作社。

三十二、若干农业生产资料征免增值税政策的主要内容规定

2001年7月20日，财政部和国家税务总局联合发文《财政部、国家税务总局关于若干农业生产资料征免增值税政策的通知》（财税〔2001〕113号）中规定下列货物免征增值税：

（1）农膜。

（2）生产销售的除尿素以外的氮肥、除磷酸二铵以外的磷肥、钾肥以及以免税化肥为主要原料的复混肥（企业生产复混肥产品所用的免税化肥成本占原料中全部化肥成本的比重高于70%）。“复混肥”是指用化学方法或物理方法加工制成的氮、磷、钾三种养分中至少有两种养分标明量的肥料，包括仅用化学方法制成的复合肥和仅用物理方法制成的混配肥（也称掺合肥）。

（3）生产销售的阿维菌素、胺菊酯、百菌清、苯噻酰草胺、苄嘧磺隆、草除灵、吡虫啉、丙烯菊酯、哒螨灵、代森锰锌、稻瘟灵、敌百虫、丁草胺、啶虫脒、多抗霉素、二甲戊乐灵、二嗪磷、氟乐灵、高效氯氰菊酯、炔螨特、甲多丹、甲基硫菌灵、甲基异柳磷、甲（乙）基毒死蜱、甲（乙）基嘧啶磷、精恶唑禾草灵、精喹禾灵、井冈霉素、咪鲜胺、灭多威、

灭蝇胺、苜蓿银纹夜蛾核型多角体病毒、噻磺隆、三氟氯氰菊酯、三唑磷、三唑酮、杀虫单、杀虫双、顺式氯氰菊酯、涕灭威、烯唑醇、辛硫磷、辛酰溴苯腈、异丙甲草胺、乙阿合剂、乙草胺、乙酰甲胺磷、莠去津。

(4）批发和零售的种子、种苗、化肥、农药、农机。

对原征收增值税的尿素生产企业生产销售的尿素，实行增值税先征后退政策从 2001 年 1 月 1 日起执行；对原免征增值税的尿素生产企业生产销售的尿素，恢复征收增值税和实行先征后退政策以及对农业生产资料免征增值税政策，自 2001 年 8 月 1 日起执行。《关于延续若干增值税免税政策的通知》（财税明电〔2000〕6 号）第四条同时停止执行。

三十三、中共中央和国务院关于加强耕地保护和改进占补平衡的主要意见

耕地保护事关国家粮食安全、生态安全和社会稳定，党中央、国务院对这件事历来高度关心。党的十八大以来，习近平总书记等中央领导同志多次就耕地保护工作作出重要指示和批示，为做好新时期的耕地保护工作指明了方向、提供了遵循。根据中央有关工作安排，由国土资源部、农业部、中央农办三个部门研究制定进一步加强耕地保护和改进占补平衡的意见。2016 年 12 月 5 日，中央全面深化改革领导小组的第 30 次会议审议并通过了《中共中央　国务院关于加强耕地保护和改进占补平衡的意见》并于 2017 年 1 月 9 日印发。该《意见》在严格控制建设占用耕地方面提出了如下意见：

（1）加强土地规划管控和用途管制。充分发挥土地利用总体规划的整体管控作用，从严核定新增建设用地规模，优化建设用地布局，从严控制建设占用耕地特别是优质耕地。实行新增建设用地计划安排与土地节约集约利用水平、补充耕地能力挂钩，对建设用地存量规模较大、利用粗放、补充耕地能力不足的区域，适当调减新增建设用地计划。探索建立土地用途转用许可制，强化非农建设占用耕地的转用管控。

（2）严格永久基本农田划定和保护。全面完成永久基本农田划定，将永久基本农田划定作为土地利用总体规划的规定内容，在规划批准前先行核定并上图入库、落地到户，并与农村土地承包经营权确权登记相结合，将永久基本农田记载到农村土地承包经营权证书上。粮食生产功能区和重要农产品生产保护区范围内的耕地要优先划入永久基本农田，实行重点保护。永久基本农田一经划定，任何单位和个人不得擅自占用或改变用途。强化永久基本农田对各类建设布局的约束，各地区各有关部门在编制城乡建设、基础设施、生态建设等相关规划，推进多规合一过程中，应当与永久基本农田布局充分衔接，原则上不得突破永久基本农田边界。一般建设项目不得占用永久基本农田，重大建设项目选址确实难以避让永久基本农田的，在可行性研究阶段，必须对占用的必要性、合理性和补划方案的可行性进行严格论证，通过国土资源部用地预审；农用地转用和土地征收依法依规报国务院批准。严禁通过擅自调整县乡土地利用总体规划，规避占用永久基本农田的审批。

（3）以节约集约用地缓解建设占用耕地压力。实施建设用地总量和强度双控行动，逐级落实“十三五”时期建设用地总量和单位国内生产总值占用建设用地面积下降的目标任务。盘活利用存量建设用地，推进建设用地二级市场改革试点，促进城镇低效用地再开发，引导产能过剩行业和“僵尸企业”用地退出、转产和兼并重组。完善土地使用标准体系，规范建设项目节地评价，推广应用节地技术和节地模式，强化节约集约用地目标考核和约束，推动有条件的地区实现建设用地减量化或零增长，促进新增建设不占或尽量少占耕地。

《中共中央　国务院关于加强耕地保护和改进占补平衡的

意见》在改进耕地占补平衡管理方面提出了如下意见：

(1) 严格落实耕地占补平衡责任。完善耕地占补平衡责任落实机制。非农建设占用耕地的，建设单位必须依法履行补充耕地义务，无法自行补充数量、质量相当耕地的，应当按规定足额缴纳耕地开垦费。地方各级政府负责组织实施土地整治，通过土地整理、复垦、开发等推进高标准农田建设，增加耕地数量、提升耕地质量，以县域自行平衡为主、省域内调剂为辅、国家适度统筹为补充，落实补充耕地任务。各省（自治区、直辖市）政府要依据土地整治新增耕地平均成本和占用耕地质量状况等，制定差别化的耕地开垦费标准。对经依法批准占用永久基本农田的，缴费标准按照当地耕地开垦费最高标准的两倍执行。

(2) 大力实施土地整治，落实补充耕地任务。各省（自治区、直辖市）政府负责统筹落实本地区年度补充耕地任务，确保省域内建设占用耕地及时保质保量补充到位。拓展补充耕地途径，统筹实施土地整治、高标准农田建设、城乡建设用地增减挂钩、历史遗留工矿废弃地复垦等，新增耕地经核定后可用于落实补充耕地任务。在严格保护生态前提下，科学划定宜耕土地后备资源范围，禁止开垦严重沙化土地，禁止在25度以上陡坡开垦耕地，禁止违规毁林开垦耕地。鼓励地方统筹使用相关资金实施土地整治和高标准农田建设。充分发挥财政资金作用，鼓励采取政府和社会资本合作（PPP）模式、以奖代补等方式，引导农村集体经济组织、农民和新型农业经营主体等，根据土地整治规划投资或参与土地整治项目，多渠道落实补充耕地任务。

(3) 规范省域内补充耕地指标调剂管理。县（市、区）

政府无法在本行政辖区内实现耕地占补平衡的，可在市域内相邻的县（市、区）调剂补充，仍无法实现耕地占补平衡的，可在省域内资源条件相似的地区调剂补充。各省（自治区、直辖市）要规范补充耕地指标调剂管理，完善价格形成机制，综合考虑补充耕地成本、资源保护补偿和管护费用等因素，制定调剂指导价格。

（4）探索补充耕地国家统筹。根据各地资源环境承载状况、耕地后备资源条件、土地整治新增耕地潜力等，分类实施补充耕地国家统筹。耕地后备资源严重匮乏的直辖市，新增建设占用耕地后，新开垦耕地数量不足以补充所占耕地数量的，可向国务院申请国家统筹；资源环境条件严重约束、补充耕地能力严重不足的省份，对由于实施国家重大建设项目造成的补充耕地缺口，可向国务院申请国家统筹。经国务院批准后，有关省份按规定标准向中央财政缴纳跨省补充耕地资金，中央财政统筹安排落实国家统筹补充耕地任务所需经费，在耕地后备资源丰富省份落实补充耕地任务。跨省补充耕地资金收取标准综合考虑补充耕地成本、资源保护补偿、管护费用及区域差异等因素确定，具体办法由财政部会同国土资源部另行制定。

（5）严格补充耕地检查验收。市县政府要加强对土地整治和高标准农田建设项目的全程管理，规范项目规划设计，强化项目日常监管和施工监理。做好项目竣工验收，严格新增耕地数量认定，依据相关技术规程评定新增耕地质量。经验收合格的新增耕地，应当及时在年度土地利用变更调查中进行地类变更。省级政府要做好对市县补充耕地的检查复核，确保数量质量到位。

《中共中央　国务院关于加强耕地保护和改进占补平衡的

意见》在推进耕地质量提升和保护方面提出了如下意见：

（1）大规模建设高标准农田。各省（自治区、直辖市）要根据全国高标准农田建设总体规划和全国土地整治规划的安排，逐级分解高标准农田建设任务，统一建设标准、统一上图入库、统一监管考核。建立政府主导、社会参与的工作机制，以财政资金引导社会资本参与高标准农田建设，充分调动各方积极性。加强高标准农田后期管护，按照谁使用、谁管护和谁受益、谁负责的原则，落实高标准农田基础设施管护责任。高标准农田建设情况要统一纳入国土资源遥感监测“一张图”和综合监管平台，实行在线监管，统一评估考核。

（2）实施耕地质量保护与提升行动。全面推进建设占用耕地耕作层剥离再利用，市县政府要切实督促建设单位落实责任，将相关费用列入建设项目投资预算，提高补充耕地质量。将中低质量的耕地纳入高标准农田建设范围，实施提质改造，在确保补充耕地数量的同时，提高耕地质量，严格落实占补平衡、占优补优。加强新增耕地后期培肥改良，综合采取工程、生物、农艺等措施，开展退化耕地综合治理、污染耕地阻控修复等，加速土壤熟化提质，实施测土配方施肥，强化土壤肥力保护，有效提高耕地产能。

（3）统筹推进耕地休养生息。对25度以上坡耕地、严重沙化耕地、重要水源地15～25度坡耕地、严重污染耕地等有序开展退耕还林还草，不得将确需退耕还林还草的耕地划为永久基本农田，不得将已退耕还林还草的土地纳入土地整治项目，不得擅自将永久基本农田、土地整治新增耕地和坡改梯耕地纳入退耕范围。积极稳妥推进耕地轮作休耕试点，加强轮作休耕耕地管理，不得减少或破坏耕地，不得改变耕地地类，不得削弱农业综合生产能力；加大轮作休耕耕地保护和改造力度，优先纳入高标准农田建设范围。因地制宜实行免耕少耕、深松浅翻、深施肥料、粮豆轮作套作的保护性耕作制度，提高土壤有机质含量，平衡土壤养分，实现用地与养地结合，多措并举保护提升耕地产能。

（4）加强耕地质量调查评价与监测。建立健全耕地质量和耕地产能评价制度，完善评价指标体系和评价方法，定期对全国耕地质量和耕地产能水平进行全面评价并发布评价结果。完善土地调查监测体系和耕地质量监测网络，开展耕地质量年度监测成果更新。

《中共中央　国务院关于加强耕地保护和改进占补平衡的意见》在健全耕地保护补偿机制方面提出了如下意见：

（1）加强对耕地保护责任主体的补偿激励。积极推进中央和地方各级涉农资金整合，综合考虑耕地保护面积、耕地质量状况、粮食播种面积、粮食产量和粮食商品率，以及耕地保护任务量等因素，统筹安排资金，按照谁保护、谁受益的原则，加大耕地保护补偿力度。鼓励地方统筹安排财政资金，对承担耕地保护任务的农村集体经济组织和农户给予奖补。奖补资金发放要与耕地保护责任落实情况挂钩，主要用于农田基础设施后期管护与修缮、地力培育、耕地保护管理等。

（2）实行跨地区补充耕地的利益调节。在生态条件允许的前提下，支持耕地后备资源丰富的国家重点扶贫地区有序推进土地整治增加耕地，补充耕地指标可对口向省域内经济发达地区调剂，补充耕地指标调剂收益由县级政府通过预算安排用于耕地保护、农业生产和农村经济社会发展。省（自治区、直辖市）政府统筹耕地保护和区域协调发展，支持占用耕地地区在支付补充耕地指标调剂费用基础上，通过实施产业转移、支持基础设施建设等多种方式，对口扶持补充耕地地区，调动补充耕地地区保护耕地的积极性。

《中共中央　国务院关于加强耕地保护和改进占补平衡的意见》在强化保障措施和监管考核方面提出了如下意见：

(1) 加强组织领导。各地区各有关部门要按照本意见精神，抓紧研究制定贯彻落实具体方案，强化耕地保护工作责任和保障措施。建立党委领导、政府负责、部门协同、公众参与、上下联动的共同责任机制，地方各级党委和政府要树立保护耕地的强烈意识，切实担负起主体责任，采取积极有效措施，严格源头控制，强化过程监管，确保本行政区域内耕地保护责任目标全面落实；地方各级政府主要负责人要承担起耕地保护第一责任人的责任，组织相关部门按照职责分工履职尽责，充分调动农村集体经济组织、农民和新型农业经营主体保护耕地的积极性，形成保护耕地合力。

(2) 严格监督检查。完善国土资源遥感监测“一张图”和综合监管平台，扩大全天候遥感监测范围，对永久基本农田实行动态监测，加强对土地整治过程中的生态环境保护，强化耕地保护全流程监管。加强耕地保护信息化建设，建立耕地保护数据与信息部门共享机制。健全土地执法联动协作机制，严肃查处土地违法违规行为。国家土地督察机构要加强对省级政府实施土地利用总体规划、履行耕地保护目标责任、健全耕地保护制度等情况的监督检查。

(3) 完善责任目标考核制度。完善省级政府耕地保护责任目标考核办法，全面检查和考核耕地与永久基本农田保护情况、高标准农田建设任务完成情况、补充耕地任务完成情况、耕地占补平衡落实情况等。经国务院批准，国土资源部会同农业部、国家统计局等有关部门下达省级政府耕地保护责任目标，作为考核依据。各省级政府要层层分解耕地保护任务，落实耕地保护责任目标，完善考核制度和奖惩机制。耕地保护责任目标考核结果作为领导干部实绩考核、生态文明建设目标评价考核的重要内容。探索编制土地资源资产负债表，完善耕地保护责任考核体系。实行耕地保护党政同责，对履职不力、监管不严、失职渎职的，依纪依规追究党政领导责任。

三十四、农村宅基地征收补偿的相关政策规定

宅基地是农村的村民用作住宅基地而占有、利用本集体所有的土地。包括建了房屋、建过房屋或者决定用于建造房屋的土地，建了房屋的土地、建过房屋但已无上盖物或不能居住的土地以及准备建房用的规划地三种类型。宅基地的所有权属于集体所有。宅基地使用权不得单独转让，有下列转让情况，应认定无效：城镇居民购买；法人或其他组织购买；转让人未经集体组织批准；向集体组织成员以外的人转让；受让人已有住房，不符合宅基地分配条件。农村村民符合下列条件之一的，可以申请宅基地：因子女结婚等原因确需分户，缺少宅基地的；外来人口落户，成为本集体经济组织成员，没有宅基地的；因发生或者防御自然灾害、实施村庄和集镇规划以及进行乡（镇）村公共设施和公益事业建设，需要搬迁的。农村村民有下列情形之一的，不予批准使用宅基地：年龄未满十八岁的；原有宅基地的面积已经达到规定标准或者能够解决分户需要的；出卖或者出租村内住房的。

1. 对农村宅基地标准的理解

《农村宅基地管理办法》规定：农村村民一户只能拥有一

处宅基地，宅基地面积标准（包括附属用房、庭院用地），使用耕地最高不得超过125平方米；使用其他土地最高不得超过140平方米；山区有条件利用荒地、荒坡的，最高不得超过160平方米。宅基地的用地面积限额为：三人及三人以下的农户75m^2以内，四人的农户100m^2以内，五人的农户110m^2以内，六人及六人以上的农户125m^2以内。使用非耕地的，每档最高可增加15m^2；山区有条件利用荒坡、荒山建房的，每档最高可增加35m^2。实施旧村改造、下山移民拆除面积超出用地限额20 m^2以上的，可放宽一个档次的用地限额。需要说明的是，建房人口计算以本户农村常住户口为准。已领取独生子女证的，可增加一人计算建房人口；现役军人（不含军官）、在校大中专学生、服刑人员可计算建房人口。城镇居民的配偶是农村户口，又没有享受房改政策的，经其所在单位核实并出具证明，可在其配偶申请建房时计入建房人口；违反计划生育政策规定未依法接受处理的，不计算建房人口。

宅基地面积计算：建筑物和构筑物以墙外包为界，接拼的以墙中或柱中为界；挑出的阳台和楼梯等以突出部分垂直投影计算占地面积，但底层不得构筑；由二户或二户以上使用同一宗土地的，用地面积按房屋产权的建筑面积与总面积的比例分摊；弄堂用地，使用楼上的农户分摊面积为一半，其余为共用面积；通过购买商品房和以公开有偿出让方式取得国有土地使用权或集体土地有偿流转取得的集体土地使用权不计入宅基地面积。符合立户条件的子女在申请宅基地计算限额时，父母除留足合理限额外，超过部分应合理计算到子女户。现有宅基地面积超限额的农户，在按规划申请旧房拆建、迁建时，应核减超限额部分。

2. 农村宅基地征收补偿方式

征收补偿是指房屋征收部门自身或者委托房屋征收实施单位依照我国集体土地和国有土地房屋征收补偿标准的规定，在征收国家集体土地上单位、个人的房屋时，对被征收房屋所有权人给予公平补偿。村民在遇到宅基地征收的时候，按照目前国家相关政策的规定会有两种补偿：一是宅基地补偿，二是房屋补偿。由于宅基地的产权属于村集体，因而宅基地补偿归村集体所有，不会直接给宅基地使用人。而房屋的产权属于村民私有，因此房屋补偿归村民所有。村民的宅基地被征收后，如果没有其他宅基地，那么村集体要给村民重新分配宅基地，让村民在新的宅基地上建房子。房屋征收补偿应当遵循决策民主、程序正当、结果公开的原则。市、县级人民政府负责本行政区域的房屋征收补偿工作。征收补偿根据房屋用途可以分为住宅房屋征收补偿和非住宅房屋征收补偿两种。房屋用途取决于两个方面：一是土地的用途，它决定了房屋用途的走向；二是规划设计的用途，它决定了房屋用途的内容。“住宅”是专供居住的房屋，“商业服务用房”是从事商业和为居民生活服务所用的房屋，二者是两种完全不同用途的房屋。正是房屋的用途区别，其在设计规划上和建筑结构上还有价值产生上都有所不同，因此征收补偿也有所不同，遂分开处理。

房屋征收补偿方式有货币补偿和产权置换两种。货币补偿是通过不同的法定依据由专业的评估机构对被征收房屋进行专业的估价，生成有据可循的多元组成的补偿金额。目前主要有三种法定评估依据：（1）市场评估价是指被征收房屋的房地产市场价格，是由符合规定的专业估价机构，根据估价目的，遵循估价原则，按照估价程序，选用适宜的估价方法，并在综合分析影响房地产价格因素的基础上，对房地产在估价时点的客观合理价格或价值进行估算和判定。（2）商品房交易均价是指同区域同类型普通住宅商品房交易平均价格，由相关部门每季度定期汇总测定并公布。（3）重置价是指由估价机构采用估价时点的建筑材料和建筑技术，按估价时点的价格水平，判定出重新建造与估价对象具有同等功能效用的全新状态的建筑物的正常价格。房屋征收补偿方式中的产权置换也被称作产权调换，根据评估方法不同，有两种置换方式。价值标准产权置换指的是依照法定程序，通过对被征收人房屋的产权价值进行评估，之后再以新建房屋的产权予以价值的等价置换。面积标准产权置换指的是以房屋建筑面积为基础，在应安置面积内不结算差价的异地产权房屋调换。产权置换分为两种形式：（1）异地安置是指由于开发商项目不涉及住宅或由于该地块容积率原因，不能进行回迁安置，只能选择在其他地块上新建安置房，再通过产权的增减尽量以等价价值做到产权置换。（2）回迁安置是指开发商征收重建项目能够完成回迁安置，通过产权置换比例完成回迁安置。

对被征收房屋价值的补偿，不得低于房屋征收决定公告之日被征收房屋类似房地产的市场价格。被征收房屋的价值，由具有相应资质的房地产价格评估机构按照房屋征收评估办法评估确定。对评估确定的被征收房屋价值有异议的，可以向房地产价格评估机构申请复核评估。对复核结果有异议的，可以向房地产价格评估专家委员会申请鉴定。房地产价格评估机构由被征收人协商选定；协商不成的，通过多数决定、随机选定等方式确定，具体办法由省、自治区、直辖市制定。房地产价格评估机构应当独立、客观、公正地开展房屋征收评估工作，任何单位和个人不得干预。

在征收过程中，被征收人与征收人就补偿事宜进行协商所依据的就是宅基地及其上面房屋价值的评估结果，而如果被征收人与征收人在征收决定规定的期限内没有就补偿和安置签约，那么征收人就会对被征收人做出征收补偿决定。被征收人对补偿决定中的内容仍不服而提起行政诉讼的，就涉及对做出该补偿决定是否合法进行审查。而审查征收补偿决定首先要审查评估程序是否合法，这是因为评估程序对补偿决定合法性有决定性影响。影响评估程序合法性的因素包括以下五个方面：第一，征收办是否确定房地产评估公司名录并公布。根据住建部《评估办法》的规定，征收办应当先发布选择评估公司的通知，评估公司向征收办提出申请，征收办将审核通过的评估公司在征收范围内张贴供被征收人选择。所以被征收人看到的仅是张贴公示的评估机构名单，对评估机构是否真正报名并不知情。第二，评估公司是否由被征收人选定。征收条例规定由被征收人协商选定评估公司，协商不成的由征收办组织公开摇号确定。但是多数被征收人仅关心自家的补偿，对选择评估公司的过程并不关注。第三，征收办与评估公司签定评估委托合同。选定评估机构后，征收办与评估公司签定委托合同并向评估公司出具委托书。这些材料在正常的程序中无法得到，不过在对征收补偿决定提起行政诉讼后，征收办应当将相关证据材料提交给法院进行审查。第四，评估公司是否按委托合同确定的期限提交评估报告。评估公司提交评估报告前，征收办及评估公司应当分别依法开展相关工作，大致包括以下几方面：一是征收办或征收办委托的其他实施单位对征收范围内的房屋进行调查登记，将调查结果应当向被征收人公布，同时将调查结果提供给评估公司，包括已登记房屋和未经登记房屋及其他建筑物的情况。二是评估公司应当指派房地产估价师，和征收办工作人员一起对被征收房屋进行实地调查，并在调查结果上签字。三是评估公司先将分户的初步评估结果提交给征收办，征收办将评估结果在征收范围内公示。公示期满后，评估公司向征收办提交整体房屋评估报告及分户评估报告。征收办应当将评估报告转交给被征收人。事实上很多被征收人对入户测量及评估公司的作业过程并不关注，即使对评估报告不满也提不出有价值异议。第五，被征收人收到评估结果后，如果对评估结果确定的房屋价值有异议，可以向做出评估的评估公司申请复核评估，对复核评估仍不服的，可以向评估专家委员会申请鉴定，不过，专家委员会仅对评估报告的技术问题进行鉴定，不处理其他事项，所以被征收人应该有针对性地提出异议。评估专家委员会复核、鉴定结论送达给被征收人后，被征收人仍有异议的，就会按达不成补偿协议的方式处理。

3. 农村宅基地征收补偿计算

农村宅基地征收补偿，包括土地补偿、被征地农民的安置补助与社会保障费用、农民村民住宅补偿、以及其他地上附着物补偿和青苗补偿。征收补偿基本计算方法，会因各地的生活水平和征收政策均有不同，所以房产评估会有点出入。

（1）征用耕地的土地补偿费，为该耕地被征用前三年平均年产值的六至十倍。土地补偿费的计算公式如下：

土地补偿费 = 前三年平均年产值 × 补偿倍数（6 < 补偿倍数 < 10）

(2) 对于征用耕地的安置补助费，按照需要安置的农业人口数计算。需要安置的农业人口数，按照被征用的耕地数量除以征地前被征用单位平均每人占有耕地的数量计算。每一个需要安置的农业人口的安置补助费标准，为该耕地被征用前三年平均年产值的四至六倍。但是，每公顷被征用耕地的安置补助费，最高不得超过被征用前三年平均年产值的十五倍。征地安置费的计算公式如下：

(被征用地块需安置人数×补偿倍数) >15 时：

总安置费=该被征地块前三年平均年产值×15

(被征用地块需安置人数×补偿倍数) <15 时：

总安置费=该被征地块前三年平均年产值×补偿倍数×被征地块需安置人数

(3) 在住房保障方面，将对城市规划区内的被征地农民提供该国有土地上的房屋，无法提供的按照市场价给予货币补偿；城市规划区外则安排宅基地重建住房并按照新建房屋成本给予补偿。

(4) 房屋拆迁补偿价由宅基地区位补偿价、被拆迁房屋重置成新价构成。计算公式如下：

房屋拆迁补偿=宅基地区位补偿价×宅基地面积+被拆迁房屋重置成新价

宅基地区位补偿价参照当地普通住宅指导价，由区县人民政府参照一定时间、一定区域内普通商品房住宅均价、城市规划等综合确定。拆迁中认定的宅基地面积应经合法批准、且不能超过控制标准。房屋重置成新均价是指一定时间、一定区域内的被拆迁宅基地房屋重置成新平均价，具体标准由区县政府按照前述区域内农村房屋建设情况在400~700元/平方米幅度内确定。户均安置面积，按照 100 ~ 150 平方米控制，具体标准由区县政府根据当地农村经济水平、农民居住情况确定。

（5）地上附属物和青苗补助的计算公式如下：

地上附属物和青苗补助费补偿的计算标准 = 省、自治区、直辖市规定（一般按市场价格进行补偿）

4. 村民房屋征收补偿相关政策规定

被征收人以合法有效的房地产权证、农村宅基地使用证或者建房批准文件计户，征收补偿安置按户进行。被拆房用途和面积以房地产权证、农村宅基地使用证或者建房批准文件的记载为准。征用土地公告时，被征收人已取得建房批准文件且新房已建造完毕的，对新房予以补偿，对应当拆除而未拆除的旧房不予补偿。征用土地公告时，被征收人已取得建房批准文件但新房尚未建造完毕的，被征收人应当立即停止建房，具体补偿金额可以由征收当事人协商议定。拆除未超过批准期限的临时建筑，可以给予适当补偿。违章建筑、超过批准期限的临时建筑，以及征用土地公告后擅自进行房屋及其附属物新建、改建、扩建的部分，均不予补偿。既没有被认定为违法建筑又没建设手续的房屋属于未登记房屋，未经登记的房屋处于合法性不明确状态，所以有权机关会依法对房屋调查、认定和处理，行政机关不能对处理程序中的房屋随意拆除。

（1）征地征收居住房屋，被征地的村或者村民小组建制撤销的，被征收人可以选择货币补偿，也可以选择与货币补偿金额同等价值的产权房屋调换。其货币补偿金额计算公式是：（被拆除房屋建安重置单价结合成新 + 同区域新建多层商品住房每平方米建筑面积的土地使用权基价 + 价格补贴）×被拆除房屋的建筑面积。

房屋建安重置价（房屋重置价格）是指采用估价时点的建筑材料和建筑技术，按估价时点的价格水平，重新建造与被拆除房屋具有同等功能效用的全新状态的房屋的正常价格。征收房屋的评估价格不包括房屋的装饰价值。简单说，建造同样的房屋需要多少钱再算上折旧率。被拆除房屋建安重置单价结合成新，由建设单位委托具有市房地资源局核准的房屋征收评估资格的房地产估价机构评估；同区域新建多层商品住房每平方米建筑面积的土地使用权基价及价格补贴标准，由被拆除房屋所在地的区（县）人民政府制定并公布。

（2）征地征收居住房屋，被征地的村或者村民小组建制不撤销的，应当按下列规定对未转为城镇户籍的被征收人予以补偿安置：具备易地建房条件的区域，被征收人可以在乡（镇）土地利用总体规划确定的中心村或居民点范围内申请宅基地新建住房，并获得相应的货币补偿；货币补偿金额计算公式是：（被拆除房屋建安重置单价结合成新 + 价格补贴）×被拆除房屋的建筑面积；被征收人使用新宅基地所需的费用，由建设单位支付给被征地的村或者村民小组。不具备易地建房条件的区域，可以选择货币补偿，也可以选择与货币补偿金额同等价值的产权房屋调换。被征收人不得再申请宅基地新建住房。被征收人申请宅基地新建房屋的审批程序，按照国家和本地区农村住房建设的有关规定执行。

（3）征收居住房屋，还应当补偿征收人搬家补助费、设备迁移费、过渡期内的临时安置补助费，并自过渡期逾期之日起增加临时安置补助费。拆除居住房屋附属的棚舍以及其他地上构筑物的补偿，按照本地区有关国家建设征地的财物补偿标准执行。

(4) 征地农业人口安置补助费、青苗补偿费和土地补偿费，按照国家和本地区有关规定执行。

(5) 征收非居住房屋实行货币补偿。拆除农村集体经济组织以土地使用权入股、联营等形式与其他单位、个人共同举办的企业所有的非居住房屋，被征收人的货币补偿金额计算公式是：被拆除房屋的建安重置价 + 相应的土地使用权取得费用。其中规定的被拆除房屋的建安重置价、相应的土地使用权取得费用，由建设单位委托具有市房地资源局核准的房屋征收估价资格的房地产估价机构评估。

被征收人下列费用同样应当补偿：按国家和本市规定的货物运输价格、设备安装价格计算的设备搬迁和安装费用；无法恢复使用的设备按重置价结合成新结算的费用；因征收造成停产、停业的适当补偿。

(6) 实施房屋征收应当先补偿、后搬迁。作出房屋征收决定的市、县级人民政府对被征收人给予补偿后，被征收人应当在补偿协议约定或者补偿决定确定的搬迁期限内完成搬迁。任何单位和个人不得采取暴力、威胁或者违反规定中断供水、供热、供气、供电和道路通行等非法方式迫使被征收人搬迁。禁止建设单位参与搬迁活动。房屋征收决定的市、县级人民政府对被征收人给予的补偿包括：被征收房屋价值的补偿；因征收房屋造成的搬迁、临时安置的补偿；因征收房屋造成的停产停业损失的补偿。对于家庭较困难的被征收人还可以优先被安排享受保障房的权利。被征收人在法定期限内不申请行政复议或者不提起行政诉讼，在补偿规定的期限内又不搬迁的，作出房屋征收决定的市、县级人民政府依法申请人民法院强制执行。强制执行申请书应当附具体补偿金额和专户存储账号、产权调换房屋和周转用房的地面和面积材料。

(7) 征收集体土地上的非住宅房屋的征收，符合下列条件之一的，按该房屋重置价结合成新给予补偿，其设施、设备按市场评估给予搬迁补助：已取得土地房屋权证的；已取得本地区土地管理部门核发的乡村企事业用地许可证；已取得本地区土地管理部门核发的乡镇企业用地批文、红线图及规划管理部门核发的建设许可证。以上未注明建筑面积的，按不高于规定容积率的实际建筑面积计算；容积率超过规定的部分，一律不予补助。征收集体土地上无合法批建手续的非住宅房屋的征收，不予补偿。但在规定年限前有相应手续的，并已建造的，在规定搬迁期限内自行搬迁的，可按规定标准给予搬迁补助(含设施、设备、生产资料等的搬迁)。对采用不法手段骗取补偿或补助的当事人，要追回非法所得，并依法追究法律责任。

(8) 征地公告时，已取得建房批准文件且新房已建造完毕的，对新房予以补偿，对应当拆除而未拆除的旧房应予补偿，个人的物权任何人不能侵犯。征地公告时，已取得建房批准文件但新房尚未建造完毕的，应当立即停止建房，具体补偿金额可以协商议定；拆除未超过批准期限的临时建筑，可以给予适当补偿；市、县级人民政府作出房屋征收决定前，应当组织有关部门依法对征收范围内未经登记的建筑进行调查、认定和处理。对认定为合法建筑和未超过批准期限的临时建筑的，应当给予补偿；对认定为违法建筑和超过批准期限的临时建筑的，不予补偿。同一征收范围内，既有国有土地、又有集体土地的，国有土地范围内的征收房屋补偿安置按城市房屋征收管理规定执行；被征集体土地范围内的房屋征收补偿安置按集体所有土地房屋征收补偿安置的规定执行，按照1:1的产权置换。

（9）房屋征收部门与被征收人应当依照相关政策规定就补偿方式、补偿金额和支付期限、用于产权调换房屋的地点和面积、搬迁费、临时安置费或者周转用房、停产停业损失、搬迁期限、过渡方式和过渡期限等事项，订立补偿协议。补偿协议订立后，一方当事人不履行补偿协议约定的义务的，另一方当事人可以依法提起诉讼。房屋征收部门与被征收人在征收补偿方案确定的签约期限内达不成补偿协议，或者被征收房屋所有权人不明确的，由房屋征收部门报请作出房屋征收决定的市、县级人民政府依照规定，按照征收补偿方案作出补偿决定，并在房屋征收范围内予以公告。被征收人对补偿决定不服的，可以依法申请行政复议，也可以依法提起行政诉讼。被征收人在法定期限内不申请行政复议或者不提起行政诉讼，在补偿决定规定的期限内又不搬迁的，由作出房屋征收决定的市、县级人民政府依法申请人民法院强制执行。房屋征收部门应当依法建立房屋征收补偿档案，并将分户补偿情况在房屋征收范围内向被征收人公布。

5. 农村征地补偿费用相关政策规定

（1）征地补偿费用按土地补偿费、安置补助费、青苗和地上附着物补偿费、水利设施摊销费等费用计算综合补偿，并实行包干，不对青苗及地上物等进行清点计费。征地补偿费用必须专款用于征地补偿安置，不得挪作他用。土地应按照规定进行分类并公布补偿标准。集体建设用地，按规定标准执行。

（2）对于土地补偿费发放，凡村民代表大会已做出决定，且符合法律规定的，按决定执行；村民代表大会未做出决定的，应将土地补偿费的大部分（含办理养老保险费用）发放给被征地村民或股份量化到个人；余下的补偿费，主要用于公益事业和发展村集体经济，具体使用由村民代表大会决定。

（3）征收集体土地住宅房屋的征收，可以实行产权调换、货币补偿，或产权调换与货币补偿相结合；特殊情况下，在规划保留村，经区人民政府报市人民政府批准，在统一规划的前提下，也可以采用批宅基地自建的补偿方式。部分实行货币补偿的，其货币补偿面积不得超过被征收住宅面积减去安置房面积的余额。

（4）征收集体土地住宅经批准采用批宅基地自建的，被征收住宅按重置价结合成新予以补偿。持有合法批建手续，但在征地征收通告之前未建成的部分，实行产权调换时应补交该类区砖混结构住宅重置价；实行货币补偿的，应扣减该类区砖混结构住宅重置价。转让或赠与集体土地住宅房屋的，其转让或赠与的建筑面积应计入转让方或赠与方的人均住房面积。产权清晰的共有住宅（含祖房），产权面积应按各自份额合并计算。同一村庄已被征收安置住宅面积应合并计算。

（5）具有合法批建手续的住宅房屋，装修补偿实行包干补偿。凡及时办理农村土地房屋权证的，房屋被征收时，应给予一定数额的奖励。人均合法产权面积，以被征收人在本行政村范围内，具有常住户口且实际居住的家庭成员为依据，属“一户多宅”的，已批合法面积合并计算，属“多户一宅”的，其人口合并计算。征收无合法批建手续的房屋，不予补偿。但对规定年限之前所建的房屋，凡被征收人在规定的搬迁期限内自行搬迁的，可根据情况适当给予补助、奖励。之后建造的无合法批建手续的住宅和非住宅建筑，一律强行拆除，不给予任何补助，并按相关规定进行处罚。

(6) 被征收户人口的认定：符合计划生育出生、婚嫁、在校大中专生、现役士官和义务兵、劳教释放人员等正常入户，应计入被征收户人口。宅基地申请表中记载的户口及新增人口应合并计算。有下列情形之一的，不得计入被征收户(人)口：已被征收安置的户（人）口；本地区取消农业户口后迁入的户（人）口。党政机关及国有企事业单位在编人员(含离退休)、现役军官；空挂户口；超计划生育人口；非集体经济组织成员。

(7) 被征地的村或者村民小组建制撤销的补偿安置可以选择货币补偿，也可以选择与货币补偿金额同等价值的产权房屋调换（即被征收人的房屋进行调换）。货币补偿金额计算公式是：(被拆除房屋建安重置单价结合成新 + 同区域新建多层商品住房每平方米建筑面积的土地使用权基价 + 价格补贴) × 被拆除房屋的建筑面积。被拆除房屋评估如选用重置法的，按重置单价结合成新，由征地单位委托具有房屋征收评估资格的房地产估价机构评估；同区域新建多层商品住房每平方米建筑面积的土地使用权基价及价格补贴标准，由被拆除房屋所在地的市、县人民政府根据土地市场的实际情况制定并公布。

(8) 被征地的村或者村民小组建制不撤销的补偿安置：对未转为城镇户籍的被征收人应当按下列规定予以补偿安置：具备易地建房条件的区域，可以在乡（镇）土地利用总体规划确定的中心村或居民点范围内申请宅基地新建住房，并获得相应的货币补偿；货币补偿金额计算公式为：（被拆除房屋建安重置单价结合成新 + 价格补贴）×被拆除房屋的建筑面积；被征收人使用新宅基地所需的费用，由建设单位支付给被征地的村或者村民小组。被征收人申请宅基地新建房屋的审批程序，按照国家和当地农村住房建设的有关规定执行。不具备易地建房条件的区域，可以选择货币补偿，也可以选择与货币补偿金额同等价值的产权房屋调换。被征收人不得再申请宅基地新建住房。其原则应当是使被征收人的居住水平不因征收而降低。

三十五、农民购房补贴政策的主要内容

随着社会的发展，现在农村很多年轻人都在城里打工、生活，在城市上班时间久了，也在城市结婚生子后，农村的家很难再回去。年轻的新一代农民想要稳定的生活，那么在城市买房是迟早的事。为了加快推进城市化的进程，很多地方都推出了促进农民进城买房的优惠政策，给予进城买房的农民一定数额的补贴，鼓励农民在城市买房安家。

1. 享受购房补助农民的基本条件

（1）符合分户而未申请新的宅基地的农民。农村一些家庭子女众多，成年结婚后可以申请分户。在农村有一些农民已经成功申请了分户，但是由于各种原因暂时没有分到新的宅基地。这种情况下，农民如果主动承诺放弃申请新的宅基地而选择进城购房就可以享受基本的购房补贴。除基本购房补贴外，还有额外 2 万元的补贴。这些补贴可直接抵扣农民购房的首付款。如果农民进城购买首套住房，且购买住房的面积在 100 平方米（对面积的规定各个地方略有差异）以下的，买房人能享受到每平方米 800 元最高 8 万元的基本购房补贴。

（2）针对农村自愿退出宅基地的农民，购房补贴的标准有三个：一是按照宅基地的规划，搬迁后不划分新的宅基地，直接进城买房的每户补贴2万元；二是退出农村宅基地进城买房的农民可以获得宅基地有偿补助2万元左右，还可以享受免担保办理贷款手续，最高可贷款20万元，同时还可以享受政府贴息优惠；三是自愿退出宅基地进城买房的农民（农业户口第一次进城买楼），除了可以领取退出宅基地补偿外，还可以领取购房优惠补贴，相比其他购房者100平方米以内每平方米享受800元左右的优惠，按100平方米的房子计算，可以享受补贴8万元，或在指定楼盘享受购房总金额35%的补助。应该讲，长期闲置农村宅基地住房、举家在城镇生活的农民，这类村民是国家鼓励自愿退出宅基地的主体。自愿退出是“有偿”补助的。

（3）购买套房的农民。农民买房投资的可能性不大，基本上都是为了充当生活居所。只要具备农村户口，在当地购买首套商品房都有补贴，补贴方式目前有两种：一种是按照面积补贴，100平方米之内的，每平方米补贴最高800元，最高补贴8万元；第二种是按照当地政策直接补贴5万元。

（4）除了购买补贴外，农村居民还享受到煤改气补贴：在农村，很多家庭都是使用煤炉子，燃烧煤作为燃料。但煤燃烧会产生大量的粉尘和气体，污染环境和空气。采用清洁能源是未来发展的大方向，国家鼓励农民积极参与天然气入户改造，对于改造的费用会有一定的补贴，所花费的总费用按照比例报销，最高报销70%左右。

国家虽然鼓励农民进城买房落户，但是存在这些情况的农民朋友需要注意，进城买房之后将不能够在农村修建房屋。具体包括有：

（1）将宅基地出租、转让的农民。对于进城买房的农民朋友来说，农村的房屋大多都处于闲置状态，甚至一些农民常年在城市生活居住，根本就没有打理农村的房屋，所以许多农民进城买房后将农村的房屋出租、转让给他人，而在《土地管理法》第六十二条规定：农村存在出租、出卖房屋后，再申请宅基地不予批准，也就是说这部分农民朋友不能够在农村修建房屋。

（2）退出宅基地获得买房补贴的农民。目前为了鼓励农民进城买房，国家推出了一系列的优惠措施，不止购房贷款、购房补贴，尤其是在购房补贴方面，农民进城买房能够享受到数万元的购房补贴，这也是许多农民朋友进城买房的主要意愿。但需要注意的是，部分农民进城买房之后，选择将农村的宅基地以及房屋有偿退出，这部分农民朋友将不能够在农村修建房屋。

（3）进城买房并且落户的农民。进城买房与进城买房落户是两个概念，进城买房其户口还留在农村，还拥有建房的权利。而进城买房落户，其户口已经迁出农村集体组织，将不能够在农村申请宅基地修建房屋，如果其在农村还拥有住房，住房还是属于其所有，但是不能够进行翻新以及重建，只能够进行内部装修与修缮。

2. 农村户口买房申请补贴需要提供的有效证明材料

农村户口买房申请补贴需要以下材料：（1）居民的有效身份证，本地户口本。实践中，只要合同上两人是户口簿上的夫妻关系，其中一方是农村户口，就可以申领购房补贴。买受人未成年或无民事行为能力人还须提供监护人身份证明、监护人身份证复印件（验原件）、监护关系证明。买受人户口簿登记居住地为村委会的视为农民身份；买受人户口簿上户别为非农业户口的，不符合补贴条件。（2）农民城市居住证明。农民在申请购房补贴就必须要在城市居住，在本市购买房子才可以申请。居住证明目前都是居住证（以前是暂住证），只要有和房东签订的租赁合同或者小区物业出具的居住证明，就可以办理。其实，在城市中居住证明种类很多，有房租租赁合同，小区物业费缴纳凭证，这类资料准备得越多越好。不过农民朋友须注意的是，要了解清楚所购房产所在城镇对暂住证明时间的规定，有的需要满足居住一年或者半年时间。（3）城市工资证明。申请人的收入越稳定得到补贴的概率越高。这个主要是为了银行按揭贷款作保证。不过，开具工资收入证明，须加盖单位公章才行。还可采用存款银行流水单来证明农民工收入的稳定来源。（4）房屋买卖合同证明。这个指的就是在买房时签订的房屋买卖合同。证明不是虚假的申请信息。该合同是证明农户进城买房的有效凭证。购买二手房是享受不到购房补贴的。（5）按揭贷款时所要支付的房屋首付款的支付证明。证明确实已经购买了住房，交付了房屋的首付。

需要强调的是，农村户口申请“农民购房补贴”只需要签订了房屋买卖合同，并不需要办理相关权证。但按照大部分省市财政厅局的要求，申请补贴需提交的要件中包含有“契税缴纳证明”。而该项证明必须在具备办证登记条件后税务机关才能开具。不过，在该项政策不发生重大变化的前提下，只要农村户口符合所有要求且要件齐全，就可以提交相应购房补贴申请。

3. 农民购房补贴申领流程

属于由开发商收集并集中申请农民购房补贴的按照以下程序办理：（1）购房者提供正式网签购房合同、购房税票（销售不动产发票、增值税发票）、契税完税凭证、产权人农村户口和身份证证明、开户银行储蓄卡号、预告登记证明或房产证或不动产权证书等资料交给开发商收集，由房地产开发企业汇总录入电子文档交市房产局房产交易所审核。（2）市房产局房产交易所审核相关凭据原件并留存购房税票、契税完税凭证及产权人身份证等复印件，对补贴金额汇总后提交市财政局。（3）市财政局与区复核并按程序报市政府审批后，将购房补贴资金按月拨付给补贴对象。

属于买受人自己到所在城市市民服务中心或者市民之家亲自办理购房补贴申请的程序如下：（1）买受人本人（如买受人为两个，需两个人同时到场申请）持上述资料，到市民服务中心或者市民之家房管局办公窗口进行申请条件和资格审批，填写本年度农民市区购房补贴审核表（一式三份）后，到相应窗口审核；（2）到房产交易大厅契税窗口缴纳契税，并由契税征收部门在收到的本年度农民市区购房补贴审核表（一式三份）相应契税数据进行审核盖章；（3）缴纳契税后，买受人持本年度农民市区购房补贴审核表、合同原件、身份证、户口本、结婚证原件、税票原件及复印件，以及其他项目相关证明材料，到市民服务中心或者市民之家房管局办事窗口审核领取补贴手续，并盖章（一式三份），房管局留存其中一份；（4）买受人持已经审核通过的本年度农民市区购房补贴审核表（一式两份）及相关证件，到指定的开户银行办理补贴银行卡。

4. 农民购房补贴申领政策规定

目前农民购房补贴优惠政策主要涉及我国各个省的三、四线城市，汇集各个省市目前农民购房补贴优惠政策主要有：

第一，农村户口进城购房后将农村宅基地和耕地归还集体后，会得到3万~5万元的补贴。同时，进城买房时也有补贴，目前最高一次性补贴2万元左右。这里的“农村户口”说白了是指在户口上夫妻都是乡村居民身份或者其中一人是乡村居民身份。农村居民户口特指在实行户籍管理制度改革、取消“农业户口”和“非农业户口”的地区，与“城镇居民户口”相对应的户口类型。根据公安部门对户口的分类，只有农业户口和非农业户口两种，后来，非农业户口被说成城镇户口或城市户口。界定为农村户口，需同时具备以下条件：现户口登记在村委会、依法承包农村责任田、2005年1月1日前缴纳农业税费并承担农村公益事业劳务、没有享受城镇居民社会保障和福利待遇。按照目前政策，对于持有村中宅基地还未购房者：有资格申请到新的宅基地同时并不放弃进城买房的农民朋友，额外补贴2万元；自愿退出自家宅基地的农民朋友，地上附着物拆迁补偿提高到百分之三十。已退出宅基地进城买房的农民朋友，以每平方米补贴800元，最高补贴8万元为基准。如果房屋坍塌两年没人修复的话，集体组织是要无偿收回的，所以必须重建了。只要符合危房标准的，可以申请危房补贴，最高可以领取2.5万元的补贴。而对于自愿退出自家宅基的，房屋拆迁补偿将提升30%，进城买房的农民，将给予每平方米800元的补贴，最高可补贴8万元；进城购房农民，还可享受购房担保贷款，最高可贷款 20 万元，并且政府贴息 20% ~35%。

第二，农村户口进城买房，首次购买建筑面积 90 平方米以下住房享受契税免征或者减半征收优惠。首套房指购买仅拥有一套住房。中国人民银行规定我国城市居民购买第一套住房享有按揭贷款利率优惠。所谓的“首套房”得同时满足三个条件：买房人年满 18 周岁；所购买的房子是 90 平方米及以下的普通住房；购房人现在名下没有单独或与他人共同购买的住房。不过与父母一起购买的、按照房改政策购买的、通过继承遗产或拆迁安置获得的住房除外。首套房屋补贴办理须携带的资料如下：（1）备案的标准网签购房合同；（2）销售不动产发票（增值税发票）；（3）契税完税证明；（4）预告登记证明或者房产证（不动产权证书）；（5）购房者身份证证明；（6）购房者开户银行储蓄卡。其中（1）至（4）项需查验原件，（1）至（6）项都需提交复印件，其中（2）（3）（5）（6）项需复印在一起。若夫妻间有一方是城市居民，另一方是乡村居民，如果其中一方已购买过一套城市房产的，不再享用村民购房契税优惠政策。若乡村居民所购房子的单价超出各区县房管机构与财务征收机关计算和发布的上年度本地商业房交易价格 50% 以内的，其超出部分按现行政策征收契税，超出均价 50% 以上的不享用村民购房契税优惠政策。各区县财务征收机关应充分利用征管材料，自动会同房管机构计算上年度本地商业房销售均价，并上墙公示。

目前各个省市执行的契税政策主要是：（1）个人购买首套普通住房，且户型建筑面积在 90（含 90）平方米以下的，契税按照 1% 税率来执行；（2）户型建筑面积大于 90 平方米且小于或等于144平方米的，税率减半征收，即实际税率仅有2%水平；（3）户型建筑面积在144平方米以上的、购买非普通住宅、购买二套或多套住房的以及购买商业性质的房屋，契税均按照4%税率来执行。目前，江西、湖北、河北、河南等省，南昌、海口、铜陵等市：购买家庭少有的普通商品住房，契税可减半；建筑面积90平方米及以下并且为家庭少有的普通住宅，征收1%的契税。江苏、福建、天津：首套房建筑面积在90平方米以下，缴纳1%的契税；建筑面积在90～144平方米的按照1.5%的契税缴纳，144平方米以上缴纳3%的契税。黄山：契税按首套房执行且减半。浏阳：创业人员购房契税可减半。湖州、宣城：建筑面积144平方米以下普通住宅，契税全免。包头：首套房契税全免；二套房以上新建房契税减半。潍坊：购买建筑面积90平方米以下的住房契税全免；购买90～144平方米住房及300平方米以下用于创业的，契税可减半。

第三，政府为了鼓励农民工买房，与开发商合作推广活动，购房后由政府补贴一定费用，具体规定各个当地政府略有不同。

第四，进城购房的农民可以自主选择在原籍或购房所在地落户，原享受的医疗、集体经济收益等权益不变；申请城镇常住户口的，其共同居住的父母、配偶、未婚子女可随迁进城落户，并保留原有宅基地，依法享有宅基地使用权；对自愿退出宅基地并还耕、还林的农民进城购房，当地政府可按其退出合法宅基地的面积，给予一次性补偿。

第五，农民进城购房定居后从事工商业经营的，工商、税务、卫生计生、环保等部门优先办理注册登记或审批备案手续；就业创业的，可参加人力资源社会保障部门组织的职业介绍、技能培训、创业指导等活动，按规定享受相应补贴；创业困难的，按照国家政策优先提供创业培训、创业担保贷款支持。

第六，农民进城购房取得居住证后，其子女进城接受义务教育的，享有与城镇居民子女同等待遇，由所在县（市、区）教育部门统筹安排入学，学校不得拒绝，不得收取政策规定外的额外费用。

三十六、农村危房改造补贴政策主要内容

农村危房是指依据住房和城乡建设部《农村危险房屋鉴定技术导则（试行）》鉴定属于整栋危房（D级）或局部危险（C级）的房屋。属整栋危房（D级）的应拆除重建，属局部危险（C级）的应修缮加固。危房改造应执行“三最两就”原则，即“三最”，优先帮助住房最危险、经济最贫困农户，解决最基本的住房安全问题；“两就”，采取就地、就近重建翻建的改造方式。农村危房必须以农业户口村民现居住的合法建筑为前提，城镇居民建房、违章建筑或不达危房标准的不予补助；已纳入拆迁范围的危房不予重建补助；近年来已享受过政府建房补助、已在城镇购房、新建房屋不住或者让给子女居住而自己现仍住危房的，不能列入危房改造范围。

1. 农村危房改造的指导思想、目标任务、基本原则及资金预算

指导思想：深入贯彻落实科学发展观，按照中央保民生、保增长、保稳定的总体要求，以解决农村困难群众的基本居住安全问题为目标，开展农村危房改造试点，改善农村困难群众

生活条件，推动农村基本住房安全保障制度建设。

目标任务：农村危房改造的任务是完成陆地边境县、西部地区民族自治地方的县、国家扶贫开发工作重点县、贵州省全部县和新疆生产建设兵团边境一线团场农村贫困户的危房改造。其中，东北、西北和华北等三北地区试点范围内农户，结合农村危房改造开展建筑节能示范。在扩大试点的基础上，总结经验，完善制度，制定中长期规划，逐步解决农村贫困户的危房问题。

基本原则：开展农村危房改造，要因地制宜，量力而行，从当地经济社会发展水平出发，科学合理编制农村危房改造规划和年度计划；要突出重点，厉行节约，帮助贫困危房户改造建设最基本的安全、经济、适用、节能、节地、卫生的农房，防止大拆大建和形象工程；要坚持农民自主、自愿，政府引导、扶持，落实地方责任，中央适当补助；要整合资源，规划先行，加强相关惠农支农政策衔接；要规范程序，严格管理，坚持公开、公平、公正。

农村危房改造资金以农民自筹为主，中央和地方政府补助为辅，并通过银行信贷和社会捐赠等多渠道筹集。地方各级财政要将农村危房改造资金纳入年度预算计划，调整支出结构，增加扩大农村危房改造试点所需资金。各试点县要整合资源、统筹规划，将抗震安居、游牧民定居、自然灾害倒损农房恢复重建、贫困残疾人危房改造、扶贫安居等与农村危房改造有机衔接，提高政策效应和资金使用效益。要鼓励和引导社会力量为农村危房改造提供捐赠和资助。要通过制定贴息、担保等政策措施，促进金融机构为农户提供危房改造贷款。中央将安排适度的补助资金，并根据试点地区农村农户数、农村危房数、地区财力差别等因素进行分配，由财政部会同国家发展改革委、住房城乡建设部联合下达。

2018 年全国农村危房改造补贴总额将达到 185.9 亿元，分布到全国 27 个省（区）。各省区农村危房改造补贴预算指标如表 1 所示。

表 1　2018 年全国农村危房改造补贴资金预算　单位：万元

省自治区直辖市	预算指标	省自治区直辖市	预算指标	省自治区直辖市	预算指标
河北省	50238	江西省	73385	广东省	21962
山西省	50441	山东省	12543	广西壮族自治区	79037
内蒙古自治区	67738	河南省	52101	海南省	9802
辽宁省	25715	湖北省	64889	重庆市	22695
吉林省	27224	湖南省	123456	四川省	205311
黑龙江省	68849	甘肃省	52563	贵州省	107891
江苏省	13448	青海省	30709	云南省	345472
安徽省	60317	宁夏回族自治区	12609	西藏自治区	3879
福建省	8002	新疆维吾尔自治区	228959	陕西省	39927

2. 农村危房的鉴定标准

房屋由墙、柱、梁、搁栅、檩条、预制板以块、捣制板、屋架等具体房屋构件组成。这里所称危房，实际上是指房屋构件出现了危险，或称作危险构件。危险构件是指构件已经达到其承载能力的极限状态，并不适于继续承载的变形。所提构件，是指承重构件；提及的结构，是指由承重构件组成的体系。

（1）构建单位。基础部分，独立柱基以一根柱的单个基础为单位；条形基础以一个自然间的单面长度为单位；满堂红基础以一个自然间的面积为单位。墙以一层高、一个自然间的一面为单位；柱以一层高、一根为单位；梁、搁栅、檩条等以一个跨度、一根为单位；预制板以块、捣制板以一个天然间的面积为单位；屋架以一榀为单位。

（2）地基、基础。如果地基因滑移，或是承载力严重不足，或因其他特殊地质原因，导致不均匀沉降，然后引起结构显著的歪曲、位移、裂缝、歪斜等状况，并且还有恶化趋势。地基因毗连建筑增大荷载，或因本身部分加层增大荷载，还有其他人为要素导致沉降，然后引起房子结构显著的歪曲、位移、裂缝、歪斜等状况并且还有恶化趋势。基本老化、腐蚀、折断等等状况形成房子结构有显著的歪曲、位移、裂缝、歪斜等状况并且还有恶化趋势。

（3）墙柱。墙柱出现裂纹亦或保护层掉落。首要的钢筋外漏，或出现明显水平裂缝、压碎等状况。墙中心部位出现显著的穿插裂缝，或伴有保护层掉落。柱、墙出现歪斜，其歪斜量超越高度的1/100。柱、墙混凝土酥裂、碳化、起鼓，其损坏面超越全面积的1/3，且主筋显露，锈蚀严重，截面削减。

（4）梁。单梁、连续梁跨中部位，底面产生横断裂缝，其一侧向上延伸达梁高的2/3以上，保护层掉落。下面伴有竖向裂缝。简支梁、接连梁端部出现显著的斜裂缝，挑梁根部出现显著的竖向裂缝或斜裂缝。框架梁在固定端出现显著的竖向裂缝或斜裂缝，或出现穿插裂缝。预制板下面出现显著的竖向裂缝。捣制板上面周边出现裂缝，或下面出现穿插裂缝。各种梁、板出现超越跨度1/150的挠度，且受拉区的裂缝宽度大于1mm。各类板保护层掉落，半数以上主筋显露，严重锈蚀，截面削减。预应力预制板出现竖向通裂缝；或端头混凝土松懈露筋，其长度达主筋的100以上的。

国家住房和城乡建设部出具的《危险房屋鉴定标准》明确规定，危险房屋是指房屋主体结构已严重损坏，或重要构件已属危险构件，随时可能丧失稳定和承载能力，不能保证居住和使用安全的房屋。从房屋地基基础、主体承重结构、围护结构的危险程度，结合环境影响以及发展趋势，经安全性鉴定和评估，可将房屋评定为A、B、C、D四个等级，其中C、D级就是通常所说的危房。危房的话可能就会涉及房屋加固或者房屋翻建，甚至拆除。《危险房屋鉴定标准》里的等级划分标准如下：A级：结构承载力能满足正常使用要求，无危险点，房屋结构安全。B级：结构承载力基本能满足正常使用要求，个别结构构件处于危险状态，但不影响主体结构，基本满足正常使用要求。C级：部分承重结构承载力不能满足正常使用要求，局部出现险情，构成局部危房，一般需要加固或局部改造。D级：承重结构承载力已不能满足正常使用要求，房屋整体出现险情，构成整幢危房，一般应整体拆除。

3. 危房鉴定收费标准及鉴定流程

农村危房改造国家补贴根据不同地区与地区的经济发展水平标准有所不同，而且涉及国家财政补贴与地方财政配套资金，所以须向所在地政府主管部门咨询才能得到准确数据与标准。可是要注意以下几点：风险房子断定是对有特别要求的工业建筑和公共建筑、保护建筑和高层建筑以及在偶尔作用下的房子风险性断定，除应契合相应规范规则外，还应契合国家现行有关强制性的规定。房子建筑断定职业技能工作收费按不同建筑类别，据实选取房子建筑类型、议定附加项目，将单价加和乘以相关调整系数核算。按本规范民用建筑单栋收费未达2000元按2000元收取、民用住宅单套（间）未达1000元按1000元收取，工业建筑每次收费未达3000元按3000元收取。

危房鉴定流程如下：房子拥有人或运用人可向危房断定合法组织、市、县人民政府房地产行政主管部门设立的房子安全断定组织提出书面请求。断定组织接到断定请求后，应及时进行断定。断定组织进行房子安全断定应按下列程序进行：（1）受理请求；（2）初始查询并摸清房子的历录的各种损坏数据、状况史及其现状资料；（3）现场查勘、测验、记载各种损坏数据和状况；（4）检测验算，收集技能资料；（5）全面剖析，论证定性作出归纳判别，提出处理主张；（6）签发断定文书。

依据住房和城乡建设部出具的《关于城乡危房整修改造的要求》，城乡危房整修改造一般选用加固、整修、改造、重建、异地新建等方法处理。部分危房和有风险点的房子，以不改变房子原有外观、主体结构为条件，由住户及时加固、整修和保护。整幢属危房的，采纳全体加固、重建或异地新建，能加固消除隐患的，鼓励采纳加固的方法。对的确需求拆除重建的，其申办程序是：由大众请求、村级组织初审、依法断定、公示、镇（大街）审阅、主管部门赞同。当农民朋友有拆除重建请求时，能够咨询第三方检测组织或政府部门最好。

4. 农村危房改造补助的重点扶持对象

2018年该项政策重点扶持对象是：一是农村建档立卡贫

困户；二是农村低保户；三是农村分散供养特困人员；四是农村贫困残疾人家庭。长期居住在危房中的农村农户，可向当地村委会、镇政府提出申请，确系所住为危房。

有下列情形之一的农民不能确定为补助对象：在本村另有安全住房的；住房拥挤，需要分户的；在外地（县城、集镇）已有永久性居住房屋的；不属于农村分散供养五保户、优抚对象家庭、低保户、贫困残疾人家庭和其他贫困户任意一种类型的。

只要符合危房标准的，就可以申请危房补贴，最高可以领取 2.5 万元。这里要注意的是，如果房屋坍塌两年没人修复的话，集体组织是要无偿收回的。

补助对象住房情况必须符合下列标准：凡列为农村危房改造补助对象的，其居住的房屋，必须是按照住房城乡建设部《农村危险房屋鉴定技术导则（试行）》鉴定为 C 级或 D 级的危房；不是 C、D 级危房的，不能列为农村危房改造补助对象。

确定无房户为农村危房改造补助对象的，必须是经济上最困难的农户，即属分散供养五保户、低保户、贫困残疾人家庭或其他贫困户，且没有自己的住房、长期借住村集体房屋或私房。五保户、低保户、因灾倒房户且属于贫困农户的，必须经县级民政部门认定，贫困残疾人家庭、其他贫困户必须经县扶贫办认定。在确定危房改造补助对象过程中，应优先将自筹资金能力特别弱的贫困农户确定为危房改造补助对象，并在政府帮助下改造建成最基本的安全住房。

补助对象申请条件如下：农村危房改造以户为单位，由农户提出申请，申请人必须同时具备下列条件：拥有当地农业户籍并在当地居住，且是房屋产权所有人；属于农村危房摸底调查统计在册的危房户；属于农村分散供养五保户、低保户、贫困残疾人家庭、其他贫困户任意一种类型。

补贴原则如下：优先解决住房最危险、经济最贫困农户的基本安全居住条件；凡未录入全省农村危旧住房信息系统中的农户原则不能列为农村危房改造对象；已纳入易地扶贫搬迁的，不列入农村危房计划；凡是已享受过政府建房补助，或者已有其他住房、经营性门面、小车；行政事业和国有企业工作人员（含退休），不得列入农村危房改造范围。具体来讲：

（1）农村危房改造实施对象为居住在危房中的分散供养五保户、低保户、贫困残疾人家庭和其他农村贫困农户，均按相关统一标准进行补助发放。

（2）城镇危房改造采取政策性补助、银行融资、引进社会资金参与等多种方式改造，纳入城市棚户区改造的，将享受城市棚户区改造的相关“待遇”。

（3）以区县政府为主体，在重点镇、中心村、聚居点，根据农村贫困户住房需求，采取统规统建方式，规划建设农村廉租房。

（4）鼓励支持村集体盘活现有农村闲置房资源，统一租赁，并按农村廉租房标准租给符合条件的农村贫困户居住。

5. 农村危房改造补助标准

按照“群众自建为主，政府给予适当补助”的原则，政府对各类对象和危房等级的户均补助标准是：五保户一级危房，户均补助2万元；五保户二级危房，户均补助0.5万元；五保户三级危房，户均补助0.3万元；低保户一级危房，户均补助 2 万元；困难户一级危房，户均补助 1 万元；一般户一级危房，户均补助 0.5 万元；低保户、困难户、一般户二级危房，户均补助 0.3 万元；低保户、困难户、一般户三级危房，户均补助 0.2 万元。与此同时，提高农村危房改造的补助标准。将现行的每户补助资金 7500 ~ 8500 元标准提高到 25000 元。农村居住危房散供养五保户、低保户和其他贫困农户补贴标准：散供养五保户和低保户新建房屋每户补助 15000 元；其他贫困农户新房屋每户补助 10000 ~ 15000 元；维修住房补助标准根据房屋破损程序实施分档补助，最高不超过 1500 元，或赋予县级政府一定自主权。上级资金由县级政府根据实际情况统筹安排。同时，适度放宽翻建新建住房面积。鉴于东北地区建筑墙体厚，可居住使用面积相对减少，将规定建筑面积由现行的 40 ~ 60m^2 放宽到 40 ~ 90m^2，以满足农村广大危房改造农户的实际需要。

具体到各省（市、县）的相应补助资金安排，2018 年重庆市政府规定，D 级危房改造每户补助 5 万元，要求改造后的房屋建筑面积不得超过 80 平方米。四川省乐山市沐川县政府规定，属 D 级危房拆除重建的每户补助 2 万元，属 C 级危房加固维修的每户补助 0.3 万 ~ 1.2 万元。危房新建，原则上主体房人均建筑面积不超过 25 平方米，多人户不超过 130 平方米。安徽省六安市金寨县政府规定，属于维修加固的每家农户补助 6000 元，拆除重建的农户每户补助 20000 元。贵州省遵义市政府规定，四类重点对象一级危房财政补助 3.5 万元/户，二级危房财政补助 1.5 万元/户，三级危房财政补助 1 万元/户。其他危改户补助资金应不低于一级危房 0.5 万元/户，二级危房 0.3 万元/户，三级危房 0.2 万元/户。重建的 3 人以内的家庭居住面积不大于60m²，3人以上的按人均不超过18m²控制。

6. 农村危房改造的标准

（1）属于农房重建的。重建农房应保证场地安全。不应在可能发生滑坡、崩塌、地陷、地裂、泥石流的危险地段或采空沉陷区、洪水主流区、山洪易发地段建房。在严重湿陷性黄土、膨胀土、分布较厚的杂填土、其他软弱土等不良场地建房，应进行地基处理，并设置钢筋混凝土地圈梁。重建农房必须设置基础。基础宽度、埋深可按当地经验确定，且埋深不得小于500mm。重建农房应满足基本的功能要求，建筑平、立面应简单规整，结构传力明确。承重墙体最小厚度，混凝土砌块墙不应小于190mm，砖墙不应小于240mm。不应采用空斗砖墙承重。不应采用独立砖柱、砌块柱、石柱承重。承重窗间墙最小宽度及承重外墙尽端至门窗洞边的最小距离不应小于900mm。6度、7度抗震设防地区的砌体结构，宜在房屋四角和纵横墙交接部位设置拉结钢筋，承重墙顶或檐口高度处宜设置钢筋混凝土圈梁、配筋砂浆带圈梁或钢筋砖圈梁。8度及以上抗震设防地区的砖混、砖木结构，应设置钢筋混凝土构造柱，承重墙顶或檐口高度处应设置钢筋混凝土圈梁。现浇钢筋混凝土楼板可兼作圈梁。传统预制钢筋混凝土楼板（空心板或槽型板）宜限制使用，使用时应采取措施保证可靠支承和连接。8度及以上地区禁止使用。6度、7度地区采用硬山搁檩屋盖时，应采取措施保证支承处稳固，加强檩条之间、檩条与墙体的连接，提高山墙的抗倒塌能力。8度及以上地区，不宜采用硬山搁檩屋盖。木结构房屋木柱应设置柱脚石，柱脚石顶部应高出地面不小于100mm。柱脚与柱脚石之间宜设置管脚榫等限位装置。木构架、木屋盖构件之间应加强节点连接。8度及以上地区，木构（屋）架间应设置竖向剪刀撑。木结构房屋的砖、砌块、石围护墙与木柱、木梁、屋架下弦等构件之间应采取拉结措施。突出屋面无锚固的烟囱、女儿墙等易倒塌构件的出屋面高度，不宜大于500mm。超出时应采取设置构造柱、墙体拉结等措施。

（2）属于农房加固维修的。通过加固维修，应消除农房正常使用危险点，明显改善危房存在的结构体系不合理、传力不明确、构造措施不完备等问题。对墙根积水、渗水房屋，应对散水、外墙勒脚进行维修处理，保持房屋周边排水通畅。对基础不均匀沉降农房，可采用生石灰挤密桩、扩大基底面积、压力注浆等方式加固地基基础，也可通过加强上部结构整体性的措施提高房屋抵抗不均匀沉降的能力。砌筑质量较差的砖、砌块、石墙体应采用水泥砂浆面层或配筋砂浆带等方法加固。承重墙体出现的受力裂缝、纵横墙体脱闪形成的竖向裂缝应修复补强。墙厚不满足要求或高厚比较大的墙体应采取增设扶壁柱等方法加固。宜采用内嵌构造柱、配筋砂浆带等措施加强生土墙房屋的整体性。表面出现严重剥蚀、开裂的生土墙体应进行护面处理，墙根碱蚀严重的应进行加固。墙内有较大孔洞或空腔的，应采用草泥或砂浆塞填修复。局部歪闪墙体应设置可靠支撑进行加固，或拆除重砌。墙体拆除重砌时，应做好楼屋面的临时支撑。木柱、梁、檩等主要受力构件或木构架出现明显腐朽、虫蛀、挠曲变形、端部劈裂、严重纵向干裂、榫卯节点破损或有拔榫迹象时，应采取局部剔除修补或增设环箍、扁铁、螺栓、扒钉等加固补强和加强连接措施。必要时可落架大修，对不具备加固价值的木构件或木屋架可更换。混凝土柱、梁、板表面剥蚀严重，或出现明显受力裂缝和变形的，应进行表面处理、裂缝修复或承载力补强。预制板支承长度不足的，应在板底增设角钢或槽钢支托等措施加强。屋面出现明显塌陷变形、渗水，或椽条、屋面瓦、防水层等损坏的，应进行维修。应采取措施加强围护结构、非结构构件与主体结构的连接。7 度及以上地区，应采取增设砂浆配筋带、型钢圈梁、型钢（木）支撑、拉杆（索）紧固、墙揽连接等加强整体性与抗倒塌构造措施。拱券出现变形、开裂等安全隐患的危窑应采取内衬券或内支撑加固窑体，边窑腿外闪时应增设扶壁柱（墙）加强侧向支撑。同时，通过维修解决危窑存在的防水、排水、防潮问题。

7. 农村危房改造建设要求

（1）改造方式。拟改造农村危房属整栋危房（D 级）的应拆除重建，属局部危险（C 级）的应修缮加固。重建房屋原则上以农户自建为主，农户自建确有困难且有统建意愿的，地方政府要发挥组织、协调作用，帮助农户选择有资质的施工队伍统建。要以分散分户改造为主，危房改造比较集中并具备一定条件的村庄，可实施村庄规划、危房改造、基础设施配套一体化推进，整村整治。

（2）建设标准。农村危房改造要在满足最基本居住功能和安全的前提下，控制建筑面积和总造价。改造资金大部分由政府补贴的特困户，翻建、新建住房建筑面积原则上控制在 40 平方米以下，其他贫困户建房面积控制在 60 平方米以下。建房面积可根据家庭人口规模适当调整。农房设计建设要符合农民生产生活习惯、体现民族和地方建筑风格、传承和改进传统建造工法，推进农房建设技术进步。

（3）村庄规划。改造户数较多的村庄，必须编制村庄规划，统筹协调整合道路、供水、沼气、环保、扶贫开发、改厕等建设项目，提高项目建设的效益与效率，以危房改造带动村庄人居生态环境改善。陆地边境一线农村危房改造重建以原址翻建为主，确需异址新建的，应靠紧边境、不得后移。

（4）建筑节能。东北、西北和华北等三北地区农房建筑节能示范是危房改造试点的重要内容，要点面结合，同步推进。每个试点县至少要安排一个相对集中的示范点（村），有条件的县要每个乡镇安排一个示范点（村），各地要尽可能采用当地材料和适用技术，研究开发符合农村实际的节能房设计与工法，优化采暖方式，推进可再生能源利用。对研发生产农房建筑节能材料，具有良好社会、经济、环境效益的企业，要落实好现行的税收、融资、贴息等优惠政策。要组织农村建筑工匠和农民学习节能技术和建造管理，做好宣传推广。

三十七、农业支持保护补贴政策主要内容

自2004年起，国家先后实施了农作物良种补贴、种粮农民直接补贴和农资综合补贴三项补贴政策。2016年，农业“三项补贴”合并为农业支持保护补贴一项，其政策目标：一是支持耕地地力保护。补贴对象原则上为拥有耕地承包权的种地农民。鼓励各地创新方式方法，以绿色生态为导向，提高农作物秸秆综合利用水平，引导农民综合采取秸秆还田、深松整地、减少化肥农药用量、施用有机肥等措施，切实加强农业生态资源保护，自觉提升耕地地力。二是支持粮食适度规模经营。支持对象重点向种粮大户、家庭农场、农民合作社和农业社会化服务组织等新型经营主体倾斜，体现“谁多种粮食，就优先支持谁”。

1. 领取农业支持保护补贴的条件

汇集各省（自治区、直辖市）农业支持保护补贴的政策来看，领取农业支持保护补贴的农户应该是：（1）具有土地承包权的农民才能拿到补贴，没有土地承包权的农民是拿不到补贴的；（2）根据“谁种地，补贴给谁”的准绳，能拿到补

贴的都是实践在种地的农民，把土地流转出去的农民是拿不到的；（3）根据“种粮多，补贴多”的准绳，谁种的地多，种的粮食多，拿到的补贴也就多；（4）目前农业的各项补贴将会愈加倾向于种粮大户、家庭农场、农民协作社、农业社会化效劳组织等新型运营主体，同时加大补贴力度。但是作为个人种植农户仍可继续享受领取补贴的待遇。以前只要你是农民，基本上都有这个补贴，但是改革后就不同了，呈现下面这些情况是领取不到农业支持保护补贴的：（1）随意燃烧秸秆、歹意毁坏土地者是不予发放补贴的；（2）对已作为畜牧养殖场使用的耕地、林地、成片粮田转为设施农业用地的不给补贴；（3）未经允许私自开荒的不给补贴；（4）非农业征（占）用耕地等已改变用途的耕地，以及耕地常年弃耕抛荒、占补平衡中“补”的面积和质量达不到耕种条件的耕地等不再给予补贴。

2018 年农业支持保护补贴国家重点补贴四类农民：（1）从事新型农业生产的农民；（2）从事农村相关的社会化服务的农民；（3）坚持机械化，高效率发展农村绿色特色产业的农民；（4）以保护土地的耕种能力为前提，坚持发展高效农业的农民。补贴比例方面，新型经营主体（合作社、家庭农场）补贴比例扩充至 20%；休闲农业基地建设、闲置房屋维修以及一村一品生产、加工等设备购置补贴比例扩充至 30%；以蔬菜、水果等农业优势特色产业发展的，支持配置仓储、物流、加工、包装等设施设备补贴比例扩充至 40%。

2. 领取农业支持保护补贴的形式

2018 年，农业支持保护补贴采用粮食补贴、农作物良种补贴和农资综合补贴三项补贴合一的形式，统一发放。只要登记在册的土地，都有补贴。还可以是二轮承包耕地面积、计税耕地面积、确权耕地面积或粮食种植面积等，具体以哪一种类型面积或哪几种类型面积，由各省级人民政府结合本地实际自定。补贴对象原则上为拥有耕地承包权的种地农民。土地的规模是需要核定后才能给钱。农民朋友应注意以下三点：（1）补贴按照谁种地补给谁的原则，承包地转包给他人的，按承包协议处理。（2）抛荒地和非农业征（占）用的耕地不予补贴。（3）补贴不得用于高效农业，成片粮田转为设施农业用地常年不种粮的，不予补贴。

种植大户、家庭农场、合作社等新型农业经营主体，能拿到农业支持保护补贴，还能拿到适度规模经营补贴和土地承包补贴。

3. 领取农业支持保护补贴的政策

（1）县级农业部门、财政部门要按照本省统一要求，共同做好组织实施工作。县级农业部门要认真组织做好本辖区内农业支持保护补贴相关数据审核汇总工作，包括农户基本信息、补贴面积、补贴标准、补贴金额等，并应对补贴给农民的资金进行 7 天公示。公示无异议后，县级财政部门会同农业部门应按照便民高效、资金安全的原则，及时通过“一卡（折）通”等方式将补贴资金直接发放给农民。

（2）农业支持保护补贴对象原则上为拥有耕地承包权的种地农民。用于粮食适度规模经营的资金，补贴对象为粮食适度规模生产经营者，重点向种粮大户、家庭农场、农民合作社和农业社会化服务组织等新型经营主体和新型服务主体倾斜。

对农业信贷担保体系建设的支持资金统筹用于资本注入、担保费用补助、风险补偿等方面。

(3) 农业支持保护补贴以绿色生态为导向。不予补贴的耕地认定标准和程序由各省级财政部门联合农业部门确定。鼓励采取多种措施，创新方式方法，提高农作物秸秆综合利用水平，引导农民综合采取秸秆还田、深松整地、减少化肥农药用量、施用有机肥等措施，切实加强耕地质量保护，自觉提升耕地地力。农业支持保护补贴资金具体补贴标准、补贴依据和补贴方式等由各省结合本地实际确定，确保政策的连续性和稳定性。

(4) 用于耕地地力保护的资金，可与二轮承包耕地面积、计税耕地面积、土地承包经营权确权登记面积或粮食种植面积等挂钩。用于粮食适度规模经营的资金，可采取贷款贴息、重大技术推广与服务补助等方式支持多种形式的粮食适度规模经营。近几年重点用于支持建立完善农业信贷担保体系。

(5) 鼓励按照因地制宜、简便易行、效率与公平兼顾的原则，创新适度规模经营的支持方式。对农业信贷担保机构的资本注入规模和节奏要根据担保业务运营情况合理确定；对新型经营主体贷款贴息不超过贷款利息的50%；对重大技术推广与服务补助，应采取“先服务后补助”、提供物化补助、政府购买服务等方式；不鼓励对新型经营主体实行现金直补。单户补贴要设置合理的补贴规模上限。

4. 农业支持保护补贴发放的工作流程

农业支持保护补贴领取不用提供材料，只要村委审核通过即可。不收取费用。基本流程主要是：(1) 粮食种植面积的核定。该项工作内容主要是：种粮农民自己报告折实面积；村委会核实、汇总上报乡政府；由各镇（街区）政府到村务公开栏进行第一次公示，初步确定粮食种植面积；各镇（街区）政府汇总，在驻地进行第二次公示，进一步确定粮食种植面积后上报市农业局、市财政局；市农业局、市财政局汇总后以市政府文件上报；（2）粮食种植面积按照财政惠农补贴“一本通”系统程序和格式要求，严格进行数据录入、汇总；（3）公安部门负责补贴对象户籍信息比对；（4）涉农补贴部门负责相关补贴信息审核；（5）财政部门负责补贴资金和信息系统管理；（6）金融机构负责补贴资金发放。

5. 农业支持保护补贴领取政策差异

由于各个区县所处的地理位置和农业作物品种存在较大的自然差异，因而农业支持保护补贴范围主要由各个区县人民政府根据省级政府农业支持保护补贴发放的通知要求并结合本区县的具体情况来制定。换句话说，农业支持保护补贴发放实施方案目前在我国主要由区县政府制定完成并存在着差异性。

南宁市兴宁区 2018 年农业支持保护补贴发放实施方案规定：（1）农业支持保护补贴原则上补贴给拥有耕地承包权的种地农民，与耕地面积挂钩，直接补贴到户。村社集体机动地种植的，补贴给种植农户。已被非农征用、退耕还林、挖塘养鱼、畜禽养殖、发展林果业、绿化景观建设、成片粮田转为设施农业用地等已改变用途的耕地，以及长年撂荒地、占补平衡中“补”的耕地质量未能通过验收确认的耕地不属于补贴范围。对于一年生草本的果品类作物，如种植西瓜、草莓、甘蔗等作物对耕地质量不造成影响的，可以予以补贴。但多年生或木本的果树（如香蕉、百香果、火龙果）、茶叶等不予补贴；同一地块享受过菜田补贴的耕地、已种植经济林和生态林的耕地及其他安排补贴的不给予补贴。（2）以计税耕地面积为基数，减除剔除道路占用、已被非农征用、退耕还林、挖塘养鱼、畜禽养殖、发展林果业、绿化景观建设、成片粮田转为设施农业用地等已改变用途的耕地，以及长年撂荒地、多年生或木本的果树等与种粮无关的面积。在2017年核减面积的基础上进行核定。

北京市平谷区农业局2018年重点补贴平谷区已划定的粮田，并适当考虑已划定的粮田以外种粮耕地进行补贴。其中，农业支持保护补贴符合以下具体要求：（1）一年种植一茬玉米的耕地；（2）一年种植两茬作物，上茬种植豌豆、下茬种植玉米等其他农作物的耕地。按照占用耕地面积计算，不按照作物品种播种面积计算。但是，有下列情况之一的，不予以补贴：（1）种植小麦的耕地不给予补贴；（2）果（林）树间作不给予补贴；（3）改变用途的耕地不给予补贴。对已作为畜牧养殖场使用的耕地、植树造林林地、成片粮田转为设施农业用地、非农业征（占）用耕地等已改变用途的耕地不再给予补贴；（4）抛荒地和达不到耕种条件的耕地不给予补贴。长年抛荒地、占补平衡中“补”的面积和质量达不到耕种条件的耕地等不给予补贴；（5）违反其他相关规定的耕地不给予补贴。对于存在违法建设的耕地、存在违反秸秆禁烧规定的耕地不再给予补贴；（6）同一地块享受过菜田补贴的耕地、已种植经济林和生态林的耕地及其他安排补贴的不给予补贴。

三十八、退耕还林还草补贴政策主要内容

退耕还林还草，是指为防治水土流失，对坡耕地实施停止耕种，改为植树种草，恢复植被，控制水土流失的治理模式。从2000年开始，我国在水土流失严重的水蚀区和风蚀区推进退耕还林还草工程，对改善西部地区恶劣生态环境起到了重要作用。2018年全国“两会”召开前夕，国务院公布了2017年《政府工作报告》量化指标任务的落实情况表。结果显示，2017年，中国完成退耕还林还草1230万亩，超过了“完成退耕还林还草1200万亩以上”的预期目标。2018年1月，国家发展改革委、财政部、国家林业局、农村农业部、国土资源部五部委联合印发了《关于下达2018年退耕还林还草任务的通知》，部署当年的退耕还林还草工作，云南省2018年度新一轮退耕还林还草任务为330万亩，重庆市为151.8万亩，四川省为39.4万亩。2018年退耕还林还草实施范围是：《新一轮退耕还林还草总体方案》确定的25度以上坡耕地（不含基本农田），严重沙化耕地，三峡库区、丹江口库区及上游地区15～25度非基本农田坡耕地，以及经国务院批准的调整为非永久基本农田后实施退耕的陡坡耕地。已建成的高标准农田不列入

退耕还林还草范围。

1. 退耕还林还草总体范围

国家发展改革委、财政部、国家林业局、农村农业部、国土资源部2015年9月25日在《关于印发新一轮退耕还林还草总体方案的通知》中明确了新一轮退耕还林还草依据第二次全国土地调查和年度变更调查成果，严格限定在25度以上坡耕地、严重沙化耕地和重要水源地15~25度坡耕地。各地可在优先安排25度以上坡耕地退耕还林还草的基础上，根据实际情况，在不突破《通知》中确定的各省（区、市）各地类退耕控制规模的前提下，统筹安排25度以上坡耕地、严重沙化耕地、丹江口库区和三峡库区15~25度坡耕地退耕还林还草。为解决25度以上非基本农田坡耕地分布零散的问题，便于退耕还林还草工作的组织实施和集中连片推进，各地结合永久基本农田划定和土地利用总体规划调整完善工作，合理调整25度以上坡耕地中的基本农田布局。对于集中推进退耕还林还草工作的重点市县，在确保省内规划基本农田保护面积不减少的前提下，允许通过省内统筹调剂，调减有关市县的耕地保有量和基本农田保护指标，为退耕还林还草任务落地提供条件。许多省还提出了优先安排生态区位重要、生态环境脆弱、集中连片特殊困难地区实施退耕还林还草。

到2020年，将全国具备条件的坡耕地和严重沙化耕地约4240万亩退耕还林还草。其中包括：25度以上坡耕地2173万亩，严重沙化耕地1700万亩，丹江口库区和三峡库区15~25度坡耕地370万亩。对已划入基本农田的25度以上坡耕地，要本着实事求是的原则，在确保省域内规划基本农田保护面积不减少的前提下，依据法定程序调整为非基本农田后，方可纳入退耕还林还草范围。严重沙耕地、重要水源地的15～25度坡耕地，需有关部门研究划定范围，再考虑实施退耕还林还草。

上面所提坡耕地是指分布在山坡上地面平整度差、跑水跑肥跑土突出、作物产量低的旱地。主要特征“坡地”的概念，一般是指6°～25°之间的地貌类型（开垦后多称为坡耕地）。坡耕地的存在严重制约旱地作物产量的大幅度提高。“坡地”尤其是15°（大于25°常称为陡坡耕地）以上的坡地只能以造林解决生态环境保护为主。它的比例大小反应的是一个地区水土流失的一般状况，一般这种土地是宜草宜灌木的，不宜大规模耕作，而耕作比例越大，水土流失越严重，生态环境也就越恶劣。

2. 退耕还林还草补贴省份

2018年退耕还林还草补贴主要涉及的省份有内蒙古自治区、安徽省、湖北省、湖南省、重庆市、四川省、贵州省、云南省、陕西省、甘肃省、青海省、宁夏回族自治区、新疆维吾尔自治区。

3. 退耕还林还草主要政策

2018年1月，国家发改委、财政部、国家林业局、农业部、国土资源部联合下发了《关于下达2018年退耕还林还草任务的通知》，要求相关省份按照国家计划退耕还林还草，明确提出即使原先的退耕还林粮食和生活费补助期满，中央财政仍旧继续对退耕农户给予现金补助，也就是之前退耕还林还草的农民照样可以拿到补贴。根据国家规定，退耕还林的，退耕还林还草实行中央财政专项资金补助政策，退耕还林每亩补助1500元；退耕还草每亩补助800元。退耕还林分三次兑现，每亩第一年800元（其中，种苗造林费300元）、第三年300元、第五年400元；退耕还草分两次兑现，每亩第一年500元（其中，种苗种草费120元）、第三年300元。退耕还林还草是一项长远的工程，近年来也不断地有新增的退耕还林、还草计划，因此不是那一次退耕之后，就没有了。补贴资金发放是由县级环林局会通过“一折通”方式兑现给农户手中。

除了中央财政对退耕还林还草的补贴之外，各省级政府或计划单列市政府根据本地区财政负担状况和经济发展水平，拿出本省或者本市的补贴标准。其中，沈阳市政府规定退耕还林还草补贴标准，每年每亩补助300元，补贴年限延长至2020年。安徽省政府规定每亩每年补助生活费105元；每亩每年补助管护费20元，并与管护任务挂钩。新疆维吾尔自治区政府规定退耕还林每亩财政专项资金补助1200元，退耕还草每亩专项资金补助850元。

退耕还林原补助政策尚未到期的粮食补助资金，继续按《国务院办公厅关于完善退耕还林粮食补助办法的通知》（国办发〔2004〕34号）和《财政部　国家发展和改革委员会　国务院西部地区开发领导小组办公室　农业部　国家林业局　国家粮食局　中国农业发展银行关于退耕还林　退牧还草　禁牧舍饲粮食补助资金后有关财政财务处理问题的紧急通知》（财建明电〔2004〕2号）有关规定执行。

除了资金补助政策，各省还有相应的配套政策出台：（1）在尊重农户意愿的前提下，鼓励引入社会力量和资本，依法采取转包、转让、互换、出租、入股等形式，将退耕还林地向企业、专业合作组织、家庭林（农）场、专业大户等新型经营主体流转，适度规模经营，实行效益分成。除每亩300元种苗造林费和120元种苗种草费外，其余退耕还林还草政策补助资金（退耕还林1200元、退耕还草680元）必须兑现给原土地承包经营权人。（2）积极统筹整合中央财政专项扶贫、易地扶贫搬迁、农业综合开发、种植结构调整等项目资金支持退耕还林还草项目建设，促进特色产业发展，开展林粮间作等多种经营，切实调整农业产业结构，增加退耕农户收入，巩固退耕还林成果。（3）完善相关补助政策。一是对符合公益林界定标准的退耕还林地，分别纳入中央、地方森林生态效益补偿范围。未划入公益林的，允许合理经营和依法流转或采伐。二是对符合抚育间伐条件的退耕还林地，纳入森林抚育补贴范围。三是退耕还林还草后，由县级人民政府依法确权变更登记，发放林权证，其林木所有权属原土地承包经营权人或经营主体所有。四是大力发展后续产业。在不影响林木生长、不造成生态破坏和环境污染前提下，科学发展林下种养业。鼓励在退耕地上间种牧草、豆类、中药材、菌类、森林蔬菜等植物，培育相关产业，增加退耕收入。

退耕还林还草者自行采购种苗草种的，县级人民政府或者其委托的乡级人民政府应当在退耕还林还草合同生效时一次付清种苗草种费。集中采购种苗草种的，退耕还林还草验收合格后，种苗草种采购单位应当与退耕还林还草者结算种苗草种费。

在专款专用的前提下，统筹安排中央财政专项扶贫资金、易地扶贫搬迁资金、现代农业生产发展资金、农业综合开发资金等，用于退耕后调整农业产业结构、发展特色产业、增加退耕户收入，巩固退耕成果。

4. 退耕还林原粮食补助政策

（1）根据国务院决定，退耕还林粮食补助发放现金所需的资金由中央财政拨付。坚持退耕还林，国家无偿向退耕户提供粮食补助的标准不变。国家计划内退耕还林补助的粮食，按退耕还林每斤粮食（口粮，原粮）0.70元、退牧还草每斤粮食（饲料、陈化粮）0.45元计算，由中央财政负担，对省级人民政府包干。

（2）粮食补助资金实行农业发展银行专户拨付和管理。中央财政对省级财政的粮食补助资金通过“国家储备粮油补贴”专户拨付。省级财政部门收到中央财政拨入的粮食补助资金后，通过“国家储备粮油补贴”专户，逐级拨付到县级财政部门在农业发展银行开设的专户。各级财政部门必须在“国家储备粮油补贴”专户下单设明细账，专门登记粮食补助资金的收支情况。

（3）中央财政粮食补助资金分两种情况拨付：对当年新增退耕还林面积的补助，中央财政分上下半年两次拨付。地方财政部门按规定可以分两次及时兑付给退耕户；对以前年度已退耕且经验收合格的面积，中央财政在每年4月底之前将资金一次性拨付，地方财政部门必须在5月底之前一次性将补助支付给农户。

（4）粮食补助改发现金后的具体补助标准，按照补助水平不降低的原则，由省级人民政府根据当地实际情况确定。省级人民政府确定的具体补助标准低于中央对省级人民政府的包干标准的，节余的粮食补助资金，滚动用于以后年度以丰补歉，专户储存，专账管理，不得挪作他用；省级人民政府确定的具体补助标准高于中央对省级人民政府的包干标准，粮食补助资金不足的，由省级人民政府自筹资金解决。

(5) 粮食补助现金的发放，由地方财政部门负责。可以采取由乡财政所直接对退耕户发放现金，也可以采取在乡(镇) 金融机构为退耕户开设粮食补助存款户，发放存折或存款卡，具体兑现办法由省级人民政府根据当地实际情况确定。

(6) 粮食补助现金的发放要公开透明。每个农户分到的退耕还林面积、实际完成面积、验收合格面积、应供应的粮食数量或发放的现金数额等，必须在资金发放前在村里张榜公布，接受群众的监督，张榜公布的时间不得少于一周。发放的现金不许集体代领，必须发放到退耕农户，严禁用粮食补助资金抵扣任何款项。

(7) 要及时向退耕户发放粮食补助资金。按《国务院关于进一步完善退耕还林政策措施的若干意见》(国发〔2002〕10号) 规定，对当年新增退耕还林、退牧还草、禁牧舍饲的计划面积，粮食补助资金可分两次发放：第一次在完成整地并经县级人民政府指定的主管部门检查验收后；可以预先兑付部分粮食补助资金，第二次待验收合格后再兑现补助资金余额。以后年度，凭每年有关部门的检查验收凭证，向退耕户一次性发放粮食补助资金。

(8) 继续向退耕户供应粮食实物的，由地方政府用“国家储备粮油补贴”专户资金购买粮食，供应到户，采购粮食原则上应采取公开招标办法，通过规范的县以上粮食批发市场，组织粮源。新购买粮食的价款及供粮企业向退耕户供应粮食发生的合理费用，由“国家储备粮油补贴”专户资金支付。粮食补助资金不足的，首先由以前年度节余的以丰补歉资金解决，仍有缺口的，由地方财政筹资弥补，不得转嫁给供粮企业和退耕农户，如有节余，滚动用于以后年度以丰补歉，专户储存，专账管理，不得挪作他用。

供应粮食的合理费用指向农民发放补助粮食的供粮企业在粮食供应环节发生的有关费用（原则上是指车船启运前发生的有关费用，县内短途运输费用，地方财政安排有困难的，也可以纳入供粮合理费用）。粮食价款及合理费用的核定标准、结算办法由地方财政部门会同同级粮食部门、中国农业发展银行确定。

（9）粮食调运费由省级财政承担。粮食补助资金有节余，省级财政安排又有困难的地区，允许从节余资金中先垫付一部分调动费，待以后年度，省级财政安排预算补回垫付的资金。

（10）粮食补助资金实行“按季反映，年终清算”。省级财政部门会同同级粮食部门、中国农业发展银行在每季度结束后25日内，向财政部、国家粮食局、中国农业发展银行报送“退耕还林粮食补助季报”，反映本省退耕还林进展和粮食供应、现金发放情况，同时抄报国家发展改革委、国务院西部开发办公室、农村农业部、国家林业局。年度结束后，省级财政部门会同同级粮食部门、中国农业发展银行，根据国家林业、农业等部门对工程的验收情况及有关政策，办理退耕还林粮食补助决算，于次年2月底之前，将决算报表报财政部、国家粮食局、中国农业发展银行备案，同时抄报国家发展改革委、国务院西部开发办公室、农村农业部、国家林业局。

三十九、农机购置补贴政策主要内容

农机购置补贴是农业机械购置补贴资金的简称，是指中央财政和地方财政为农民和农业生产经营组织购买国家支持推广的先进适用的农业机械给予的补贴。财政部每年对农村农业部的预算批复都有对农民和农业生产经营组织购买和更新农机具的补贴。自2012年开始，农业部在全国17个省市开展补贴资金结算级次下放、农民全价购机、选择部分机具普惠等完善农机购置补贴操作方式试点。到2014年，国家累计投入农机购置补贴1859亿元，最高年份农机补贴高达255亿元。从2017年开始，补贴资金开始向稳定方向发展，当年补贴资金同比减少近50亿元，而深松补贴占据一部分。2017年中央财政支出总体规模压缩，安排用于农机购置补贴的中央资金压减至186亿元。2018年补贴资金总数仍维持在180亿元的高位。

1. 农机购置补贴范围

中央财政资金补贴机具种类范围。农业部根据全国农业发展需要和国家产业政策，在充分考虑到各省地域差异和农业机械化实际的基础上，规定了中央农机购置补贴机具种类范围包括 15 大类 42 个小类 137 个品目机具。具体规定如下：

第 1 大类：耕整地机械

1.1 耕地机械。包括有：铧式犁；旋耕机（含履带自走式旋耕机）；深松机；开沟机；耕整机；微耕机；机滚船；机耕船。

1.2 整地机械。包括有：圆盘耙；起垄机；灭茬机；筑埂机；铺膜机；联合整地机；驱动耙。

第 2 大类：种植施肥机械

2.1 播种机械。包括有：条播机；穴播机；小粒种子播种机；根茎作物播种机；免耕播种机；铺膜播种机；水稻直播机；旋耕播种机。

2.2 育苗机械设备。包括有：种子播前处理设备；营养钵压制机；秧盘播种成套设备（含床土处理）。

2.3 栽植机械。包括有：水稻插秧机；秧苗移栽机（含甜菜移栽机、水稻钵苗移栽机、水稻抛秧机和油菜栽植机）；甘蔗种植机。

2.4 施肥机械。包括有：施肥机（含水稻侧深施肥装置）；撒肥机；追肥机。

第 3 大类：田间管理机械

3.1 中耕机械。包括有：中耕机（含甘蔗中耕机）；培土机；埋藤机；田园管理机；中耕追肥机。

3.2 植保机械。包括有：动力喷雾机；喷杆喷雾机；风送喷雾机。

3.3 修剪机械。包括有：茶树修剪机。

第 4 大类：收获机械

4.1 谷物收获机械。包括有：割晒机；自走轮式谷物联合收割机；自走履带式谷物联合收割机（全喂入）；半喂入联合收割机。

4.2 玉米收获机械。包括有：自走式玉米收获机；自走式玉米籽粒联合收获机；穗茎兼收玉米收获机；玉米收获专用割台。

4.3 棉麻作物收获机械。包括有：棉花收获机。

4.4 果实收获机械。包括有：番茄收获机；辣椒收获机。

4.5 蔬菜收获机械。包括有：果类蔬菜收获机。

4.6 花卉（茶叶）采收机械。包括有：采茶机。

4.7 籽粒作物收获机械。包括有：油菜籽收获机。

4.8 根茎作物收获机械。包括有：薯类收获机；甜菜收获机；甘蔗收获机；甘蔗割铺机；花生收获机。

4.9 饲料作物收获机械。包括有：割草机；搂草机；打（压）捆机；圆草捆包膜机；青饲料收获机。

4.10 茎秆收集处理机械。包括有：秸秆粉碎还田机；高秆作物割晒机。

第5大类：收获后处理机械

5.1 脱粒机械。包括有：稻麦脱粒机；玉米脱粒机；花生摘果机。

5.2 清选机械。包括有：粮食清选机；籽棉清理机。

5.3 干燥机械。包括有：谷物烘干机；果蔬烘干机；油菜籽烘干机。

5.4 种子加工机械。包括有：种子清选机。

第6大类：农产品初加工机械

6.1 碾米机械。包括有：碾米机；组合米机。

6.2 磨粉（浆）机械。包括有：磨粉机；磨浆机。

6.3 果蔬加工机械。包括有：水果分级机；水果清洗机；水果打蜡机；蔬菜清洗机。

6.4 茶叶加工机械。包括有：茶叶杀青机；茶叶揉捻机；茶叶炒（烘）干机；茶叶筛选机；茶叶理条机。

6.5 剥壳（去皮）机械。包括有：玉米剥皮机；花生脱壳机；干坚果脱壳机；剥（刮）麻机。

第 7 大类：农用搬运机械

7.1 运输机械。包括有：甘蔗田间收集搬运机。

7.2 装卸机械。包括有：抓草机。

第 8 大类：排灌机械

8.1 水泵。包括有：离心泵；潜水电泵。

8.2 喷灌机械设备。包括有：喷灌机；微灌设备；灌溉首部（含灌溉水增压设备、过滤设备、水质软化设备、灌溉施肥一体化设备以及营养液消毒设备）。

第 9 大类：畜牧机械

9.1 饲料（草）加工机械设备。包括有：铡草机；青贮切碎机；揉丝机；压块机；饲料（草）粉碎机；饲料混合机；颗粒饲料压制机；饲料制备（搅拌）机；秸秆膨化机。

9.2 饲养机械。包括有：孵化机；喂料机；送料机；清粪机；粪污固液分离机。

9.3 畜产品采集加工机械设备。包括有：挤奶机；剪羊毛机；贮奶（冷藏）罐。

第 10 大类：水产机械

10.1 水产养殖机械。包括有：增氧机；网箱养殖设备。

第 11 大类：农业废弃物利用处理设备

11.1 废弃物处理设备。包括有：残膜回收机；沼液沼渣抽排设备；秸秆压块（粒、棒）机；病死畜禽无害化处理设备。

第 12 大类：农田基本建设机械

12.1 平地机械。包括有：平地机（含激光平地机）。

第 13 大类：设施农业设备

13.1 温室大棚设备。包括有：电动卷帘机；热风炉；加温系统（含燃油热风炉、热水加温系统）；水帘降温设备。

第 14 大类：动力机械

14.1 拖拉机。包括有：轮式拖拉机（不含皮带传动轮式拖拉机）；手扶拖拉机；履带式拖拉机。

第 15 大类：其他机械

15.1 养蜂设备。包括有：养蜂平台。

15.2 其他机械。包括有：简易保鲜储藏设备；农业用北斗终端（含渔船用）；水井钻机；沼气发电机组；天然橡胶初加工专用机械。

除了规定的 15 大类 42 个小类 137 个品目外，各省和自治区、直辖市及计划单列市、新疆生产建设兵团、黑龙江省农垦总局、广东省农垦总局，根据农业生产实际需要和补贴资金规模，按照公开、公平、公正原则，从上述补贴范围中选取确定本省补贴机具品目，实行补贴范围内机具敞开补贴。要优先保证粮食等主要农产品生产所需机具和深松整地、免耕播种、高效植保、节水灌溉、高效施肥、秸秆还田离田、残膜回收、畜禽粪污资源化利用、病死畜禽无害化处理等支持农业绿色发展机具的补贴需要，逐步将区域内保有量明显过多、技术相对落后、需求量小的机具品目剔除出补贴范围。

补贴机具必须是补贴范围内的产品，同时还应具备以下资质之一：获得农业机械试验鉴定证书（农业机械推广鉴定证书）；获得农机强制性产品认证证书；列入农机自愿性认证采信试点范围，获得农机自愿性产品认证证书。补贴机具须在明显位置固定标有生产企业、产品名称和型号、出厂编号、生产日期、执行标准等信息的永久性铭牌。各省可选择不超过 3 个品目的产品开展农机新产品购置补贴试点，重点支持绿色生态导向和丘陵山区特色产业适用机具。补贴范围的调整按年度进行。对经过新产品试点基本成熟、取得资质条件的品目，可依程序按年度纳入补贴范围。

地方特色农业发展所需和小区域适用性强的机具，可列入地方各级财政安排资金的补贴范围，具体补贴机具品目和补贴标准由地方自定。

除 15 大类 42 个小类 137 个品目外，各地可在 15 大类内自行增加不超过 30 个品目的其他机具列入中央资金补贴范围，自选品目须向农业部备案，阐明补贴理由、每个品目涉及的生产厂家数量、产品型号、市场平均销售价格、补贴额等。

背负式小麦联合收割机、皮带传动轮式拖拉机、运输机械、装载机、农用航空器、内燃机、燃油发电机组、风力设备、水力设备、太阳能设备、包装机械、牵引机械、网围栏、保温被、设施农业的土建部分（指用泥土、砖瓦、砂石料、钢筋混凝土等建筑材料修砌的温室大棚地基、墙体等）及黄淮海地区玉米籽粒联合收割机不列入中央资金补贴范围。

手扶拖拉机仅限在血防区和丘陵山区补贴。玉米小麦两用收割机按小麦联合收割机和单独的玉米收割台分别补贴。

2. 农机购置补贴对象和补贴标准

补贴对象为从事农业生产的个人和农业生产经营组织，其中农业生产经营组织包括农村集体经济组织、农民专业合作经济组织、农业企业和其他从事农业生产经营的组织。在保障农民购机权益的前提下，鼓励因地制宜发展农机社会化服务组织，提升农机作业专业化社会化服务水平。

中央财政农机购置补贴实行定额补贴，补贴额由各省农机化主管部门负责确定，其中，通用类机具补贴额不超过农业部发布的最高补贴额。补贴额依据同档产品上年市场销售均价测算，原则上测算比例不超过30%。上年市场销售均价可通过本省农机购置补贴辅助管理系统补贴数据测算，也可通过市场调查或委托有资质的社会中介机构进行测算。对技术含量不高、区域拥有量相对饱和的机具品目，应降低补贴标准。为提高资金使用效益、减少具体产品补贴标准过高的情形，各省也可采取定额与比例相结合等其他方式确定补贴额，具体由各省结合实际自主确定。

一般补贴机具单机补贴额原则上不超过5万元；挤奶机械、烘干机单机补贴额不超过12万元；100马力以上拖拉机、高性能青饲料收获机、大型免耕播种机、大型联合收割机、水稻大型浸种催芽程控设备单机补贴额不超过15万元；200马力以上拖拉机单机补贴额不超过25万元；大型甘蔗收获机单机补贴额不超过40万元；大型棉花采摘机单机补贴额不超过60万元。

西藏和新疆南疆五地州（含南疆垦区）继续按照《农业部办公厅　财政部办公厅关于在西藏和新疆南疆地区开展差别化农机购置补贴试点的通知》（农办财〔2017〕19号）执行。在多个省份进行补贴的机具品目，相关省农机化主管部门要加强信息共享，力求分档和补贴额相对统一稳定。

补贴额的调整工作一般按年度进行。鉴于市场价格具有波动性，在政策实施过程中，具体产品或具体档次的中央财政资金实际补贴比例在30%上下一定范围内浮动符合政策规定。发现具体产品实际补贴比例明显偏高时，应及时组织调查，对有违规情节的，按农业部、财政部联合制定的《农业机械购置补贴产品违规经营行为处理办法（试行）》以及本省相关规定处理；对无违规情节且已购置的产品，可按原规定履行相关手续，并视情况优化调整该产品补贴额。

3. 农机购置补贴发放流程

农机购置补贴实行自主购机、定额补贴、先购后补、县级结算、直补到卡（户）的办法。各省应根据农村农业部的规定，结合本地实际，进一步细化和制定具体工作流程。基本的工作流程及其工作内容如下：

（1）发布实施规定。省级及以下农机化主管部门、财政部门按职责分工和有关规定发布本地区农机购置补贴实施方案、补贴额一览表等信息。

（2）组织机具投档。自愿参与农机购置补贴的农机生产企业按规定提交有关资料。各省农机化主管部门组织开展形式审核，集中公布投档产品信息汇总表。各省应在本省补贴实施方案中明确投档频次和工作安排，原则上每年投档次数不少于两次。

（3）自主选机购机。购机者自主选机购机，并对购机行为和购买机具的真实性负责，承担相应责任义务。鼓励非现金方式支付购机款，便于购置行为及资金往来全程留痕。购机者对其购置的补贴机具拥有所有权，可自主使用、依法依规处置。

（4）补贴资金申请。购机者自主向当地农机化主管部门提出补贴资金申领事项，按规定提交申请资料，其真实性、完整性和有效性由购机者和补贴机具产销企业负责，并承担相关法律责任。实行牌证管理的机具，要先行办理牌证照。严禁以任何方式授予补贴机具产销企业进入农机购置补贴辅助管理系统办理补贴申请的具体操作权限，严禁补贴机具产销企业代替购机者到主管部门办理补贴申请手续。各地可结合实际，设置购机者年度内享受补贴资金总额的上限及其申请条件等。鼓励有条件的省份探索利用农业部新型农业经营主体信息直报系统实行网上补贴申请试点。

（5）补贴产品核验。核验，是指农机购置者申请享受农机购置补贴政策时，对其享受农机购置补贴政策的审核检验。县级农机、财政主管部门负责核验工作。产品核验由农机购置者自愿申请，并提供下列材料：购置者的身份证明；购置者购置的产品；购置产品的发票；补贴要求的其他相关材料。核验按照下列方式进行：①察看。察看购置者、购置产品、购置发票；②审核。审核购置者出示的身份证明、购置产品、购置发票的规范性、完整性、一致性和补贴要求的其他相关材料；③检验。检验购置产品的外观、铭牌、发动机号、产品架号、购置发票的相互一致性和完整性；④采录。通过拍照或拓印等方式采录产品的铭牌、发动机号、产品架号等产品信息，并通过购置者与购置产品同框拍照等方式采录购置产品的现实情况。符合下列条件的，方可通过核验：①购置者、购置产品、购置发票在核验时俱全；②购置者身份证明、购置产品、购置发票规范、完整、一致；③产品的外观、铭牌、发动机号、产品架号、购置发票内容相互一致并完整；④购置者身份、购置产品、购置数量等符合本省农机购置补贴政策；⑤购置时间在本省农机购置补贴时限内。核验产品时，核验人员不得少于2人，并至少有农机和财政部门各1人参加。核验产品，由核验人员共同核验。核验完成后，核验人员应当在核验单上写明核验意见和签署姓名并注明日期。

（6）补贴资金兑付。县级农机化主管部门、财政部门按职责分工、时限要求对补贴相关申请资料进行形式审核，组织核验重点机具，由财政部门向符合要求的购机者发放补贴资金。对实行牌证管理的补贴机具，可由农机安全监理机构在上牌过程中一并核验；对安装类、设施类或安全风险较高类补贴机具，可在生产应用一段时期后兑付补贴资金。

四十、城乡居民基本养老保险政策主要内容

城乡居民基本养老保险是指国家为了保障城乡居民老年基本生活而建立的一项基本养老保险制度，实行个人缴费、集体补助、政府补贴的筹资模式，基础养老金和个人账户养老金相结合的待遇支付方式。其中，基础养老金是指中央和地方政府确定计发标准，并为符合待遇领取条件的城乡居民基本养老保险参保人员支付的养老金。个人账户养老金是指参保人员符合养老保险待遇领取条件时，按照其个人账户全部储存额除以计发系数计算并支付的养老金。建立统一城乡居民基本养老保险制度，是一项具有实质意义的改革突破。这意味着我国开始从城乡制度分别建设的阶段，进入到打破公共服务城乡二元制度、推进制度并轨的新阶段。城乡养老保障制度有效并轨后，城乡居民享受制度上无差别、水平大致相当的养老保障，在制度模式、筹资方式、待遇支付等将实现无差距对接。

1. 城乡居民基本养老保险制度建立基本原则

城镇居民基本养老保险制度建立坚持保基本、广覆盖、有弹性、可持续的基本原则。一是从城镇居民的实际情况出发，

低水平起步，筹资标准和待遇标准要与经济发展及各方面承受能力相适应；二是个人（家庭）和政府合理分担责任，权利与义务相对应；三是政府主导和居民自愿相结合，引导城镇居民普遍参保；四是中央确定基本原则和主要政策，地方制定具体办法，城镇居民养老保险实行属地管理。

2. 城乡居民基本养老保险参保范围

年满16周岁（不含在校学生），非国家机关和事业单位工作人员及不属于职工基本养老保险制度覆盖范围的城乡居民，可以在户籍地参加城乡居民基本养老保险。

3. 城乡居民基本养老保险资金来源

城乡居民基本养老保险基金由个人缴费、集体补助、政府补贴构成。（1）个人缴费。参加城乡居民基本养老保险的人员应当按规定缴纳养老保险费。缴费标准目前设为每年100元、200元、300元、400元、500元、600元、700元、800元、900元、1000元、1500元、2000元12个档次，省（区、市）人民政府可以根据实际情况增设缴费档次，最高缴费档次标准原则上不超过当地灵活就业人员参加职工基本养老保险的年缴费额，并报人力资源社会保障部备案。目前我国并未统一规定城乡居民基本养老保险缴费标准，由各省市自行规定缴费标准。像深圳居民基本养老保险缴费设置10个缴费档次，分别是每年120元、240元、360元、480元、600元、960元、1200元、1800元、2400元、3600元。石家庄居民基本养老保险缴费档次设定是每人每年100元、200元、300元、400元、500元、600元、700元、800元、900元、1000元、1500元、

2000元、3000元13个档次。人力资源社会保障部会同财政部依据城乡居民收入增长等情况适时调整缴费档次标准。参保人自主选择档次缴费，多缴多得。（2）集体补助。有条件的村集体经济组织应当对参保人缴费给予补助，补助标准由村民委员会召开村民会议民主确定，鼓励有条件的社区将集体补助纳入社区公益事业资金筹集范围。鼓励其他社会经济组织、公益慈善组织、个人为参保人缴费提供资助。补助、资助金额不超过当地设定的最高缴费档次标准。（3）政府补贴。政府对符合领取城乡居民基本养老保险待遇条件的参保人全额支付基础养老金，其中，中央财政对中西部地区按中央确定的基础养老金标准给予全额补助，对东部地区给予50%的补助。地方人民政府应当对参保人缴费给予补贴，对选择最低档次标准缴费的，补贴标准不低于每人每年30元；对选择较高档次标准缴费的，适当增加补贴金额；对选择500元及以上档次标准缴费的，补贴标准不低于每人每年60元，具体标准和办法由省（区、市）人民政府确定。像深圳居民基本养老保险财政补贴分别是每年30元、40元、50元、60元、70元、80元、90元、100元、110元、120元。对重度残疾人等缴费困难群体，地方人民政府为其代缴部分或全部最低标准的养老保险费。石家庄政府对参保人选择100～400元档次标准缴费的，补贴标准为每人每年30元；对选择500元及以上档次标准缴费的，补贴标准为每人每年60元。石家庄政府为参保的重度残疾人每人每年代缴最低缴费标准100%的养老保险费；为参保的其他残疾人每人每年代缴最低缴费标准的50%，同时享受30元的政府补贴，财政补贴与代缴部分全部记入个人账户。石家庄政府还鼓励中青年城乡居民长期缴费，对缴费超过15年且符合领取条件的参保人，每多缴费 1 年，其月基础养老金增加 1 元。

4. 城乡居民基本养老保险待遇

城乡居民基本养老保险待遇由基础养老金和个人账户养老金构成，支付终身。其中，对于基础养老金部分，中央确定基础养老金最低标准，建立基础养老金最低标准正常调整机制，根据经济发展和物价变动等情况，适时调整全国基础养老金最低标准。地方人民政府可以根据实际情况适当提高基础养老金标准；对长期缴费的，可适当加发基础养老金，提高和加发部分的资金由地方人民政府支出，具体办法由省（区、市）人民政府规定，并报人力资源社会保障部备案。对于个人账户养老金部分。个人账户养老金的月计发标准，目前为个人账户全部储存额除以 139（与现行职工基本养老保险个人账户养老金计发系数相同）。参保人死亡，个人账户资金余额可以依法继承。

5. 城乡居民基本养老保险领取条件

国家为每个参保人员建立终身记录的养老保险个人账户，个人缴费、地方人民政府对参保人的缴费补贴、集体补助及其他社会经济组织、公益慈善组织、个人对参保人的缴费资助，全部记入个人账户。个人账户储存额按国家规定计息。

参加城乡居民基本养老保险的个人，年满 60 周岁、累计缴费满 15 年，且未领取国家规定的基本养老保障待遇的，可以按月领取城乡居民基本养老保险待遇。新农保或城居保制度实施时已年满 60 周岁，在城乡居民基本养老保险意见印发之日前未领取国家规定的基本养老保障待遇的，不用缴费，自城乡居民基本养老保险意见实施之月起，可以按月领取城乡居民基本养老保险基础养老金；距规定领取年龄不足 15 年的，应逐年缴费，也允许补缴，累计缴费不超过 15 年；距规定领取年龄超过 15 年的，应按年缴费，累计缴费不少于 15 年。城乡居民基本养老保险待遇领取人员死亡的，从次月起停止支付其养老金。有条件的地方人民政府可以结合本地实际探索建立丧葬补助金制度。社会保险经办机构应每年对城乡居民基本养老保险待遇领取人员进行核对；村（居）民委员会要协助社会保险经办机构开展工作，在行政村（社区）范围内对参保人待遇领取资格进行公示，并与职工基本养老保险待遇等领取记录进行比对，确保不重、不漏、不错。

6. 城乡居民基本养老保险管理

将新农保基金和城居保基金合并为城乡居民基本养老保险基金，完善城乡居民基本养老保险基金财务会计制度和各项业务管理规章制度。城乡居民基本养老保险基金纳入社会保障基金财政专户，实行收支两条线管理，单独记账、独立核算，任何地区、部门、单位和个人均不得挤占挪用、虚报冒领。各地要在整合城乡居民基本养老保险制度的基础上，逐步推进城乡居民基本养老保险基金省级管理。城乡居民基本养老保险基金按照国家统一规定投资运营，实现保值增值。

各级人力资源社会保障部门要会同有关部门认真履行监管职责，建立健全内控制度和基金稽核监督制度，对基金的筹集、上解、划拨、发放、存储、管理等进行监控和检查，并按规定披露信息，接受社会监督。财政部门、审计部门按各自职责，对基金的收支、管理和投资运营情况实施监督。对虚报冒领、挤占挪用、贪污浪费等违纪违法行为，有关部门按国家有关法律法规严肃处理。要积极探索有村（居）民代表参加的社会监督的有效方式，做到基金公开透明，制度在阳光下运行。

运用现代管理方式和政府购买服务方式，降低行政成本，提高工作效率。要加强城乡居民基本养老保险工作人员专业培训，不断提高公共服务水平。社会保险经办机构要认真记录参保人缴费和领取待遇情况，建立参保档案，按规定妥善保存。地方人民政府要为经办机构提供必要的工作场地、设施设备、经费保障。城乡居民基本养老保险工作经费纳入同级财政预算，不得从城乡居民基本养老保险基金中开支。基层财政确有困难的地区，省市级财政可给予适当补助。各地要在现有新农保和城居保业务管理系统基础上，整合形成省级集中的城乡居民基本养老保险信息管理系统，纳入“金保工程”建设，并与其他公民信息管理系统实现信息资源共享；要将信息网络向基层延伸，实现省、市、县、乡镇（街道）、社区实时联网，有条件的地区可延伸到行政村；要大力推行全国统一的社会保障卡，方便参保人持卡缴费、领取待遇和查询本人参保信息。建立全国统一的基本养老保险参保缴费信息查询服务系统，进一步完善全国社会保险关系转移系统，加快普及全国通用的社会保障卡，为参保人员查询参保缴费信息、办理城乡养老保险制度衔接手续提供便捷有效的技术服务。

7. 城乡居民基本养老保险衔接手续办理程序

参保人员办理城乡养老保险制度衔接手续时，按下列程序办理：（1）由参保人员本人向待遇领取地社会保险经办机构提出养老保险制度衔接的书面申请。（2）待遇领取地社会保险经办机构受理并审核参保人员书面申请，对符合本办法规定条件的，在15个工作日内，向参保人员原城镇职工基本养老保险、城乡居民基本养老保险关系所在地社会保险经办机构发出联系函，并提供相关信息；对不符合本办法规定条件的，向申请人作出说明。（3）参保人员原城镇职工基本养老保险、城乡居民基本养老保险关系所在地社会保险经办机构在接到联系函的15个工作日内，完成制度衔接的参保缴费信息传递和基金划转手续。（4）待遇领取地社会保险经办机构收到参保人员原城镇职工基本养老保险、城乡居民基本养老保险关系所在地社会保险经办机构转移的资金后，应在15个工作日内办结有关手续，并将情况及时通知申请人。

8. 城乡居民基本养老保险衔接办理规定

县级以上社会保险经办机构负责城乡养老保险制度衔接业务经办。参保人员达到城镇职工基本养老保险法定退休年龄，如有分别参加城镇职工基本养老保险、城乡居民基本养老保险情形，在申请领取养老保险待遇前，向待遇领取地社保机构申请办理城乡养老保险制度衔接手续。（1）城镇职工基本养老保险缴费年限满15年（含延长缴费至15年）的，应向城镇职工基本养老保险待遇领取地社保机构申请办理从城乡居民基本养老保险转入城镇职工基本养老保险。（2）城镇职工基本养老保险缴费年限不足15年或按规定延长缴费仍不足15年的，应向城乡居民基本养老保险待遇领取地社保机构申请办理从城镇职工基本养老保险转入城乡居民基本养老保险。

办理参保人员城镇职工基本养老保险和城乡居民基本养老保险制度衔接手续的，社保机构应首先按照《国务院办公厅关于转发人力资源社会保障部财政部城镇企业职工基本养老保险关系跨省转移接续暂行办法的通知》（国办发〔2009〕66号）等有关规定，确定城镇职工基本养老保险待遇领取地，由城镇职工基本养老保险待遇领取地（即城镇职工基本养老保险关系归集地）负责归集参保人员城镇职工基本养老保险关系，告知参保人员办理相关手续，并为其开具包含各参保地缴费年限的《城镇职工基本养老保险参保缴费凭证》。

参保人员办理城乡居民基本养老保险转入城镇职工基本养老保险，按以下程序办理相关手续：（1）参保人员向城镇职工基本养老保险待遇领取地社保机构提出转入申请，填写《城乡养老保险制度衔接申请表》，出示社会保障卡或居民身份证并提交复印件。参保人员户籍地与城镇职工基本养老保险待遇领取地为不同统筹地区的，可就近向户籍地负责城乡居民基本养老保险的社保机构提出申请，填写《申请表》，出示社会保障卡或居民身份证，并提交复印件。户籍地负责城乡居民基本养老保险的社保机构应及时将相关材料传送给其城镇职工基本养老保险待遇领取地社保机构。（2）城镇职工基本养老保险待遇领取地社保机构受理并审核《申请表》及相关资料，对符合制度衔接办法规定条件的，应在15个工作日内，向参保人员城乡居民基本养老保险关系所在地社保机构发出《城乡养老保险制度衔接联系函》。不符合制度衔接办法规定条件的，应向参保人员作出说明。（3）城乡居民基本养老保险关系所在地社保机构在收到《联系函》之日起的15个工作日内办结以下手续：核对参保人员有关信息并生成《城乡居民基本养老保险信息表》，传送给城镇职工基本养老保险待遇领取地社保机构；办理基金划转手续；终止参保人员在本地的城乡居民基本养老保险关系。（4）城镇职工基本养老保险待遇领取地社保机构在收到《城乡居民基本养老保险信息表》和转移基金后的15个工作日内办结以下手续：核对《城乡居民基本养老保险信息表》及转移基金额；录入参保人员城乡居民基本养老保险相关信息；确定重复缴费时段及金额，按规定将城乡居民基本养老保险重复缴费时段相应个人缴费和集体补助（含社会资助，下同）予以清退；合并记录参保人员个人账户；将办结情况告知参保人员。

参保人员办理城镇职工基本养老保险转入城乡居民基本养老保险，按以下程序办理相关手续：（1）参保人员向城乡居民基本养老保险待遇领取地社保机构提出申请，填写《申请表》，出示社会保障卡或居民身份证并提交复印件，提供城镇职工基本养老保险关系归集地开具的《参保缴费凭证》。（2）城乡居民基本养老保险待遇领取地社保机构受理并审核《申请表》及相关资料，对符合制度衔接办法规定条件的，应在15个工作日内，向城镇职工基本养老保险关系归集地社保机构发出《联系函》。对不符合制度衔接办法规定条件的，应向参保人员作出说明。（3）城镇职工基本养老保险关系归集地社保机构收到《联系函》之日起的15个工作日内，办结以下手续：生成《城镇职工基本养老保险信息表》，传送给城乡居民基本养老保险待遇领取地社保机构；办理基金划转手续；终止参保人员在本地的城镇职工基本养老保险关系。（4）城乡居民基本养老保险关系所在地社保机构在收到《城镇职工基本养老保险信息表》和转移基金后的15个工作日内办结以下手续：核对《城镇职工基本养老保险信息表》及转移基金额；录入参保人员城镇职工基本养老保险相关信息；确定重复缴费时段及金额，按规定予以清退；合并记录参保人员个人账户；将办结情况告知参保人员。

参保人员存在同一年度内同时参加城镇职工基本养老保险和城乡居民基本养老保险情况的，由转入地社保机构清退城乡居民基本养老保险重复缴费时段相应的个人缴费和集体补助，按以下程序办理：（1）进行信息比对，确定重复缴费时段。重复时段为城乡居民基本养老保险各年度与城镇职工基本养老保险重复缴费的月数。（2）确定重复缴费清退金额，生成并打印《城乡养老保险重复缴费清退表》。重复缴费清退金额计算方法是：年度重复缴费清退金额 =（年度个人缴费本金 + 年度集体补助本金）/12 × 重复缴费月数。清退总额应该等于各年度重复缴费清退金额之和。（3）将重复缴费清退金额退还参保人员，并将有关情况通知本人。

参保人员同时领取城镇职工基本养老保险和城乡居民基本养老保险待遇的，由城乡居民基本养老保险待遇领取地社保机构负责终止其城乡居民基本养老保险关系，核定重复领取的城乡居民基本养老保险基础养老金金额，通知参保人员退还。参保人员退还后，将其城乡居民基本养老保险个人账户余额（扣除政府补贴，下同）退还本人。参保人员不退还重复领取的城乡居民基本养老保险基础养老金的，城乡居民基本养老保险待遇领取地社保机构从其城乡居民基本养老保险个人账户余额中抵扣，抵扣后的个人账户余额退还本人。参保人员个人账户余额不足抵扣的，城乡居民基本养老保险待遇领取地社保机构向其领取城镇职工基本养老保险待遇的社保机构发送《重复领取养老保险待遇协助抵扣通知单》，通知其协助抵扣。参保人员城镇职工基本养老保险待遇领取地社保机构完成抵扣后，应将协助抵扣款项全额划转至城乡居民基本养老保险待遇地社保机构指定银行账户，同时传送《重复领取养老保险待遇协助抵扣回执》。

负责城镇职工基本养老保险、城乡居民基本养老保险的社保机构办理参保人员城乡养老保险制度衔接手续后，应将参保人员有关信息予以保留和备份。

9. 城乡居民基本养老保险缴费时间

现行我国城乡居民基本养老保险缴费时间由各省市自行制定。例如，从每年的 4 月 1 日至 12 月 10 日是北京市城乡居民基本养老保险的参保缴费期，参保人可在此期间在本人开立的专用存折中存入足额保险费，缴纳当年的参保费用。陕西省铜川市规定每年的 1 月 1 日至 6 月 30 日是铜川市城乡居民基本养老保险的参保缴费期。还有相当部分省市由人力资源和社会保障局每年下发通知单独规定本年度具体缴费时间。

10. 城乡居民基本养老保险缴费年限

目前我国城乡居民基本养老保险缴费年限最低为 15 年，鼓励居民长期缴费，长缴多得。一般城乡居民年满 60 周岁，且养老保险缴费年限满 15 年即可申请领取居民养老金。

11. 城乡居民基本养老保险缴费计算

不同城市居民养老金计算方法不同。深圳居民养老金计算方法如下：具有本市户口不满 8 周年的，每月 240 元；具有本市户口满 8 周年的次月起，每月 360 元。参保人缴费 15 年以上的，缴费每增加 1 年，每月加发 3 元基础养老金；个人账户养老金：月计发标准为个人账户储存额除以计发月数，如参保人个人账户支取完毕后，按照原标准继续发放个人账户养老金，所需资金由市、区财政各承担一半。

基础养老金 =（全省上年度在岗职工月平均工资 + 本人指数化月平均缴费工资）/2 × 缴费年限（含视同缴费年限）×1% = 全省上年度在岗职工月平均工资 ×（1 + 本人平均缴费指数）/2 × 缴费年限 ×1%

其中，本人指数化月平均缴费工资 = 全省上年度在岗职工月平均工资 × 本人平均缴费指数

从上述公式中可以看到，在缴费年限相同的情况下，基础养老金的高低取决于个人的平均缴费指数，个人的平均缴费指数就是自己实际的缴费基数与社会平均工资之比的历年平均值。低限为 0.6，高限为 3。在养老金的计算中，无论何种情况，缴费基数越高，缴费的年限越长，养老金就会越高。养老金的领取是无限期规定的，只要领取人生存，就可以享受按月领取养老金的待遇，即使个人账户养老金已经用完，仍然会继续按照原标准计发基础养老金，况且，个人养老金还要逐年根据社会在岗职工的月平均工资的增加而增长。因此，活得越久，就可以领取得越多，相对于交费来说，肯定更加划算。

假定男职工在 60 岁退休时，全省上年度在岗职工月平均工资为 4000 元，累计缴费年限为 15 年时：

个人平均缴费指数 0.6 时，基础养老金 =（4000 + 4000 × 0.6）/2 ×15 ×1% = 480（元）。

个人平均缴费指数 1.0 时，基础养老金 =（4000 + 4000 × 1.0）/2 ×15 ×1% = 600（元）。

个人平均缴费指数 3.0 时，基础养老金 =（4000 + 4000 ×

3.0）/2×15×1% =1200（元）。

累计缴费年限为40年时：

个人平均缴费指数0.6时，基础养老金=（4000+4000×0.6）/2×40×1% =1280（元）。

个人平均缴费指数1.0时，基础养老金=（4000+4000×1.0）/2×40×1% =1600（元）。

个人平均缴费指数3.0时，基础养老金=（4000+4000×3.0）/2×40×1% =3200（元）。

平均缴费指数就是去年你按1000元基数缴纳，而社会当年平均工资2000元，那你的当年指数就是0.5，把每年的算出来平均。很容易，到时候你自己就可以计算享受多少养老退休金。

个人账户养老金=个人账户储存额/计发月数（计发月数根据退休年龄和当时的人口平均寿命来确定）。计发月数略等于（人口平均寿命-退休年龄）×12。目前50岁为195、55岁为170、60岁为139。

个人账户养老金补缴金额=补缴时上年度社会职工平均工资×应补年度的欠缴指数×11% ×补缴系数

个人账户养老金个人缴费金额=补缴时上年度社会职工平均工资×应补年度的欠缴指数×个人缴费比例×补缴系数

计算个人账户金和个人账户金中的个人缴纳部分公式中的应补年度不得早于1996年。其中，欠缴指数=当年欠缴基数总额÷当年度社会职工平均工资。1997年底前未缴基本养老保险费按规定需要补缴的，先用职工应补年度的实发工资除以当年的社会职工平均工资确定欠缴指数，然后进行补缴。

农民朋友补缴城乡居民社会养老保险到底是否合算，可以拿实例计算一下。李某，男，58 周岁。李某可以选择缴费 2 年，也可以补缴 13 年基础养老金的办法。若按现行利率 3.5% 计算，其相关数据如表 4 所示：

表 4　　单位：元

缴费标准	个人账户存储额	个人账户养老金	基础养老金	月领取额	年领取额
100 元/年交 2 年	（100 + 30） × 2 + 9.3 = 269.3	1.94	55	56.94	683.28
补缴 13 年 100 元/年	100 × 13 + （100 + 30） × 2 + 9.3 = 1569.3	11.29	55	66.29	795.48
补缴 13 年 1000 元/年	1000 × 13 + （1000 + 30） × 2 + 73.36 = 15133.36	108.87	55	163.87	1966.44

12. 城乡居民基本养老保险参保

申请参保人员应提供居民身份证和户口簿原件及复印件，特殊参保群体另需提供相关证明材料原件及复印件。参保申请可向所在地村（居）民委员会和乡镇（街道）事务所提出。协办员应接收辖区居民提出的参保申请，并指导其填写参保表格。若其本人无法填写，可由受托亲属或协办员代填，但应有其本人签字、签章或留指纹确认。协办员检查参保人员相关材料后，按规定时限上报事务所。事务所也可直接接收参保申请。

事务所应对相关材料进行初审，并将参保登记信息录入信息系统，按规定时限上报当地县（自治县、市、区、旗）级社保机构或直接经办业务的地市级社保机构。

社保机构应在规定的时限内对申请参保人员相关信息进行复核，并及时将符合参保范围的申请参保人员的个人基本情况进行登记，建立个人账户并录入信息系统。参保登记的内容应包括姓名、性别、民族、公民身份号码、出生年月、缴费档次、居住地址、联系电话、户籍性质、户籍所在地址、参保登记时间、邮政编码、是否特殊参保群体等。

登记后，社保机构应及时委托金融机构制发城乡居民基本养老保险所用银行存折或社会保障卡，用于参保人员缴纳养老保险费或领取养老保险待遇。

13. 城乡居民基本养老保险缴费

社保机构应根据城乡居民基本养老保险制度规定，按缴费年度和参保人员自主选择的缴费档次，为参保人员提供养老保险费收缴服务。

城乡居民基本养老保险费实行金融机构代扣代缴方式。参保人员自主选择缴费档次，确定缴费金额。

城乡居民基本养老保险费实行按年度（自然年度）缴纳，社保机构应做好宣传工作，提醒参保人员于当地规定的缴费截止日前，将当年的养老保险费足额存入存折（卡）。至缴费截止日，仍未缴纳养老保险费的，社保机构按中断缴费处理。对于暂不具备通过金融机构扣缴条件的地区，暂由社保机构、事务所会同金融机构进行收缴，并开具社会保险费专用缴费凭证。

县级社保机构每月定期生成扣款明细信息，并传递至指定金融机构。金融机构根据扣款明细信息从参保人员的银行账户上足额划扣养老保险费（不足额不扣款）。金融机构在扣款后的3个工作日内将扣款结果信息、资金到账凭证等反馈给社保机构。社保机构应及时将金融机构反馈的扣款结果信息在信息系统中确认，扣款金额记入个人账户，并从次月起开始计息。

已参加城乡居民基本养老保险因各种情况未按年缴费而中断的，可补缴中断年度的保费。符合参保条件但至今未参保缴费的城乡居民，要求按新型农村社会养老保险制度实施之日2009年12月31日起至今，补缴保费；城镇居民按城镇居民社会养老保险制度实施之日2011年7月1日起至今，补缴保费。符合上述条件的参保人员，可到户籍地的村（居）委会填写《城乡居民基本养老保险费补缴申请表》办理补缴手续（补缴年度不享受政府缴费补贴）。

符合养老保险费补缴条件的参保人员申请补缴时，协办员或事务所指导其正确填写养老保险费补缴表格，并在信息系统中录入补缴信息。社保机构核定后，应及时生成补缴扣款明细清单，传递至指定金融机构。金融机构按保费划扣流程进行扣款和信息反馈，并做好个人账户权益记录。

村集体和其他经济组织、社会公益组织、个人对参保人员缴纳城乡居民基本养老保险费给予补助或资助的，应向事务所提交集体补助或资助明细清单。事务所录入信息系统，并按规定时限将相关资料上报社保机构。社保机构核定后，应打印补助或资助缴费通知单，通过事务所发放给村集体或相关组织（个人），通知其在规定时限内将补助或资助金额存入县社保机构在金融机构开设的收入户。县社保机构收到到账凭证后，应及时将到账凭证与信息系统中的补助或资助明细信息进行核对，无误后对信息进行确认，将补助或资助金额记入个人账户。

14. 城乡居民基本养老保险支付

社保机构应为年满 60 周岁的参保人员认定城乡居民基本养老保险待遇领取资格，核定待遇标准并发放养老保险待遇。

城乡居民养老保险金月领取额计算方法如下：城乡居民养老保险金月领取额 = 基础养老金（每人每月 55 元） + 个人账户养老金总额（个人缴费、政府补贴、利息之和） ÷ 139。若以每年缴费 100 元为例，缴费 15 年，利率 3.5%，进行计算：该农民年满 60 周岁的当月可以领取城乡居民基本养老金 = 55 元基础养老金 + ［（100 元个人缴费 + 30 元政府补贴） × 15 年 + 646.2 元利息］ ÷ 139 = 73.6 元。一个月领取 73.6 元，一年十二个月共领取 883.2 元。而个人缴费 15 年，合计为 1500 元，政府补贴每年 30 元，15 年为 450 元。相应地我们可以得出相关数据如表 5 所示。

表 5 单位：元

年缴费标准	15 年个人缴费	加政府补贴合计个人账户存储额	个人账户养老金	基础养老金	月领取额	年领取额
100	1950	2596.2	18.6	55	73.6	883.2
500	7950	10584.6	76.1	55	131.1	1573.2
1000	15450	20569.1	147.9	55	202.5	2430.0

事务所应在每月初将下月达到领取条件的人员名单，交协办员通知其办理领取养老金手续。有条件的地区宜通过电话、短信、网络、信函等方式告知。

办理领取养老金手续时，参保人员应提供本人身份证和户口簿原件及复印件。协办员应核对参保人员提供的材料是否齐全，并于每月规定时限内将相关材料上报事务所。事务所应审核参保人员的待遇领取资格，并将符合条件人员的相关材料上报社保机构。社保机构应对有关材料进行复核，对符合待遇领取条件的参保人员，进行待遇领取资格认定，计算待遇领取人的养老金数额；对不符合待遇领取条件的参保人员，应告知其具体原因，做好解释工作；需要补缴或可以补缴的，应告知当事人，等补缴之后再进行待遇核定。参保人员对待遇领取标准有异议的，社保机构应接收其申请并进行审核，同时将审核结果书面反馈给参保人员；确需调整的，应经参保人员确认后重新核定。

社保机构应每月编制基金支付明细，并协调金融机构及时划入参保人员账户。社保机构对于终止城乡居民基本养老保险关系的参保人员，应按规定办理注销登记手续，按规定将个人账户资金余额一次性支付给参保人员或其指定受益人和法定继承人。参保人员发生按规定应暂停享受养老待遇情况的，社保机构暂停为其发放养老保险待遇。待符合继续享受养老保险待遇规定条件后恢复发放。

根据国家和地方政府相关规定，应对城乡居民基本养老保险养老金标准进行调整时，社保机构应核定养老金待遇领取标准，在信息系统内进行批量调整，并及时向财政部门申请调整资金。

15. 城乡居民基本养老保险转移办理

参加城乡居民基本养老保险的人员，在缴费期间户籍迁移、需要跨地区转移城乡居民基本养老保险关系的，可在迁入地申请转移养老保险关系，一次性转移个人账户全部储存额，并按迁入地规定继续参保缴费，缴费年限累计计算；已经按规定领取城乡居民基本养老保险待遇的，无论户籍是否迁移，其养老保险关系不转移。城乡居民基本养老保险制度与职工基本养老保险、优抚安置、城乡居民最低生活保障、农村五保供养等社会保障制度以及农村部分计划生育家庭奖励扶助制度的衔接，按有关规定执行。

已参加城乡居民基本养老保险并缴纳养老保险费的参保人员，在领取待遇前，出现户籍跨统筹区迁移且需转移保险关系的，社保机构应将其城乡居民基本养老保险关系和个人账户储存额转往新户籍地所在地社保机构，由转入地社保机构审核接收，以使其继续参保缴费。参保人员达到待遇领取年龄，户籍跨统筹区迁移的，其城乡居民基本养老保险关系不转移。

符合条件的参保人员可提出城乡居民基本养老保险关系转移申请，申请时应提供本人居民身份证、户籍迁移后的居民户口簿的原件和复印件。协办员接收到参保人员的城乡居民基本养老保险关系转移申请及相关材料，指导其填写城乡居民基本养老保险关系转入申请表格和参保表格，并将相关材料报转入地乡镇事务所。

转入地事务所应对申请及相关材料进行审核。审核后，应将参保、转移信息及时录入信息系统，并将材料上报转入地社保机构。转入地社保机构应对申请及相关材料进行复核。复核后，向转出地社保机构寄送城乡居民基本养老保险关系转入接收表格。转出地社保机构收到表格并核实相符后，于次月通过指定金融机构将参保人员个人账户储存额一次性划拨至转入地县级社保机构指定的银行账户，并在信息系统中注明。转入地社保机构确认转入的个人账户储存额足额到账后，将转移信息及时录入信息系统，为转入参保人员记录个人账户，并及时告知转入参保人员。

四十一、新型农村合作医疗政策主要内容

新型农村合作医疗是指由政府组织、引导、支持，农民自愿参加，个人、集体和政府多方筹资，以大病统筹为主的农民医疗互助共济制度。其采取个人缴费、集体扶持和政府资助的方式筹集资金。新型农村合作医疗是中国政府积极建立与经济社会发展水平、各方承受能力相适应的稳定可持续筹资机制的一种有益探索。

1. 新型农村合作医疗的性质

新型农村合作医疗的性质是“互助共济”，自愿参加合作医疗的农民，必须每年缴纳一定的费用。缴纳标准可根据当地经济发展水平而定。参合农民个人缴费数额，原则上每人每年不低于最低规定缴费标准，经济发达地区可在农民自愿的基础上，根据农民收入水平及实际需要相应提高缴费标准。新型农村合作医疗是互助共济的农民基本医疗保障制度。既然是互助共济，就必须是以大病统筹为主。解决参合农民患大病以后，急需住院治疗的医疗费用。但考虑到参加合作医疗农民的积极性，同时还考虑到农民就医的实际情况，将合作医疗资金划成

两个部分，其中大部分用作住院医疗补偿基金，小部分作为参加合作医疗农民的门诊补偿基金，建立家庭门诊账户。参合农民的家庭门诊账户，以家庭为单位，每人每年提取一定数额的资金，用于当年家庭成员门诊费用的补偿。以家庭为单位包干使用，用完为止，超支不补。当年结余的结转下年度继续使用。

2. 新型农村合作医疗基金内容

新农合基金由风险金、住院补助基金、门诊统筹基金（含特殊慢性病）、大病保险基金四部分组成。其中，风险金是指从合作医疗基金中提取、主要用于弥补合作医疗基金非正常超支的合作医疗基金临时周转困难等专项储备资金，每年按年度筹资总额的3%提取，风险金累计总额不超过当年筹资总额的10%，由省级统一管理。而住院补助基金是指各省提取风险金后，剩下资金的75%左右为大病住院基金，主要用于参合患者大病住院报销，减轻或缓解住院患者的就医负担。门诊统筹基金是指各省提取风险金后，剩下资金的20%左右为门诊统筹基金（含慢性病），主要用于参合患者的普通门诊及慢性病报销。大病保险基金是指各省提取风险金后，剩下资金的5%左右为大病保险基金，主要用于解决参合患者新农合基本报销后，医疗费用负担仍然过大患者二次补助的问题，由省市政府统一管理，由保险公司承办保险投保。

3. 新型农村合作医疗基金管理

新农合基金实行“专户管理、封闭运行”的管理制度。具体来讲，就是新农合基金实行三个账户管理，收入户、支出户、财政专户。收入户负责归集参合群众的个人筹资款；支出户负责支付每月各定点医疗机构垫付的补助资金；财政专户负责归集所有新农合资金（包括个人筹资、各级财政配套收入、各账户利息收入及其他收入）。

4. 新型农村合作医疗参合方式

国家对新型农村合作医疗的参合办理方式并未做出统一的规定。目前主要有乡、村干部上门集中收缴方式、村集体经济代缴方式和农民主动到乡镇新农合经办机构缴纳方式三种方式。其中：

采用乡、村干部上门集中收缴方式的，参合农民须持《新型农村合作医疗证》、《户口簿》到本村、组指定的地点办理参合登记，填写《参合人员缴费参合登记表》，经办人员审查，收缴农民个人参合资金，同时开具由省财政厅统一印制的新型农村合作医疗收款收据。

采用村集体经济代缴方式的，由村负责人持新型农村合作医疗登记册、户口登记册到乡镇新农合经办机构填写、汇总《参合人员缴费参合登记表》，经办人员审查，收缴农民个人参合资金，同时开具由省财政厅统一印制的新型农村合作医疗收款收据。

采用农民主动到乡镇新农合经办机构缴纳方式的，参合农民须持《新型农村合作医疗证》、《户口簿》到乡镇新农合经办机构办理参合登记，填写《参合人员缴费参合登记表》，经办人员审查，收缴农民个人参合资金，同时开具由省财政厅统一印制的新型农村合作医疗收款收据。

5. 新型农村合作医疗报销范围和补偿标准

新型农村合作医疗报销范围是：参加人员在统筹期内因病在定点医院住院诊治所产生的药费、检查费、化验费、手术费、治疗费、护理费等符合城镇职工医疗保险报销范围的部分（即有效医药费用）。新型农村合作医疗基金支付设立起付标准和最高支付限额。医院年起付标准以下的住院费用由个人自付。同一统筹期内达到起付标准的，住院两次及两次以上所产生的住院费用可累计报销。超过起付标准的住院费用实行分段计算，累加报销，每人每年累计报销有最高限额。新型农村合作医疗报销范围和水平具体由各省自治区直辖市来制定。但其基本内容参考如下：

（1）门诊补偿。村卫生室及村中心卫生室就诊报销 60%，每次就诊处方药费限额 10 元，卫生院医生临时补液处方药费限额 50 元。镇卫生院就诊报销 40%，每次就诊各项检查费及手术费限额 50 元，处方药费限额 100 元。二级医院就诊报销 30%，每次就诊各项检查费及手术费限额 50 元，处方药费限额 200 元。三级医院就诊报销 20%，每次就诊各项检查费及手术费限额 50 元，处方药费限额 200 元。中药发票附上处方每贴限额 1 元。镇级合作医疗门诊补偿年限额 5000 元。

（2）住院补偿。属于药费和辅助检查性质的心脑电图、X 光透视、拍片、化验、理疗、针灸、CT、核磁共振等各项检查费，限额 200 元；手术费（参照国家标准，超过 1000 元的按 1000 元报销）。60 周岁以上老人在镇卫生院住院，治疗费和护理费每天补偿 10 元，限额 200 元。报销比例方面，镇卫生院报销 60%；二级医院报销 40%；三级医院报销 30%。

（3）大病补偿。凡参加合作医疗的住院病人一次性或全年累计应报医疗费超过5000元以上分段补偿，即5001~10000元补偿65%，10001~18000元补偿70%。镇级合作医疗住院及尿毒症门诊血透、肿瘤门诊放疗和化疗补偿年限额1.1万元。2018年开始，一级医疗机构住院费用在400元以下，则不设起付线。而省三级医院补助比例提高到了55%。肺癌、食道癌、胃癌、结肠癌、直肠癌、慢性粒细胞白血病、急性心肌梗塞、脑梗死、血友病、I型糖尿病、甲亢、唇腭裂等近12种疾病，新农合补助最高达到70%。

新型农村合作医疗报销支付特殊病种有：恶性肿瘤化疗、放疗；重症尿毒症的血透和腹透；组织或器官移植后的抗排异反应治疗；精神分裂症伴精神衰退；系统性红斑狼疮（有心、肺、肾、肝及神经系统并发症之一者）；再生障碍性贫血；心脏手术后抗凝治疗。其余可报销的特殊病种，以当地具体政策为准。特殊病种的特定门诊治疗包括治疗期间必须的支持疗法和全身、局部反应对症处理，一般辅助治疗不列入报销范围。

以下情况不列入新型农村合作医疗报销范围：（1）非区内定点医院门诊医疗费用（特殊病种门诊治疗费用除外）、未按规定就医、自购药品所产生的费用；（2）计划生育措施所需的费用，违反计划生育政策的医疗费用；（3）镶牙、口腔正畸、验光配镜、助听器、人工器官、美容治疗、整容和矫形手术、康复性医疗（如气功、按摩、推拿、理疗、磁疗等）以及各类陪客费、就诊交通费、出诊费、住院期间的其他杂费等费用；（4）存在第三方责任的情况下，发生人身伤害产生的医药费依法由第三责任方承担，如交通事故、医疗事故、工伤等；（5）因自杀、自残、服毒、吸毒、打架斗殴等违法行为以及其家属的故意行为造成伤害所产生的医药费；（6）出国或在港、澳、台地区期间发生的医疗费用；（7）城镇职工医疗保险制度规定不予报销的药品和项目；（8）区医管会确定的其他不予报销的费用。

6. 新型农村合作医疗报销程序

属于门诊报销的部分：参加新型农村合作医疗的农民门诊就医时由定点医疗机构按补偿规定直接报销。

属于县内住院报销的部分：住院患者痊愈出院时，持《合作医疗证》、村委会证明、身份证或户口本的原件及复印件、全额收费票据、诊断证明、医药费用总清单在定点医院即时报销，凡机动车辆致伤者，须提供本人驾驶证、行车证的原件及复印件。

属于县外住院报销的部分：出院 15 日内持合作医疗证、村委会证明、身份证或户口本的原件及复印件、全额收费票据、诊断证明、医药费用总清单到县新型农村合作医疗管理中心审核报销，骨折、外伤病人须提供病历复印件，机动车辆致伤须提供本人驾驶证、行车证的原件及复印件。

住院分娩人员出院时，持《合作医疗证》、身份证或户口本、全额收费票据和准生证原件、复印件在定点医院即时办理定额补偿手续。

医疗报销需要的资料：医疗费用发票原件及复印件；医疗费用明细清单原件与复印件；其他相关医疗文书和证明材料；门诊就诊（抢救）的，提供病历原件及复印件。住院就诊的，提供出院小结复印件；死亡的，提供死亡证明复印件。

7. 新型农村合作医疗基金筹集

新型农村合作医疗的筹资原则是：农民自愿参加，集体和政府多方筹资。具体来讲，就是在农民自愿参加的基础上，先由农民缴纳部分资金，并按照相关规定收缴入库，进入县市新型农村合作医疗专用账户；然后县（市）财政按照实际参加人数，将配套资金拨付到位，申请省级财政及中央财政的配套补助资金。农民缴纳合作医疗资金，可由农民自缴，也可以由集体经济统一缴纳，还可以由社会捐赠。目前，新型农村合作医疗基金筹集是以县市为基础征收筹集。新型农村合作医疗筹资渠道，根据国家有关规定主要有两条：一是各级财政拨付补贴；二是参加合作医疗的农民缴纳。但征收对象、征收标准和征收时间存在着差异。

根据国家相关规定，不能同时参加两种或两种以上的带有社会保险性质的医疗保险（商业保险除外），因而已经参加新农合的农民不能参加城镇职工医疗保险或城镇居民基本医疗保险；同样，参加了城镇职工医疗保险或城镇居民基本医疗保险的城镇居民也不能同时参加新农合。

8. 新型农村合作医疗新增补贴项目

2018 年新农合中新增了五项补贴：（1）大病救助补贴。大病救助补贴是 2018 年新农合调整后的重中之重。为了缓解农民“大病致贫”现象，调整后的新农合规定大病患者可直接享受新农合医疗报销，报销比例采用新型阶梯报销模式。如果农民看病费用在 1.2 万 ~ 3 万元之间，报销比例为 55%；看病费用在 3 万 ~ 10 万元之间，报销比例为 65%；农民看病费用大于10万元部分，报销比例高达75%。（2）专项疾病救治补贴。疾病专项具体是指：直肠癌、结肠癌、胃癌、终末期肾病、食道癌、儿童先天性心脏室间隔缺损、儿童先天性心脏房间隔缺损、儿童急性早幼粒细胞白血病、儿童急性淋巴细胞白血病。以上的专项疾病都可享受到国家给予的专项疾病救治补贴。（3）常见疾病免额治疗补贴。国家规定，患有以下几种重大疾病的农户，可以享受免费的治疗：儿童白血病、先天性心脏病、艾滋病、白内障、农村贫困家庭患有重度精神病的、农村贫困家庭患有尿毒症可实行免费血液透析治疗、农村妇女患有宫颈癌、乳腺癌可进行免费检查以及免费手术治疗。（4）慢性疾病直接报销补贴。慢性病补助的病种具体是指：高血压病、糖尿病、肝硬化、肺心病、慢性病毒性肝炎、肺结核、淋巴结合、甲状腺功能亢进、甲状腺功能低下、类风湿性关节炎、溶血性贫血、白血病、复发性阿弗他口腔溃疡、冠心病（仅包括心肌梗塞和心绞痛）、慢性阻塞性肺疾病、再生障碍性贫血、慢性肾脏疾病三期及以上、重症肌无力、系统性红斑狼疮、伴多发骨折的严重骨质疏松症、白塞氏病、侵袭性牙周炎、口腔扁平苔藓、银屑病、下肢静脉曲张、股骨头坏死、帕金森氏病、恶性肿瘤、精神分裂症。（5）全额救助补贴。全额救助补贴是2018年新农合调整后补贴额度最大的补贴项目。所谓的全额缴费补贴即不用缴纳新农合费用也可以照样享受到新农合的医疗政策。但只限定规定群体：农村低保户、贫困建档立卡户、农村五保户、农村残疾人、农村高龄老人、农村计划生育特殊家庭。

9. 新型农村合作医疗免费范围

新农合作为农村最基本的医疗保障制度，就是为了给农民朋友看病带来便利，能够享受到高水平的医疗水平。新农合从推广到如今，各项制度也越来越完善，农民朋友得到的实惠也越来越多，新农合的缴费标准也从最初的20元涨至2018年的180元，部分地区更是达到了240元。农村合作医疗政策已经下发，调整后的政策，缴费又有所提高，不过针对农村一些特殊家庭的实际情况，国家也规定了新农合免缴制度，主要包括以下八类群体：

（1）农村低保户。对于具有本地农村户口的农民，家庭人均收入低于当地最低生活保障标准的，国家一直都非常关注，当然也不用缴纳新农合费用。

（2）农村五保户。农村五保户作为农村另外一个特别困难的群体，由于没有劳动力挣钱，没有收入来源，而且没有子女赡养，当然也可以免费参加新农合。

（3）农村重点优抚对象。农村重点优抚对象一般包括残疾军人、复员军人、退伍军人、因公牺牲军人遗属等。他们都是为国家的国防建设作出了重大贡献的人，理应得到国家的补贴。

（4）农村残疾人。由于某些原因致残的农村人也是国家优抚的对象，所以只要符合条件，也是无需缴纳新农合费用的。

（5）农村建档立卡家庭。

（6）农村特别贫困户。

（7）计划生育特殊家庭。在农村生活的独生子女为三级以上伤残的计划生育家庭夫妻及伤残子女；失独家庭的夫妻。

（8）年满七十岁的农村老人。年满七十岁的老人本身劳动力下降，几乎没有经济来源，所以2018年新农合中，也可以免费享受，而且部分地区还能拿到补贴。

凡是符合这些条件的农村居民都可以结合当地的新农合政策，申请免缴。另外新农合还增加了大病医疗救助政策，还会实行二次报销制度，贫困农民的负担也会大大减轻。2018 年新农合标准再次上涨，但这些农民不用缴费也能享受医保。新农合缴费标准虽逐年上调，但农民可享受到的医保福利待遇也有相应的提高。农民关心的问题是新农合报销能给他们看病带来实际的福利，这样即使缴费标准上调农民也愿意缴纳，但从目前实际情况来看，农民们对新农合的报销制度还是有一定的诟病。新农合本身是一项惠民的福利政策，只有将其落实到位，才能让农民看得起病，不再为巨额医疗费用担忧。

10. 新型合作医疗特殊规定

对五保户、特困户、残疾人等特殊弱势群体参加合作医疗的，其个人应缴纳的资金由民政部门解决。对独生子女户、两女结扎户等计划生育优待户参加合作医疗的，其个人应缴纳的资金，由计划生育部门解决。凡是参加合作医疗的孕产妇住院分娩，按照分娩方式，分别给予固定补助。根据各县市制定的方案，平产每例补偿 150 ~ 250 元，剖宫产每例补偿 400 ~ 600 元。病理产科按住院病人相关规定补偿。贫困孕产妇住院分娩，还应享受“降消”项目（国家为了提高孕产妇住院分娩率、降低孕产妇死亡率、消除新生儿破伤风而投入经费实施的一个卫生项目。这个项目的实施需要医疗机构、相关组织、产妇家庭及其家人的密切配合。主要内容是贫困孕产妇住院分娩救助、建立孕产妇急救“绿色通道”和“危急重症急救中心”、产儿科人员培训、专家蹲点和健康教育）的贫困救助补助。特殊疾病、慢性病常年门诊治疗的，如肿瘤、再生障碍性贫血、肝硬化、老年慢性支气管炎、尿毒症等疾病，可在合作医疗基本用药目录以内，每年享受一定的补偿，其补偿标准和具体病种由县市制定。

参加合作医疗的农民，无论门诊或住院，实际发生的医疗费用，只要符合合作医疗相关规定，均可获得一定比例的补偿。参合农民在定点医疗机构门诊就医，其医药费用，可按县市制定的门诊补偿办法及补偿程序，获得补偿，但在非定点医疗机构就医的不予补偿。参合农民因病需住院治疗，必须在合作医疗定点医疗机构住院，其补偿方式及补偿比例，需按县市制定的实施细则要求进行补偿。其中，参合农民在定点医疗机构住院治疗所发生的医疗费用，首先扣除起付标准规定的数额，再扣除超出基本用药目录范围的药品费和有关特殊检查费后，按比例补偿。起付标准，按不同级别的医疗机构确定。越是基层医疗机构，起付标准越低，越是上级医疗机构，起付标准越高，按一级医院（乡镇卫生院）、二级医院（县市级医院及部分州级医院）、三级医院和省级及以上医院四个等级划分的。起付标准分别为 100 元、200 元、400 元、600 元。县市在制定起付标准时，原则上按照上述标准，有的县市根据实际情况，适当降低了基层定点医疗机构的起付标准，提高了上层定点医疗机构的起付标准，属正常情况。参合农民在定点医疗机构住院发生医疗费用，减去起付标准的金额。再减去应当自付的部分金额，就是计算补偿的范围。以此为基数，按补偿比例计算出应当补偿参合人的具体数额。具体补偿比例，也是按照一级医院、二级医院、三级医院和省级及以上医院级别确定的，具体比例分别为 60%、50%、30%、20%。个别县市在制定方案时，适当提高了基层定点医疗机构的补偿比例，属正常情况。

属于“除外责任”的医疗费用，合作医疗不予报销。如交通事故、打架斗殴、酗酒、自杀、自残、美容、矫形。

合作医疗定点医疗机构是为参合农民提供基本医疗服务的机构，其主要对象是政府举办的非营利性医疗机构，达到合格标准的村卫生室可以逐步进入定点医疗机构范围，以方便参合农民就近门诊就医，解决小伤小病治疗问题。定点医疗机构对象范围内的医疗机构，必须首先取得《医疗机构执业许可证》，然后凭相关手续申请定点医疗机构资格。经县市卫生行政主管部门和合作医疗管理机构考核、评审，符合条件的，以正式文件的形式确定为合作医疗定点医疗机构。定点医疗机构在工作运行中，发生二级以上医疗事故或者发生社会影响较大的医疗纠纷的，或者以不正当手段套取合作医疗资金的，可根据问题性质及情节轻重，暂停或取消定点医疗机构资格。村卫生室确定为定点医疗机构，必须达到合格标准，并取得《医疗机构执业许可证》。参合农民在村卫生室就医，只报销门诊补助部分。村卫生室不能开展住院业务。

建立系统的、完善的报账补偿程序，既要方便参合农民报账，及时得到补偿，又要保证合作医疗资金安全。合作医疗试点县市制定的合作医疗管理办法和实施方案，对报账程序、报账要求、补偿方式等均有明确规定，合作医疗管理机构工作人员和参加合作医疗的对象都必须严格遵守。参合者在定点医疗机构门诊就医发生的医药费补偿，一般情况为即生即补，按照相关程序做好补偿登记。住院补偿需按照医疗机构级别和医疗费用数额大小，分层补偿。补偿额在 1000 元以下的，只需经乡镇合作医疗管理机构审核，在所在医疗机构补偿。补偿额在1000 元以上的，需报县市合作医疗管理机构审核，然后按相关程序补偿。特大疾病，补偿额达到最高限额补偿标准，需进行二次补偿的，要由县市合作医疗管理机构领导集体研究，然后按相关程序补偿。

参合农民的补偿实行定点医疗机构垫付制度。即参合农民在定点医疗机构住院，只预交自付部分。如因某疾病在乡镇级医院住院，估计总医疗费用应该预交 3000 元，参合人只需预交 1500 元，待病人出院结算以后多退少补。需预交的另 1500 元，由定点医疗机构垫付，结算以后，县级合作医疗管理机构将应该补偿参合人的补偿费，直接拨入医疗机构。

新型农村合作医疗必须有一整套领导班子、工作班子，包括县（市）新型农村合作医疗协调领导小组、县（市）新型农村合作医疗管理委员会、县（市）新型农村合作医疗监督委员会、办事机构为县（市）新型农村合作医疗管理局（或中心），对合作医疗的监督管理、审核、审计等应有一套完善的规定、规范、规程。

新型农村合作医疗坚持农民自愿参加、多方筹资、县办县管、以收定支、保障适度的原则。农民自愿参加新型农村合作医疗，每人今年只需交 210 元钱，再通过各级财政补助，构成农民医疗的互助共济制度，这种制度对于解决农民看病难、看病贵的问题，无疑是一种最有效的方式和途径。但是，它必竟只是一种互助共济的形式，参合农民就医还必须自付一部分，只能做到适度的保障。每年度运行完结后，合作医疗总资金必须有适度的结余，结余率在 20% 左右属于正常现象。下一个运行年，参合农民必须再缴 210 元或者适度增加一定标准的钱，各级财政继续按年度进行补助。长此以往，良性循环，每年都有相当部分参合农民享受患病后住院、门诊补偿。参加合作医疗必须以户为单位，家庭成员全部参加，全部缴费。

合作医疗政策，尤其是补偿政策。鼓励参合农民患病以后首先在基层医院就医，基层医院解决不了的问题，再逐级向上级医院转院。如此，一是减轻了参合农民住院治疗的个人医疗费负担。二是促进基层医疗单位规范管理，加强基础设施建设，不断提高技术水平，形成竞争机制，增强整体服务功能。三是节省合作医疗开支。四是由于越是基层医院，参合农民住院自付部分越少，报销补偿比例越高，参合农民得到的实惠越多，合作医疗整体补偿率就越高。新型农村合作医疗筹资是以各级财政补助为主，参合人每年只交规定的最低钱数，因此，在补偿方面充分体现了互助共济的性质。既是互助共济，则意味着参合人今年未享受到补偿，可能明年或以后年度享受。家庭成员中，可能年轻健康的未享受，而老年人或小孩享受的机会多一些。

四十二、农村贫困家庭教育补贴

教育是我国的基础，不仅国家非常重视，即使是大字不识几个的农村文盲大部分也十分重视自己儿女的教育问题。虽然现在农村的生活水平普遍提高，因为没有钱不上学的现象越来越少，但是在部分贫困地区的教育仍然存在着很大的问题。随着新的农村教育政策不断出台，为了解决农村儿童在校学习经费困难的问题，国家出台了一系列的农村教育补贴政策，直接减轻了农民的负担。由于这些措施只针对农村地区，因而客观上减少了农村家庭的大量负担。

1. 农村贫困家庭的范围

由于各省自治区直辖市的经济和历史发展水平不一，因而对于农村贫困家庭范围的具体确定会存在着差异。但是，农村贫困家庭的范围划定应该具备如下一些特点和条件：

（1）拥有当地农业户籍且在当地住。申请农村贫困户补贴的家庭必须是农村户口，这是申请农村贫困户补贴的原则性前提。除此之外，由于之前有地方在申请农村贫困户补贴时发生“借壳”拿补贴现象。因此，在申请农村贫困户补贴时除了是农村户口之外，还得常住在这个村子里。只有满足这两点才有申请农村贫困户补贴的基本资质。

（2）共同生活的家庭成员年人均纯收入低于当地农村低保保障标准。目前，虽然在“乡村振兴战略”当中申请低保的审核条件放宽了，但相对地要拿到补贴的难度肯定是增加了。这当中有一个申请农村贫困户补贴的硬性条件，就是共同生活的家庭成员申请前 12 个月家庭年人均纯收入低于当地农村低保保障标准。

（3）身体（精神）残疾无自理能力。

（4）孤寡老人或者是子女无法尽赡养义务的，或者没有经济来源且自身无劳动能力的。

在我国，农村贫困家庭具体包括有三个类型的家庭：

（1）低保家庭：凡持有市区常住户口的城乡居民，其共同生活的家庭成员人均月收入低于市区居民最低生活保障标准或户籍所在区农村居民最低生活保障标准的，均可申请享受市区居民最低生活保障待遇。

（2）特困家庭：共分两类。第一类是家庭成员中有在职人员的，其领证条件是：①职工本人或家庭其他成员（供养直系亲属）患大病重症，个人年自负医疗费（申报前 12 个月）4000 元以上，且家庭年总收入（申报前 12 个月）除去个人自负医疗费后，人均年收入在市区“低保线”110% 以下的；②鳏寡孤独和供养子女的单亲职工因丧失劳动能力或就业有困难等特殊家庭；且人均收入（申报前 12 个月）在市区“低保线”110% 至“低保线”的。第二类是家庭成员中无在职人员的（属下岗失业、退休退职人员），其领证条件是：①本人或家庭其他成员（供养直系亲属）患大病重症，个人年自负医疗费（申报前 12 个月）4000 元以上，且家庭年总收入（申报前 12 个月）除去个人自负医疗费后，人均年收入在市区“低保线”110%以下的；②鳏寡孤独和供养子女的单亲等特殊家庭，人均收入（申报前12个月）在市区“低保线”110%至“低保线”的。

（3）困难家庭：共分两类。第一类是家庭成员中有在职人员的，其领证条件是：①由于身体或年龄等方面的原因暂时难以就业，其家庭人均月收入（申报前12个月）在市区“低保线”120%至“低保线”；②鳏寡孤独和供养子女的单亲家庭因丧失劳动能力或就业有困难等特殊家庭，且人均月收入（申报前12个月）在市区“低保线”120%至“低保线”110%的。第二类是家庭成员中无在职人员的（属下岗失业、退休退职人员），其领证条件为：鳏寡孤独和供养子女的单亲等特殊家庭；且人均月收入（申报前12个月）在市区“低保线”120%至“低保线”110%的。

2. 建档立卡贫困户

建档立卡就是建立贫困户的相关档案，把贫困户的困难程度记录在案，并分发相应的贫困卡。顾名思义，建档立卡贫困户，就是已经完成审批流程、建立了贫困档案，并获得贫困卡的贫困家庭。建档立卡的目的是识别出农村贫困对象，搞清农村贫困户的分布情况、贫困状况、贫困类型、致贫原因，建立健全农村贫困村和贫困户档案，为建立完善新指标体系下对贫困户、贫困村的动态监管和分类帮扶机制奠定基础。同时，也为部门行业扶贫和社会扶贫搭建共享的扶贫工作信息。

3. 农村贫困家庭学生的主要补贴项目和标准

目前各省、自治区、直辖市对于农村贫困家庭学生的补贴项目和补贴标准并不统一，但基本的农村贫困家庭学生教育补贴应该如下：

（1）义务教育九年阶段。城乡义务教育阶段的农村贫困家庭学生实行免收学费和教材免费。寄宿家庭有困难的学生可以领取生活津贴。学生每人每年可获1000元，初中生每人每年可获1250元；也可以享受营养健康补贴，每人每年800元，而不是直接现金。

（2）中学教育阶段。对于家境贫困的贫困学生和残疾学生，凡是没有良好家庭条件的学生，免收全部学费和杂费。国家助学金标准为每人每年2000元。

（3）本科教育阶段。目前，农村大学生的识别水平分为三级：年补助A级4000元，年补助B级3000元，年补助C级2000元。部分省市对大学生补助金额可能高于标准金额。此外，国家励志奖学金每年可适用于优秀农村学生，每人每年5000元。

（4）研究生教育。对于贫困家庭学生，国家补助学校每年补助，硕士研究生资助标准不低于每生每年6000元，博士研究生资助标准不低于每生每年10000元。

4. 农村贫困家庭最低生活保障审核程序

（1）提交申请。凡认为符合条件的城乡居民都有权直接向其户籍所在地的乡镇人民政府（街道办事处）提出最低生活保障申请。乡镇人民政府（街道办事处）无正当理由，不得拒绝受理。受最低生活保障申请人委托，村（居）民委员会可以代为提交申请。申请最低生活保障要以家庭为单位，按规定提交相关材料，书面声明家庭收入和财产状况，并由申请人签字确认。

（2）接受审核。乡镇人民政府（街道办事处）是审核最低生活保障申请的责任主体，在村（居）民委员会协助下，应当对最低生活保障申请家庭逐一入户调查，详细核查申请材料以及各项声明事项的真实性和完整性，并由调查人员和申请人签字确认。

（3）民主评议。入户调查结束后，乡镇人民政府（街道办事处）应当组织村（居）民代表或者社区评议小组对申请人声明的家庭收入、财产状况以及入户调查结果的真实性进行评议。各地要健全完善最低生活保障民主评议办法，规范评议程序、评议方式、评议内容和参加人员。

（4）审批评议。县级人民政府民政部门是最低生活保障审批的责任主体，在作出审批决定前，应当全面审查乡镇人民政府（街道办事处）上报的调查材料和审核意见（含民主评议结果），并按照不低于30%的比例入户抽查。有条件的地方，县级人民政府民政部门可邀请乡镇人民政府（街道办事处）、村（居）民委员会参与审批，促进审批过程的公开透明。严禁不经调查直接将任何群体或个人纳入最低生活保障范围。

（5）进行公示。各地要严格执行最低生活保障审核审批公示制度，规范公示内容、公示形式和公示时限等。社区要设置统一的固定公示栏；乡镇人民政府（街道办事处）要及时公示入户调查、民主评议和审核结果，并确保公示的真实性和准确性；县级人民政府民政部门应当就最低生活保障对象的家庭成员、收入情况、保障金额等在其居住地长期公示，逐步完善面向公众的最低生活保障对象信息查询机制，并完善异议复核制度。公示中要注意保护最低生活保障对象的个人隐私，严禁公开与享受最低生活保障待遇无关的信息。

(6) 发放补贴。各地要全面推行最低生活保障金社会化发放，按照财政国库管理制度将最低生活保障金直接支付到保障家庭账户，确保最低生活保障金足额、及时发放到位。

农村贫困家庭的学生，应在入学时向学校递交建档立卡户籍证明材料、家庭经济困难相关证明材料；学校受理学生申请并组织初审，并与同级学生资助管理中心复核确认；复核无异议后，按照各教育阶段政策要求实施资助补贴。

5. 农村贫困家庭退出标准

脱贫退出的标准是：该户有相对稳定可靠的增收渠道和收入来源，农户年人均纯收入稳定超过当年国家扶贫标准，吃穿不愁；该户适龄儿童接受九年义务教育，家庭无因贫辍学学生；基本医疗方面，该户参加新型农村合作医疗，大病有救助保障；同时，该户住房条件有明显改善，有安全住房。有因残致贫无稳定收入、因病因学支出自付部分明显大于收入的贫困户不得退出。

6. 不能确认农村贫困家庭的情形

国内大部分省级政府都规定了不能确认农村贫困家庭的情形：一是建（购）商品房（移民搬迁安置房除外）或现有住房装修豪华、家用电器豪华、自费参加高消费娱乐活动、家庭日常生活消费支出明显高于扶贫标准的；二是家庭拥有小轿车（帮扶部门资助的车辆除外）、大型农用车、工程机械的；三是家中有现任村党支部书记及村主任的；四是家庭成员或法定赡养人、抚养人中有在国家机关、事业单位、社会团体等由财政统发工资，或在国有大中型企业工作连续十年以上，收入较稳定的（军烈属除外）；五是家庭成员中有担任私营企业负责人的、长期从事各类工程承包、发包等盈利性活动的、长期雇用他人从事生产经营活动的；六是未如实提供家庭收入，隐瞒生活财产，故意放弃或转移生活财产的，家庭成员中有自费出国留学或购买商业养老保险的；七是家中长期无人并无法提供其实际居住证明，人户分离的；八是因赌博、吸毒、打架斗殴、寻衅滋事、长期从事邪教活动等违法行为被公安机关处理且拒不改正的；九是对查实后的举报或质疑不能做出合理解释的。

四十三、农户养殖补贴政策主要内容

畜牧业的主要特点是集中化、规模化、并以营利为生产目的。畜牧业是农业的组成部分之一，与种植业并列为农业生产的两大支柱。

1. 申报养殖补贴具备的条件

申报养殖补贴的养殖户需要具备以下条件：（1）如果是涉农企业申报项目，需要具有法人资格，工商管理部门注册登记且经营一年以上，具有一定的经营规模和持续经营能力，有较强的经济实力和自筹资金能力，没有不良诚信记录，并建立了符合市场经济要求的经营管理制度和机制，管理规范。（2）如果是合作社去申报项目，同样需要具有法人资格，注册登记且经营一年以上，没有不良诚信记录，具备持续经营能力和相应的项目建设与经营管理能力，符合农民合作社有关规定，产权明晰，章程规范，运行机制合理，管理比较规范，示范带动作用强。（3）其他新型农业经营主体申报项目的要求由各省根据实际情况自行确定。（4）同一项目单位在同一年度内（以资金安排年度为准）只能获得一种农业综合开发财政资金扶持方式。很简单，就是同一个类型的补贴一年只能领一次，不能反复领。（5）申请规模化养殖补贴需要符合以下标准：生猪年出栏 500 头以上；蛋禽存栏 5000 只以上；肉禽年出栏 10000 只以上；肉牛年出栏 50 头以上；肉羊年出栏 100 只以上。

2. 国内养殖补贴区域划分

2018 年养猪区域划分具体情况如下：重点发展区域是河北、山东、河南、重庆、广西、四川、海南。该区域养殖总量大、调出量大，在满足本区域需求的同时，还要供应上海、江苏、浙江和广东等沿海省份。约束发展区域是北京、天津、上海等大城市和江苏、浙江、福建、安徽、江西、湖北、湖南、广东等南方水网地区。该区域受资源环境条件限制，生猪生产发展空间受限，未来区域养殖总量将保持稳定。潜力增长区域是辽宁、吉林、黑龙江和内蒙古和云南、贵州。该潜力区域发展环境好，增长力大，一批龙头企业在此建立了生产和加工基地，在满足本区域需求的同时还可重点满足京津等大中城市供给，将成为我国猪肉产量增加的主要区域。

肉牛良种补贴目前只在河南、四川、吉林、山东、内蒙古、新疆、甘肃、云南、辽宁、宁夏等 10 个肉牛主产省（区）推行。

3. 生猪养殖补贴项目和标准

（1）标准化养殖项目补贴。标准化养殖项目在生猪主产区采取“以奖代补”方式，支持适度规模生猪养殖场进行标准化改扩建，包括节水设施、节料设备、清粪设施、漏逢地板等的改造，实施自动化环境控制。同时，选择部分省份开展财政促进金融支农创新试点，采用信贷担保、贴息等方式引导和带动金融资本，放大财政资金使用效应。标准化生猪养殖示范场创建成功后，可以获得一定的补贴，每个改建、扩建项目单位补助资金规模在 50 万 ~ 100 万元之间。具体来讲，生猪养殖规模 3000 头以上的，补贴 80 万元；生猪养殖规模 2000 ~ 2999 头的，补贴 60 万元；生猪养殖规模 1000 ~ 1999 头的，补贴 40 万元；生猪养殖规模 500 ~ 999 头的，补贴 20 万元。

（2）养猪良种工程项目。项目计划突出“育、保、测、繁”四大环节，着力提升育种创新、种质资源保护、品种测定和制种能力，改善育种科研、生产设施、疫病防控、种业监管等基础设施条件。

（3）生猪良种补贴政策。在完成生猪良种项目的同时，农业部在天津、河北等省市和黑龙江农垦、广东农垦地区实施生猪良种补贴政策，中央财政对使用优良种猪精液进行品种改良的养殖场户给予补贴，每头能繁母猪按照每年使用 4 份精液进行补贴，每份 10 元补贴。

（4）生猪养殖保险政策。目前，国家明确规划推出的多项促进生猪生产发展的政策措施中就有一项“母猪政策性保险”。各地政府也相继推出了多种生猪保险险种，像能繁母猪保险、育肥猪保险、生猪价格指数险。这些险种都被纳入政策性农业保险的范围内，作为惠农政策的一部分，帮助参保的养殖户在遭遇疾病、自然灾害、行情剧烈波动时能够挽回部分经济损失。

（5）生猪育种补助政策。生猪育种补助政策的主要目的是支持国家生猪核心育种场开展联合育种，对生产性能测定、遗传物质交流、遗传评估、大数据平台建设给予补贴。并设立全基因组选择育种科技专项，支持构建全基因组选择育种参考群体，制定基因组育种综合选择指数，为企业开展全基因组选择育种搭建平台。这个补贴主要针对的是比较高级的育种场，一般养猪场，不管规模大小，都没有资格获取这项补贴。补贴标准：长白猪存栏600头以上，或大白猪存栏600头以上，或杜洛克猪存栏300头以上，年测定种猪2000头以上，补贴金额500万元。

（6）病死猪无害化处理补贴。对于养殖中病死的猪进行无害化处理的养猪场，每头猪可以获得80元补贴，这个补贴农村小养猪场也可以获得。屠宰过程中的死猪进行无害化处理的，每头可以补贴800元。

（7）生猪扑杀补偿补贴。由于一些疫病而被强制扑杀的猪，养猪场无论大小，都应该对养猪人进行补偿。

（8）免费疫苗发放。对于一些常见疫病，国家提供免费的疫苗帮助养猪场进行防疫。养猪场不论规模大小，养猪人都有资格免费领取。

4. 养牛补贴项目和标准

（1）标准化养殖项目补贴。养殖奶牛要比养殖肉牛合算得多。养殖奶牛补贴：300～500头规模补贴80万元；500～1000头规模补贴130万元；1000头以上规模补贴170万元。养殖肉牛补贴：100～299头规模补贴30万元；300头以上规模补贴50万元。

（2）母牛扩群补贴。肉牛基础母牛存栏3万头以上的养牛大县（500头以上的养殖场不受限制）才会有这一补贴政策，养10头繁殖母牛以上的养殖场和个人可以进行申请，主要根据新增犊牛数量下发补贴，母牛生产时需要拍母牛、犊牛及胎衣照片才能通过，各地区补贴金额差异较大。

（3）肉牛良种及冻精补贴。养殖户到当地畜牧部门指定的公牛站或供精单位购买肉牛冻精即可获得这一补贴，基本上所有地区都有，一般按照每头能繁母牛每年使用2剂冻精，每剂补贴5～20元不等，甚至个别地区全额补贴。

（4）贫困户购牛补贴。部分地区为了更好地帮助贫苦户、贫困村脱贫，会扶持他们进行养牛增收致富，购牛（良种母牛）便可以获得一定数额的补贴，补贴金额大体在每头1000～5000元之间，当前贫困户购牛补贴这一政策多集中在西北地区、西南地区或贫困山区。

（5）养殖环保补贴。当前国家对养殖环保变得越来越重视，在划分禁（限）养区、征收养殖环保税的同时，相关补贴力度也越来越大。建设（购买）粪污处理设施、养殖场因环保政策被迫关停或迁移，均可获得相应的补贴。

（6）肉牛标准化示范场补贴。养殖户对于达到一定规模且附属设施完善的养殖场，可以申请成为肉牛标准化示范场，申请成功后基本上每年都可以获得一些补贴，而且其他各项补贴均会优先获得。肉牛标准化示范场分为国家级、省级和市级，中小养殖场可以申请市级标准化示范场一般每年补贴可有5万～20万元，中大养殖场可以申请省级标准化示范场一般每年补贴可有20万～50万元，对当地具有较强带动作用的大型养殖场可以申请国家级标准化示范场一般每年补贴可有30万～80万元。

5. 养羊补贴项目和标准

（1）规模化羊场补贴。对于个体养羊户养殖规模在50只以上的，每只羊补贴 20 元；对于个体养羊户养殖规模在 100 只以上的，每只羊补贴 50 元；对于个体养羊户养殖规模在 200 只以上的，每只最高可获补贴 100 元；绵羊、山羊种公羊每只一次性补贴 800 元；标准化规模养殖场肉羊出栏达到 300 ~ 3000 只补贴 25 万 ~100 万元。具体到各省区，河北省规定养殖规模在 100 只以上，每只补贴 30 元；甘肃省规定养殖规模在 100 只以上，每只补贴 50 元；广西壮族自治区规定养殖规模在 100 只以上，每只补贴 80 元，并赠送兽药、打草机；四川省规定养殖规模在 100 只以上，每只补贴 50 元；黑龙江省规定养殖规模在 100 只以上，每只补贴 100 元。

（2）良种补贴。对于引进优良品种羊，每只可以申请 50 ~ 500 元良种补贴；对于优良羊种冻精，大部分地区免费发放，或者每剂补贴 10 ~ 20 元。

（3）示范场补贴。申请成为示范场，就可以申请补贴。一般来说市级养羊示范场可以申请 10 万 ~ 30 万元补贴；省级养羊示范场可以申请 30 万 ~ 80 万元补贴；国家级养羊示范场可以申请 80 万 ~ 200 万元补贴。

（4）保种补贴。对一些优良羊品种，国家会下拨资金进行保种。市级保种场可以申请 10 万 ~ 30 万元补贴；省级保种场可以申请 50 万 ~ 100 万元补贴；国家级保种场可以申请 80 万 ~ 300 万元补贴。

（5）种草补贴。在一些地区还会有种草补贴，一般每亩补助 100 ~ 800 元。

（6）机械补贴。对于购买养羊机械，也是有补贴的，最高补贴为机械价值的 30% 比例。

（7）扑杀补贴。如果羊场发生烈性传染病，需要进行捕杀，一般按照羊只价值的30% ~100%比例进行补贴。当然这一补贴，养羊人都不愿意领。

虽然补贴有这么多，但所有补贴相加最多不能超过500万元。

6. 养鸡补助项目和标准

（1）养鸡国家补贴。享受养鸡国家补贴的标准是蛋鸡10000只以上，肉鸡年出栏10万只以上，前提条件是鸡舍场地等硬件要达标，先申报，后批准。养鸡补贴标准：根据蛋鸡养殖场（户）不同养殖规模，对标准化建设内容改造具体分为四个档次进行补贴：饲养规模10000 ~19999只，每户平均补贴8万元；饲养规模20000 ~29999只，每户平均补贴10万元；饲养规模30000 ~39999只，每户平均补贴12万元；饲养规模40000 ~50000只，每户平均补贴15万元。

（2）养鸡水电补贴政策。国家鼓励农户利用荒山、荒沟、荒丘、荒滩发展养殖。同时，国家免征地下水资源费。养鸡享受农业用电价格。

7. 调出大县奖励政策

生猪（牛羊）调出大县奖励资金，是指中央财政安排对各省（区、市）和生猪（牛羊）调出大县给予奖励的财政转移支付资金。奖励资金管理坚持“引导生产、多调多奖、责权对等、注重绩效”的原则。奖励资金包括生猪调出大县奖励资金、牛羊调出大县奖励资金和省级统筹奖励资金。财政部每年根据生猪和牛羊市场形势和产业发展需求，统筹确定分块资金额度。

生猪调出大县奖励资金按因素法分配到县。分配因素包括过去三年年均生猪调出量、出栏量和存栏量，因素权重分别为50%、25%、25%。奖励资金对生猪大县前500名给予支持。牛羊调出大县奖励资金按因素法分配到县。分配因素包括过去三年年均牛羊调出量、出栏量和存栏量，因素权重分别为50%、25%、25%。奖励资金对牛羊调出大县前100名给予支持。

省级统筹奖励资金统筹考虑各省（区、市）生猪（牛羊）生产、消费等因素，按因素法切块到省（区、市）。采用国家统计局提供的过去三年分县生猪（牛羊）调出量、出栏量、存栏量等统计数据进行测算。财政部根据确定的生猪（牛羊）调出大县及资金分配方案，将奖励资金拨付到省级财政部门。省级财政部门收到奖励资金后，应于15日内将生猪（牛羊）调出大县奖励资金拨付到县级财政部门，不得滞留、截留和挪用；同时，应于15日内会同同级农业（畜牧）部门制定省级统筹奖励资金分配使用方案，按规定程序向社会公示，无异议后报财政部备案。奖励资金拨付到县后，县级财政部门应于60日内会同同级农业（畜牧）部门制定资金分配使用方案，明确支持对象、项目内容、项目绩效、支持方式、支持金额和项目负责人，并按规定程序向社会公示，无异议后报省级财政部门备案。

生猪调出大县奖励资金和牛羊调出大县奖励资金由县级人民政府统筹安排用于支持本县生猪（牛羊）生产流通和产业发展，支持范围包括：生猪（牛羊）生产环节的圈舍改造、良种引进、污粪处理、防疫、保险、牛羊饲草料基地建设，以及流通加工环节的冷链物流、仓储、加工设施设备等方面的支出。省级统筹奖励资金由省级人民政府统筹安排用于支持本省（区、市）生猪（牛羊）生产流通和产业发展。奖励资金由县级人民政府根据年度支持内容，统筹确定资金支持方式。鼓励采取股权投资、建立产业基金等市场化方式进行支持，也可采取贷款贴息、财政补助、以奖代补等支持方式。同一年度内，对种养财政其他资金已经支持的项目，不得通过奖励资金重复支持。

8. 畜牧补助资金办理程序

（1）农户持规模养殖场（小区）建成证明材料向区县（市）级农业（畜牧）局（中心）申请，按要求填写“畜牧业规模养殖补助申报表”。

（2）属于良种补贴申请的，农业部应组织专家对种猪、种公牛进行评选，确定冻精生产单位，公布入选种猪、种公牛编号和生产性能等技术指标。省级畜牧、财政部门组织项目县进行集中招标选购，采购合同报农业部备案。省级财政部门根据县级畜牧部门提供的采购合同、销售发票和冻精出入库凭据与种猪站、种公牛站进行结算。供精单位按照补贴后的优惠价格向养殖者提供精液。

（3）区县（市）级农业（畜牧）局（中心）组织对农户提交的申报材料内容和现场建设情况进行初审，经审核、签字、盖章后，送同级财政部门审查签章，再报送市农业局。农户准备好养殖场相关手续、证件和其他材料，以及基础建设、生猪、肉牛存栏等必须符合补贴政策要求，等待相关部门到现场进行检验核对。

（4）市农业局对各区县（市）申报的“畜牧业规模养殖

补助申报表”进行综合汇总、抽查复审，汇总全市畜牧资金补助计划送市财政局审查后，由市财政局在每年规定时间直接将补助资金拨付到农户指定的账户。

（5）省农业厅（局）下发的补贴政策，县级畜牧主管部门审批通过后再转交省级畜牧主管部门审批；农业部下发的补贴政策，省级畜牧主管部门审批通过后再转交农业部畜牧主管部门审批。

四十四、粮食直接补贴政策主要内容

粮食直接补贴简称粮食直补，是为进一步促进粮食生产、保护粮食综合生产能力、调动农民种粮积极性和增加农民收入，国家财政按一定的补贴标准和粮食实际种植面积，对农户直接给予的补贴。2003 年 10 月 28 日，国务院召开的农业和粮食工作会议决定，从 2004 年起，在全国范围内实行粮食直补，每年从粮食风险基金中安排不少于 100 亿元的资金，主要用于对主产区种粮农民的补贴。2004 年 3 月 23 日，在国务院召开的全国农业及粮食工作会议上，温家宝总理对粮食直补工作进行了全面部署，提出了“尽可能在春播之前兑现部分补贴资金，全部补贴资金要在上半年基本兑现到农户”的直补工作任务，粮食直补工作全面推广开来。

1. 粮食直接补贴原则

按照谁种地补给谁的原则，承包地转包给他人的，按承包协议处理；抛荒地和非农业征（占）用的耕地不予补贴；补贴不得用于高效农业，成片粮田转为设施农业用地常年不种粮的，不予补贴。

2. 粮食直接补贴方式

粮食主产省、自治区（指河北、内蒙古、辽宁、吉林、黑龙江、江苏、安徽、江西、山东、河南、湖北、湖南、四川，下同）原则上按种粮农户的实际种植面积补贴，如采取其他补贴方式，也要剔除不种粮因素，尽可能做到与种植面积接近；其他省、自治区、直辖市要结合当地实际选择切实可行的补贴方式；具体补贴方式由省级人民政府根据当地实际情况确定。

3. 粮食直接补贴兑付方式

可以采取直接发放现金的方式，也可以逐步实行“一卡通”或“一折通”的方式，向农户发放储蓄存折或储蓄卡。兑现直接补贴可以与农民缴纳相关税费同步进行，但要分开操作，缴归缴、补归补，严禁抵扣任何税费的做法。具体兑现方式，由省级人民政府根据当地实际，结合农民意愿自行确定。当年的粮食直补资金尽可能在播种后3个月内一次性全部兑现到农户，最迟要在9月底之前基本兑付完毕。具体兑付方式由省级人民政府根据当地实际情况确定。粮食主产省、自治区必须在全省范围内实行对种粮农民（包括主产粮食的国有农场的种粮职工）直接补贴；其他省、自治区、直辖市也要比照粮食主产省、自治区的做法，对粮食主产县（市）的种粮农民（包括主产粮食的国有农场的种粮职工）实行直接补贴，具体实施范围由省级人民政府根据当地实际情况自行决定。

4. 粮食直接补贴的农民范围

在粮食直补范围的规定方面，以下三类农民补贴会越来越多。具体规定如下：（1）承包耕地的农民。关于这一点国家已经很明确了，将来谁种地就给谁补贴，补贴一定要上调，这主要是保护种粮农民的积极性，保护农村耕地的合理利用。（2）适度规模经营的农民。这是国家重点提倡的，无论是种植业还是养殖业都是如此。所说的规模经营，就是种、养大户、合作社、家庭农场等，有一定的规模。（3）搞生态种植的农民。现在的人们主要是讲究吃好，越来越喜欢绿色、有机、无公害、富硒农产品，越来越注重健康，所以，搞生态种植的农民，国家对你的补贴会很多。

以下三类农民补贴会被取消补贴资格。具体规定如下：（1）土地流转出去的农民。一些农民不想种地，将自己的土地流转出去，本想在外出务工能赚些钱，土地还能领取补贴，从2018年开始，这类农民也拿不到补贴了，因为是谁种地，就补给谁。（2）开垦荒地的农民。在以前国家对农村土地管理并没有严格管理，许多农民都开垦荒地，也许能拿点补贴，但是从2018年开始，这种情况的就拿不到补贴了。（3）长期闲置土地的农民。如今许多农民都选择进城务工，土地无人耕种，也不把土地承包出去，从2018年开始，这类人也拿不到补贴了。

5. 粮食直接补贴的品种

粮食直接补贴的主要品种：小麦、玉米、油菜、早稻、中稻、晚稻、土豆、大豆。

6. 粮食直接补贴的标准

粮食补贴根据每个省份的不同，补贴情况也不一样，补贴的金额在50~200元不等。不同的地区根据当地的情况差异都是很大的，不能一概而论。都是根据当地的经济情况、粮食产量、种植面积、往年数据，并做出相应的补贴方案。补贴的面积必须是正在耕种的土地面积。具体来讲，补贴标准的确定方法是各省将直补资金分解到县后，县政府根据本地上年度粮食实际种植面积计算补贴标准，即由各县政府责成乡镇政府及农业、财政部门对上年农户实际种植面积进行核实、统计和汇总，以此为依据，计算本县每亩补贴标准。补贴标准的计算方法如下：

某县补贴标准（元/亩）＝省分配给该县的粮食直补资金规模（元）/该县农户上年度粮食实际种植面积之和（亩）

7. 粮食直接补贴发放时间

由于粮食种植因各地气候不一，使得粮食补贴发放的时间也会各不相同。一般来说，在华北平原一带，补贴发放时间在6月份左右，而南方由于种植时间较早，会在3~5月份开始发放。国家明确规定，最晚7月份之前发放完毕。

8. 粮食直接补贴资金安排

各省、自治区、直辖市政府安排的粮食直补资金，不得低于上年度直补资金额度，有条件的省份，可以适当增加，加大对种粮农民的补贴力度，确保农民已得的实惠不减少。粮食直补资金，从现行中央对省级政府包干的粮食风险基金中优先安排十三个粮食主产省、自治区，粮食风险基金暂时腾不出来、粮食直补资金不足的，经省级人民政府申请，由中央财政根据其粮食风险基金缺口情况给予借款支持，所借资金三年后逐步归还。其他省、自治区、直辖市实行粮食直补后，粮食风险基金不足的，由省级人民政府自筹资金解决。需中央财政借款支持的粮食主产省、自治区，必须在每年的2月底之前提出申请，中央财政在审核后，在3月底之前将借款资金拨付到省级粮食风险基金专户。省级财政部门要将粮食直补资金与粮食风险基金的其他开支分开，单独测算补贴额度，单独拨付资金。

9. 粮食直接补贴办理程序

已落实土地承包并确权、确地到户的村，种植粮食的农户到村委会领取粮食直补申请表，按照统一的填表要求、面积核算办法，如实填写种植面积及其良种使用面积。农户凭粮食直补通知书和本人身份证办理粮食直补。办理工作程序如下：

（1）村级公示及核实补贴数据。各乡镇直接从中国农民补贴网数据库中导出公示表，由乡镇农业部门对农户姓名、补贴面积等基础信息进行村级公示，同时由乡镇财政、农业部门组织与农村信用社核对农户姓名、银行存折号码，对新增农户需增加核对身份证号。公示完成并与农村信用社核对基础信息后，由各乡镇财政部门对数据进行修改补充，确保补贴数据真实准确。补贴网数据需填报基础信息表和补贴情况表，其中：

基础信息表。要准确填列农户编号、户主姓名、身份证号或户口本号、银行账号、开户银行、联系电话或村委会电话、备注（新增用户要在备注中注明“新增”字样）。

补贴情况表。乡镇财政部门只负责在直补登记表中填列每一户的补贴面积，财政部门负责统一核定计算补贴标准、补贴金额，统计信息功能暂不使用。各乡镇在完成补贴数据修改核实后，向财政、农业部门报送相关基础数据。

（2）核定补贴标准，计算补贴金额。财政部门和农业部门对各乡镇报送的数据进行汇总，根据补贴资金和公示的补贴面积，核定统一的补贴标准并在范围内公布，并按此标准，通过中国农民补贴网计算每一农户的实际补贴金额。

（3）上传补贴数据和补贴资金划转。财政部门通过中国农民补贴网导出补贴资金发放明细表电子文档，打印输出一式三份，并确保电子文档与纸质补贴资金发放明细表内容一致。各财政部门于规定日期前将补贴资金发放明细表电子文档直接上传到省农村信用社，补贴资金发放明细表分别由财政部门、农业部门、农村信用社存档备案。

（4）兑付补贴。财政部门送交农村信用社补贴资金发放明细表的同时，按规定办理资金划拨手续，由农村信用社将补贴资金直接划入种粮农民在农村信用社的个人存款账户，并在规定日期前完成补贴资金兑付工作。

（5）发布通告。补贴资金发放完成后，财政部门要将完整的补贴数据返回乡镇存档，同时由乡镇农业部门逐村公布《种粮农民综合补贴通告》，公布补贴发放标准，告知补贴资金已发放到存折账户。